iHuman
新民説

成为更好的人

司法的细节

THE DETAILS OF JUDICATURE

刘仁文 著

GUANGXI NORMAL UNIVERSITY PRESS
广西师范大学出版社
·桂林·

图书在版编目（CIP）数据

司法的细节 / 刘仁文著．—桂林：广西师范大学出版社，2016.4（2017.11 重印）
ISBN 978-7-5495-7690-6

Ⅰ．①司… Ⅱ．①刘… Ⅲ．①司法－中国－文集
Ⅳ．①D926-53

中国版本图书馆 CIP 数据核字（2015）第 305671 号

广西师范大学出版社出版发行
（广西桂林市中华路 22 号　邮政编码：541001
网址：http://www.bbtpress.com）
出版人：张艺兵
全国新华书店经销
桂林广大印务有限责任公司印刷
（桂林市临桂县秧塘工业园西城大道北侧广西师范大学出版社集团有限公司创意产业园　邮政编码：541100）
开本：889 mm × 1 240 mm　1/32
印张：14　　字数：300 千字
2016 年 4 月第 1 版　　2017 年 11 月第 3 次印刷
定价：68.00 元

目 录

叁 | 察现实之病弊

肆 | 思未来之良法

伍 | 探正义之精髓

柒 | 凝细节之力量

法治大事，必作于细（序一）

拙作《司法的细节》2016 年 4 月面世后，承蒙读者的厚爱，出版社下半年就联系我商量再版的事。我正好想利用这个机会，把原来落掉的几篇和新近写就的几篇加进去，同时考虑到书的篇幅已够长，又拿出十几篇，另外，再加一个再版序。就是这个再版序，竟然一拖几个月，转眼北京已是初春了！

网上搜了一下，发现至少有 20 余家纸质媒体报道了该书，或发表书评，或摘发其中内容，或作为推荐书目，这还不包括诸多新媒体。从《北京日报》到《上海书评》到《深圳晚报》，从《法制日报》《检察日报》《人民法院报》等圈内媒体到《南风窗》《财新周刊》等圈外媒体，从中央党校的《学习时报》到香港的《凤凰周刊》，我感到欣慰的是，不同地域、不同风格甚至被贴上不同标签的媒体在强调司法的细节这个问题上似乎达成了共识。刘苏里先生在其书评中曾指出："《司法的细节》算得上是上乘之作，来得及时。""上乘之作"不敢当，但他所说的"来得及时"我想正是此书甫一出版就受到关注的一个原因吧。确实，中国的法治已经到了一个叩问细节的时候了。许许多多的公案，领导也好，民众也罢，大家关心的就是真相，而真相离不开细节，发现真相离不开展示细节的一套程序和机制。近些年来相继平反的一系列冤错案件，当初错就错在忽略了细节。

有意思的是，在学习习近平总书记的系列重要讲话时，我发现他也是多次强调了一个“细”字.如，2014 年 2 月 24 日在中共中央政治局进行第十三次集体学习时，他就指出，培育和弘扬社会主义核心价值观要在落细、落小、落实上下功夫；同年 5 月 4 日在北京大学师生座谈会上，他又引用“天下难事，必作于易；天下大事，必作于细”，鼓励青年要把小事当作大事干；2015 年 9 月 11 日，在中共中央政治局进行第二十六次集体学习时，他强调，践行“三严三实”要落细落小，注重细节小事；同年 10 月 13 日，在中央全面深化改革领导小组第十七次会议上，他强调基层改革要落准落细落实；2016 年 7 月 1 日，在庆祝中国共产党成立 95 周年大会上的讲话中，他指出作风建设要坚持抓常、抓细、抓长。其实，早在《之江新语》中他就多次援引古语“堤溃蚁穴，气泄针芒”“巴豆虽小坏肠胃，酒杯不深淹死人”，说明“不矜细行，终累大德”“天下大事，必做于细”的道理。对照法治领域，这些话也很是令人“心有戚戚焉”。我们都还记得佘祥林案吧，当年负责办理此案的京山县公安局刑警大队长、后升任京山县公安局副局长的卢定成“感到十分遗憾的是当时没搞 DNA 鉴定”，“因为如果将死者（无名女尸）和张在玉的亲生母亲的 DNA 一对，情况就会很清楚了”。同样遗憾的是，当公安机关“将办案第一手材料递交到公诉机关后，虽然他们曾经打回重新调查，但都没有提到这件事情”。一个本来可以避免的冤案，就因为没有“做于细”而坏了大事，这难道不是“堤溃蚁穴，气泄针芒”么？

应当看到，我们所面临的法治领域的落细、抓细，任务是繁重的。聂树斌案平反后，曾有媒体问我如何看待该案的复查工作由河北转至山东，我说，这当然应当予以肯定，河北方面作为原审法院，属于利益相关方，你让他去复查，太难了。这可能也是此案长期得不到纠正的一个重要原因。不幸的是，很长一个时期，司法实践中申诉受理机关就是原审法院或原来提起公诉的检察机关，你要求它自己去纠正自己，其效果自然可想而知。正因如此，最高法和最高检推动的“申诉异地审查”制度就理所当然地受到好评。类似上述“违反常识”的问题还不少。如我们长期对办案部门实行财政返还制度，即对上缴国家的赃款赃物和违法所得，按一定比例返还给办案部门，试想，这怎么能保证办案机关的中立呢？也正因此，我呼吁，必须尽快改变对办案部门实行财政返还这样一种不利于实现司法公平公正的制度，真正落实“收支两条线”，以确保办案机关在办案过程中利益无涉。

我曾受邀参加过一个疑难案件的专家论证，律师提到在一审时曾有个证人出庭作证，当场证明起诉书的某项指控与事实不符。我们几个专家就问他：你有什么依据？如果能证明这一点，我们就可以说法院的一审判决书对此证言不予理睬的做法是不对的。这位律师满有把握地说，请专家们看我复印给大家的卷宗，里面肯定有记录。结果我们翻遍一大摞的卷宗，就是找不到这个内容。我们问他，这个庭审记录上不是有你的签名么？你当时怎么不仔细看一下呢？这么重要的内容，如果他们不加进去你完全可以拒绝签名啊。他有点沮丧地说：哎，开完庭书记员拿过来让我看一下，那么多内容，谁去仔细看呢，他们也等得着急，我就习惯性地签名了。此事让我至今难以释怀，从证人不出庭到证人出庭，固然是一大进步，但如果证人出庭作证没有配套的措施（如细化交叉质证规则），以及对法庭判决的必要约束（判决书必须对证人证言作出回应），那证人出庭作证的效果就会大打折扣！更重要的是，如本案所示，以审判为中心的司法改革要求我们各个法律职业都要在“细”字上下功夫，如果我们的律师还像过去那样习惯于一些粗线条的工作方式，那很可能正义的机会就从你自己的手中白白地溜走。

再举一个例子，我们现在常说罚金刑的判决在实践中难以执行。这里的关键是，我们应当借鉴国外的做法，从总额罚金制改为日额罚金制，即判处的是罚金的天数，再根据不同被告人的经济能力来决定其每天应交付罚金的数额，这样同罪同判的只是罚金的天数，乘以每个不同经济能力的被告人的日额罚金，则经济能力好的人要多交罚金，反之则少交。这种方式既能让每个受处罚的人感受到刑罚的效果（防止富人交罚金少失去威慑力），又能改善罚金刑的执行状况（防止穷人交不起罚金）。不仅如此，法律还作了更细致的安排，如判决后犯人失业了，原来决定的罚金交不起了，怎么办？那又要分情况，比如你的失业是因为自己好吃懒做等原因造成的，那就要折抵刑期去监狱服刑；如果是因为经济危机等原因造成的，那你就可以改作公益劳动，甚至当法庭认为有足够理由时就直接免除。

最近，坐了23年冤狱的陈满上百万的国家赔偿金被骗，加上此前同样是蒙冤入狱的赵作海也被骗国家赔偿金，引发人们对从监狱出来的人如何适应社会的关注。对此，我不禁想起多年前参观德国监狱的一些记忆。为了让犯人顺利回归社会，他们会把他在出狱前的一段时间安排到一个较为开放的环境里，这段时间他白天可以出去找工作，但晚上得回来；由于犯人在监狱内大多习得手艺或取得文凭，加上出去后有多种非政府组织帮助，所以一般都会找到一个工作。而且，犯人在监狱期间的劳动所得，狱方会为每个犯人开设一个账号，每月给他们保留一部分存在上面，以便出狱后不会因一时没找到工作而发生生活困难。另外，他们的监狱也不像我们放到偏远地区，而是就在市内，这样便于犯人家属和各种社会组织去探望，使其尽量和社会保持接触。

说到德国监狱，又想起德国的犯人因为洗澡这事儿和监狱多次对簿公堂的两个案例。简单地说，在2015年的一个判决中，德国哈姆高等法院驳回了一名犯人提出的每日一澡的请求，理由是："每天冲澡也不能被视为身体舒适的必然条件，甚至有媒体引证皮肤病专家的意见，警告过多洗澡带来的坏处。"但在2016年的另一个判决中，法院又"基于有期徒刑的服刑生活应当与日常生活相近似的原则，并且避免犯人疏于清洁带来的疾病风险"，认定犯人应当每周至少有四次用热水清洁身体的机会。无论是前者还是后者，法院的判决都以理服人，于法有据，其条分缕析，令人击节。当一个国家法治的触角能深入到监狱的此等角落，根据"木桶定律"，我们就有理由对其整个社会的法治化程度和司法的精细化程度抱有信心。

最后要说的是，本书的初版之所以被认为"来得及时"，可能与当时社会上正好发生几起引人关注的热点案件也有关系。但现代社会太快了，昨天的热点很快就被今天的热点所取代。希望本书所讨论的主题不要像某些社会热点一样转瞬即逝，因为中国司法细节的完善还将是一个长期的过程。

刘仁文

2017年3月5日凌晨于北京西郊寓所

正义隐藏在细节中(序二)

从人类历史的发展看,除了在剧烈的时代大变局下细节所起的作用有限,一般意义上的国家治理,细节的力量是惊人的,正所谓细节决定成败。

一、从开会说起

会议是公共治理的一个最具代表性的缩影。大至一个国家和社会,小至一个公司和单位,恐怕没有谁会否认开会的重要性。据说法国大革命期间,曾有代表建议采用英国下院的议事规则,但遭拒绝,以致后来大革命陷入血腥和无序。

早在一百年前,孙中山就提出"集会者,实为民权发达之第一步",他有感于"中国人受集会之厉禁,数百年于兹……忽而登彼于民国主人之位,宜乎其手足无措,不知所从,所谓集会,则乌合而已",他花费心血编译美国的《罗伯特议事规则》①,连同将

---

① 1801年,杰斐逊有感于国会缺乏确定的议事规则,编撰了《议会规则手册》,后为众议院所沿用和发展。但许多政府机构和民间团体还是缺乏固定的议事规则,而且各地议事规则都不一样,共同议事颇为不便。到1876年,终于有一位美国将军亨利·罗伯特在收集、整理、总结的基础上起草并出版了一本通用的议事规则,这就是至今已出版了10个版本,从最初的100多页发展到如今700多页的《罗伯特议事规则》。参见[美]亨利·罗伯特《罗伯特议事规则》中文版序二,袁天鹏、孙涤译,上海世纪出版集团,2008年。

自己的序取名为《民权初步》，欲在中国推广、演试和习练议事规则之类的集会方法。胡适对这本书评价很高，认为它是孙中山所有著作中最重要的一部。唐德刚在《胡适口述自传》的一个注释中曾说："汪精卫在'总理遗嘱'中之所以漏列此书，显然是说明汪氏认为这种小道何能与'总理遗教'的经典并列？殊不知我国的政治现代化运动中所缺少的不是建国的方略或大纲，而缺的却是这个孔子认为'亦有可观'的小道！"①

一百年过去了，中国人是否已经学会如何开会了呢？答案恐怕还是喜忧参半。喜，是因为确实有进步，回想当初开大会靠举手表决，现在我们在一些重要事项的表决上采取了比举手更私密的方法，总算改变了什么都"一致通过"的局面；忧，是因为无数事实和教训表明，我们离真正地把会议开好还有很远的距离。为什么许多看似民主决策的会议，到头来却仍然是领导"一言堂"？为什么有的会议效率低下甚至离题万里，还有的会议要么一潭死水，要么秩序混乱？究其实，还是议事程序规则的缺失。而完善的议事程序规则，靠的是细节。

二、细节于各行各业都很重要

前不久，接触到一个市委书记贪腐的案件。这个市委书记在一份开发商提交给市委的报告中批示：请某某部门依法办理。最后这个案件的控辩双方争议的一个焦点问题是：该市委书记有没有权力作这个批示？辩方认为，作为市委书记，他当然有这个权力，他又没有批示让下级部门违法办事；但控方却认为，虽然他这个批示表面上看是要下面依法办理，但熟悉官场潜规则

① 转引自贺卫方《具体法治》自序，法律出版社，2002年。

的人都知道,有了市委书记的这一批示,就等于开发商的事情可以一路绿灯了。

这件事情让我产生联想,想来想去,问题还是出在市委书记与下级各部门的权责不清上。如果凡事都在每一个程序和细节上有章可循,就好判断市委书记有无权力作这个批示了,也好判断下级部门是否违规办理了。中国人之所以如此热衷找领导批条子,我想关键就在此吧。

去年还有一件事情也让我颇有感触。新加坡国立大学两位反腐专家来社科院法学所访问,所里领导考虑到我正在主持一个"反腐败的刑法完善"方面的课题,就让我和我的团队负责接待。让我们有点吃惊的是,两位专家告诉我们,在新加坡的反腐败法律体系中,刑法占的比例很小,他们认为最重要的是严密的财会制度。这又一次证明了细节的重要。

最近,邓亚萍受聘中国政法大学兼职教授一事引发社会热议,这让我想起另外一件事情来。德国马克斯一普朗克研究所的一位所长曾受聘为国内一所著名法学院的兼职教授,他见到我时却有点抱怨:这所大学自从给他颁发了聘书后,就再也没有联系了,按他的理解,他应当有相应的权利和义务,如定期收到法学院的情况通报,定期来授课等。

前些年参访台湾"中研院"时,我一直纳闷,他们的法律研究所为什么多年来一直叫筹备处呢?带我参观的友人指着墙面上的一些图表告诉我,按照"中研院"的章程,要正式成立一个研究所,需要具备章程规定的一些条件,只有等到那些图表规定的条件满足时,才可以去掉"筹备处"这几个字。

我到泰国访问时,想给老父亲买条香烟,换来换去,每条香烟的包装盒上都拍摄有吸烟者可怕的黑牙齿、黑气管乃至黑肺,就怎么也不敢买来送礼了。想想我们国内那些包装漂亮的香烟盒，虽然上面也写了“吸烟有害健康”，但两相比较，区别立现，可见细节是多么重要！

手上正在看三联书店前总编李昕的《做书》，其中披露，他原来的同事、人民文学出版社原副总编高贤均，一个人就编了三部茅盾文学奖作品，搞文学的人都知道茅盾文学奖的分量。为什么他判断文稿如此准呢？关键就是注重细节。有一次，他看完陈忠实的《白鹿原》，激动地跑来告诉李昕——你快去看看“黑娃吃糖”是怎么写的。作品中的黑娃是个苦孩子，长到 20 岁从没有吃过糖，当他把第一块糖放到嘴里时，就愣住了，他从来没想到世上还有这样神奇的滋味，眼珠顿时不会动了。《白鹿原》对黑娃表情的描写，从他的嘴，他的眼，到他的神情，他的感觉，非常细腻传神。高贤均说这个细节写得太好了，从这个细节就可以看出陈忠实的功力。

三、正义隐藏在细节中

在英语里，司法和正义是同一个词(justice)，因此当我们说正义隐藏在细节中的时候，其实就等于说，细节对司法是何等的重要。

当前，我们正在推进以审判为中心的诉讼制度改革，这是一项完全符合司法规律、需要在健全和完善法庭细节上下大功夫的重要举措。我曾以兼职律师的身份代理过几起刑事案件，对法庭开庭的不规范、走过场等行为深有体会。以开庭不规范为例，有时在这个地方的法庭上，法官说这个内容不要在这个环节讲，应该放到下个环节再说；等到另一个地方的法庭开庭时，想在前面那个法官指定的环节讲，法官却说这个内容应当在上一个环节讲，这个环节不能再讲了。再以开庭走过场为例，不要说人民陪审员陪而不审，就是有的审判长，也决定不了，他还需要向主管副院长甚至审委会汇报。在这种情况下，律师在法庭上再努力又有何用？恐怕这也是导致一些律师想方设法去搞案外关系的一个重要原因吧。

几个月前，我应邀与另一位教授去观摩一个证人出庭的现场会。可想而知，当地为此做了大量的准备工作，办案民警也作为证人出庭接受检察官和律师的发问。开完庭后，检法两家主要领导开了一个闭门会，想听一下我们两位专家的意见。可能让他们有点失望的是，我们两位竟然都对开庭效果的评价不甚乐观，甚至说如果严格按照无罪推定和非法证据排除的要求来看，本案是否能确凿定案都成问题。更有意思的是，在关于是否要给予被告人向出庭作证民警发问的机会时，我们两位专家的意见也不一致(我主张应当给)。可见，如果要真正实现以审判为中心，我们的法庭规则还有多少细致的工作要做！

这让我想起2009年访问台湾时，我发现他们的书店有很多关于交互诘问(cross-examination)的培训类书籍。当时正值台湾司法改革，各方都需要对法庭上诘问证人的技巧和规则进行训练。后来我通过登录法院网站，成功申请到了旁听审理陈水扁一案的机会，目睹了作为一门技术活的“交互诘问”，看那轮番的“主诘问—反诘问—覆主诘问—覆反诘问”，深感不经过专业的训练是扮演不好法庭上的控、辩、审角色的。陈水扁虽然也是律师出身，但由于以往不曾使用过这一套规则，所以他在诘问证人时屡屡犯规，不仅频繁遭到检察官的异议，也不断受到审判长的提醒。

谈到法庭的细节，我还想起去年访问韩国时，在法院旁听一个刑事案件的情景。当时我问陪同翻译，被告人坐在哪里，她特意侧身看了下座位牌文字，指着与检察官相对而坐的两个人，用汉语写下来告诉我：被告人＋辩护人。当我告诉她，在中国与检察官相对而坐的只能是辩护人，而被告人被置于另外一个单独的受审席时，这位没有任何法律知识背景的女孩惊讶地说："那怎么行呢？他要是想与自己的律师商量事情不是不方便么？"我当时就深有感触，一个有悖常识的做法在我们的法庭里实行了几十年，至今若想改却仍然困难。① 也是在这个旁听席上，我看到检察官和法庭全体人员一样，在法官进来时一起恭敬地起立，特别是在走向法庭中央、通过多媒体出示证据的时候，检察官首先朝陪审员们深深地鞠上一躬。当时的我由于还有一个最高检公诉厅挂职副厅长的身份，多少有点不适应，后来慢慢琢磨，才领悟到：作为代表国家指控犯罪的强大力量，能在法庭面前如此谦卑，这岂不是国家之福？

四、走向精细化的司法

格兰特·吉尔摩（Grant Gilmore）曾说过如下一段话："我们的专业里有大量的枯燥的苦活：我们必须处理、驾驭大量的琐碎的细节，我们必须极端重视具体细节。我们必须接受这一事实，即我们大部分的时间须花在乏味的工作上。"诚哉斯言，用它来说明司法细节的重要及我们应为此所付出的努力实在是再适合不过了。

早在1979年，我们的刑法、刑事诉讼法就明令禁止刑讯逼供，为何至今屡禁不止？就是因为律师在场权等具体制度没有

① 我曾在有关司法改革的会议上向最高人民法院等部门建议改革我国的法庭布局，有关人士的答复是，目前有关领导还接受不了，专家学者可以多呼吁。这方面的文章，可参见拙文《去有罪标签 禁穿囚服还不够》，载《南方周末》2015年3月20日。

跟上。有人以为办案机关讯问犯罪嫌疑人时实行录音录像制度就可以了,但实践中却不断爆出,要么是关键时刻录音录像设备出问题,要么是办案机关有选择地录音录像。试想如果有律师在场不就能从细节上堵塞漏洞么?

过去我们说既不要有罪推定,也不要无罪推定,我们要的是实事求是。若真能在刑事诉讼中做到实事求是,既不冤枉一个好人,也不放纵一个坏人,那当然最好!问题是,当我们从口号深入到一个个具体的案件时,却发现在那些存疑的案件中,面临着要么放要么抓甚至要么杀要么放的两难境地,此时无罪推定就成为不得已的选择。

细节的完善跟对一个问题的研究是否深入很有关系。正因为我们对某些问题缺乏深入研究,才会出现宏观上拥护、微观上反对的悖论。前述刑讯逼供是一例,如果从宏观上来讲,任何公权力机关都是反对刑讯逼供的,但为什么具体到犯罪嫌疑人的沉默权和律师在场权这样的制度构建,有些公权力部门和人士就反对呢?关键是他们还没有真正认识到,如果后面这些制度无法跟上,就不能有效地防范刑讯逼供。再比如,我们现在谁都不反对人道主义,但在司法实践中犯罪嫌疑人至今仍不可以在看守所会见亲属,法庭上的被告人仍不可以在休庭时跟旁听的亲人说话,被抓的犯罪嫌疑人不但不给戴头套,甚至还公然让他(她)们在电视上出丑、认罪,连公捕大会、公判大会这样一些不合时宜的做法也还不时出现。我刚接触到一位从事引渡外逃贪官的高级法律官员,他绘声绘色地说,××女贪官你们别看她在电视上让她按手印时像模像样,其实在步出机舱前她的血压突然上升,很危险的……如果我们真能把人道主义贯穿到刑事司法的每一个细节,我想我们就会同意"并不是所有符合目的的手段都是合理的"这样一个命题。"己所不欲,勿施于人",这不仅是对公民的要求，也应成为对我们公权力行使者的要求。

这方面我有许多感触，在《刑法修正案（九）》的讨论过程中，针对当前律师行业的某些不规范甚至有一定社会危害性的行为，有关部门曾有过增设某些新罪名、加大打击力度的想法。我的考虑是，许多事情利弊相杂，需要慎重权衡："近年来许多血的教训表明，正是因为律师的作用发挥得不够，司法机关和办案人员对律师的意见缺乏认真的倾听和足够的重视，才导致冤假错案的频频发生。也正是基于这些血的教训，我们才要致力推进以审判为中心的诉讼制度改革。可以说，这项改革的成败在很大程度上将取决于律师在法庭上如何发挥其作用。律师在法庭上起到的作用的大小是现代法治的晴雨表，善待律师就是善待法治。执此理念，我们的立法能不三思？"①还好，最后通过的文本在现有条件下总算作了一些折中处理。

2010年，全国人大宣布，中国特色社会主义法律体系已经基本建成。但正如法学家王泽鉴先生所告诫的："立法工作其实只是万里征途中最初的几步路，更艰难更复杂更细致的工作还在后面。"②2014年，中共十八届四中全会又提出全面推进依法治国的总目标和重大任务，进一步重申了将法治作为我们基本治国方略的决心。现在我们最需要做的就是按照四中全会的要求，以专业的精神来"极端重视具体细节"，凡有利于实现依法治国的总目标的，就是再枯燥再乏味也要保持定力；凡有悖于实现依法治国的总目标的，就是再习以为常再难以克服也要排除万难。总之，理念不等于现实，从宪法如何实施，到量刑指南如何规范各种量刑情节，直至裁判文书如何说理，我们的司法还存在

① 参见刘仁文《善待律师就是善待法治》，载《律师文摘》2015年第4期。

② 转引自周大伟《法治的细节》，北京大学出版社，2013年，第72页。

太多的粗线条,还需要更多的精细化。

五、说明与致谢

若干年前,我曾应邀在《新京报》上开设《关注司法细节》专栏,陆续发表文章若干。这些文章受到不同程度的好评。记得有一次刊发一篇《认真对待被告人的道歉》之后,北京市人民检察院公诉处处长王新环博士还曾专门致电我,说受主管刑检工作的方工副检察长之托,想就此进一步听取我的意见。当时的编辑曹保印先生曾鼓励我一直写下去,说最后由他来负责帮我出一本书。遗憾的是,后来身不由己,只好不了了之。直到2015年,广西师范大学出版社的法政编辑室主任范新先生盛情约稿,于是我将相关文字整理成书稿交给了范先生。

虽然以"细节"命名的书市场上已经有了,如刘瑜的《民主的细节》、周大伟的《法治的细节》,但我仍然决定以《司法的细节》来命名本书。这不仅是基于前述原因,更重要的是,它恰恰说明,当今中国各个领域都太需要在深入和完善细节上下功夫了。

这些文章绝大部分都曾在报刊上公开发表过,此次收入时均标注了出处和发表时间,这一方面是为了表示对最初发表这些文章的载体的感谢,另一方面也便于读者在阅读时结合发表时间更好地把握语境。说实话,要在如此短的时间里,从自己过去二十多年来的众多文字中找出该主题的全部文章,不是一件容易的事。现在的书稿应当还没有找全,编排也不一定完全合理,而且,不同时期的文章所反映的文字品质和思想的圆熟程度也有差异。要特别感谢那些盛情约稿和邀请我开专栏的编辑朋友,这将是一个长长的名单,时间仓促,又年代久远,为防止挂一漏万,我还是在心底去细细回忆吧。

感谢江平、梁治平和王人博三位先生热情为本书撰写推荐语；感谢焦旭鹏博士后和王演兵、陈妍茹、刘昭陵等几位博士生在书稿整理、编排和审校过程中给我提供的帮助；也要感谢广西师范大学出版社法政编辑室的各位编辑为拙著出版所付出的努力。最后，一如既往地感谢我的家人对我一直以来的支持。

言由心生，今后我还得继续在提高人生的感悟能力和精神境界上下功夫，进一步提升自己的学养和审美趣味，争取给读者奉献出更好的文字。

刘仁文

2016年1月6日凌晨于北京西郊寓所

壹　過公权之放纵

法治的要义在于管住“一把手”

近期，有两则新闻吸引了我的视线：

一是韩国国会2004年3月12日通过总统弹劾案，卢武铉被中止行使总统权力，由国务总理高建代行总统权力。韩国宪法法院在进行了近两个月的审理后，于5月14日作出判决，驳回国会提出的总统弹劾案，卢武铉立即恢复行使总统权力。15日，卢武铉在青瓦台总统府对国民发表讲话，表示尽管弹劾案被驳回，但自己在大选资金和亲信问题上确有不妥，他为此向国民深表歉意，并对国民、高建总理和内阁在弹劾期间保持国家稳定表示感谢。

二是以色列总理沙龙自2003年10月30日因涉嫌腐败而遭到警方长达7个小时的问讯后，2004年2月5日再一次就腐败案接受警方问讯，成为以色列第三个在任内接受调查的总理。此前，内塔尼亚胡和巴拉克也曾因腐败丑闻接受调查。沙龙虽然矢口否认他存在腐败问题，却也不得不同警方合作。虽然他坚决不辞职，但按照以色列的法律和惯例，一旦他被起诉，他就必须辞去总理一职。好在2004年6月以色列总检察长最终作出了沙龙一案证据不足、决定不起诉的决定，这位在“内忧外患”中度过了半年多的政治强人才涉险过关。

由此又想起了两件我近距离体验过的事情：1999年，当时的美国总统克林顿因在其与莱温斯基丑闻一案的作证中撒谎而被以伪证罪和妨碍司法罪先后遭众议院和参议院的弹劾。当时我正在哥伦比亚大学做访问学者，亲身感受了总统遭弹劾时美国政治生活有条不紊、老百姓以平常心来工作和生活的气氛，法学院的教授还适时在课上以此作为案例来阐明法理。2003年，参与伊拉克核查的英国核武器专家凯利自杀，为了弄清政府是否要对其自杀负责，国会专门成立了调查小组，包括首相布莱尔在内的政府要员都要接受调查法官的问讯。当时我恰在牛津大学访学，并应布莱尔首相夫人切丽大律师之邀前往其唐宁街10号寓所拜会，在谈话中，并未出现我事先想象中的尴尬，相反，她还大方地告诉我，如果她的丈夫不任首相了，他们就要搬出唐宁街10号，回到原来自己的住宅中去。

难怪普京的夫人说：得知她丈夫当了总统时，她大哭一场，因为这意味着他们的隐私从此没有了。难怪美国国务卿鲍威尔曾表示，为了多给家人一些时间，想要早些退出政坛。基辛格曾被任命为“9·11”事件的调查委员会负责人，但他很快辞去了这个职位，因为他舍不得放弃在另一家公司兼职的经济利益。几年前，我曾向一韩国朋友打听，自己在报上看到过一位韩国教授，有几次出任总理的机会，但他不为所动，此人为何人？答曰：在韩国，不想做政治家的学者有很多，不知您说的是哪位。

以上现象可说明的问题多多，本文只想说明一点：在一个真正的法治社会，任何人，包括一把手，都是“法律帝国”的臣民，都要接受法律的约束；人与人，只有分工的不同，而不存在某一位置、某一工种可将一切好处占尽的现象。西方曾有学者指出，衡量一个国家是否为法治国家，关键要看其法律能不能管住“一把手”，“在法治国家，法律就是国王；在专制国家，国王就是法律”。

不可否认，当前，在我国推进依法治国的进程中，一个重要的任务就是要落实对各级、各部门一把手的监督和制约。现实生活中的种种教训在警示我们：为什么这么多交通厅长“前腐后继”？为什么一些“穷庙”里能出那么多“富和尚”？为什么各种大小“一把手”，不出事则已，一出事就贪污数额惊人？记得在一次调研会上，某单位纪检书记讲，他这个纪检书记，哪里敢监督“一把手”，连提建议都要找个对方心情好的时候说。

由于我们的政治生活中对“一把手”制约不力，就给某些人造成错觉：好像只要当上了“一把手”，就可以为所欲为。为此，花再多的钱去买这个官，也是值的；费再多的力去保这个位，也是应该的。

认识到这一点，我们就不能满足于杀几个贪官，而要着眼于各项制度建设，从各个层面建立健全对“一把手”的监督和制约机制，使其不敢也不能甚至不想去滥用手中的权力。

（原载《学习时报》2004年8月2日）

反特权是当务之急

若干年前，在党校学习时，观看了一部纪录片《居安思危——苏共亡党的历史教训》，其中印象特别深的是关于苏共特权对政权垮台的消极影响的分析。当时联想到自己周围的一些现象，深感我们也应当居安思危，从制度设计到具体运行的各个环节都高度重视特权的危害。

美国经济学家大卫·科兹曾经说过："苏联体制的瓦解源于其自身的统治精英对个人利益的追逐。"对比现实，令人忧心的是，我国各种特权现象似乎有增无减，一些公权力部门的人士"对个人利益的追逐"已经引起群众的强烈不满。党内的有识之士必须尽快行动起来，采取有效措施反特权，赢回民心。

习惯和观念一旦形成，人们往往浸淫其中而不易察觉其危害，特别是当整个社会已经向前发展时，如果执政者仍然不能与时俱进，过去对特权的敬畏之心就会变成今日的强烈反感。若如是，可想一面是民众的公民意识在觉醒，另一面却是特权阶层照样肆无忌惮地自行其是，并以掠夺底层福利、藐视草根权利为能事，焉有不撕裂执政者和民众的血肉联系、造成彼此之间的巨大鸿沟之理？

中国是一个封建特权思想源远流长的社会，在这样一个社会，每一个阶级、每一个政党、每一个个体都很容易染上特权思想。因此，要在全社会特别是统治阶级内部普及民权思想，树立平等意识。没有这样一种文化，任何一个群体或个体，都会在骨子里喜欢权力，喜欢高人一等。我最近在荷兰国会参观时，去了一个议员的办公室，她的办公室墙上有一张他们党的议员在国会开完会后的集体合影，大家很随意，总理站在第二排的最右边。当我问她为什么总理没有居于核心位置时，她对我的问题似乎有点费解，摇摇头说她也一时想不出准确的答案。再看看那位总理笑容可掬，我相信他绝不是为了收买人心而装出来的，而是完全习惯这种做法。这在我们的国度可能吗？换成我们的领导，能毫不心存芥蒂地像这位总理这么做吗？因此，必须从我做起，从现在做起，改变我们的特权文化。

反特权最关键的是要驱除政治生活的神秘化和暗箱操作，推进公权力行使的透明化、阳光化。我在美国和欧洲的一些国家曾旁听过他们的议会开会（包括一些州和县的议会）。记得在美国伊利诺伊州的一个县议会旁听时，他们正在就该县准备新修一所监狱的预算进行讨论，工程承包方要到现场来回答议员们关于各项开支的详细质询。与此同时，电视向全县现场直播。这事过去好多年了，但我依然记得自己当时的感慨：不是美国人比中国人廉洁，而是他们的这种制度防止了某些潜在的贪腐。

最近我在荷兰国会参观时，正遇他们的下院在开会。我出示护照，通过安检后，即可到二楼的旁听席旁听，周围还有专门的媒体席位。看着那些记者们把长长的镜头对准正在接受议员们质询的总理，联想到外面的电视和网络也在现场直播，我似乎理解了为什么有的看重个人隐私和自由的国外人士不愿意从政。我曾经在《参考消息》上看到过韩国首尔大学的某位教授主动放弃总理职位的报道，后来我到首尔大学开会，就问他们这位教授是谁，结果他们说这样的教授在首尔大学不止一位，不知我说的是哪位。在中国，为什么官本位思想盛行？为什么不能实现各种职业的价值多元化？就是因为在很多人眼中，当了官就有了一切，当官就意味着发财，当官就意味着在用车、住房、医疗等各方面都有特殊的待遇，甚至“一人得势，鸡犬升天”。这与国外当官就意味着受监督、当官就意味着要牺牲更多的个人利益和个人隐私相比，的确有天壤之别。

我也旁听过不少国家和地区的法院开庭，即使我是一个外国人，即使正在审判的是他们的前国家（地区）领导人，只要我出示证件（护照）、通过安检，就可以到旁听席上听审，更不用说本国公民了。一切证据都提交法庭，一切证人，包括办案警官、鉴定人等，都要到法庭上接受质询，法官定案的唯一根据就是在法庭上根据证据所得出的结论。可以想见，在一个如此透明的司法环境里，司法腐败的念头自然难以滋生，腐败的几率也就大大减少。

虽然我国的政治民主化已经取得了很大进步，但必须看到，与时代的要求相比，还有不小的距离。那么多的官员“带病提拔”“前腐后继”，那么多的腐败大案窝案发生，足以警醒我们：内部监督的效果是有限的，有时甚至是流于形式的，我们要更多地寄希望于外部监督。现在我们的干部为什么只对上不对下？就是因为他们的升迁不取决于老百姓满意不满意，而是取决于上级满意不满意。哪一天如果我们官员的命运真正掌握在老百姓手中，相信他们就不会有特权意识了，也不敢要特权了。

（原载《中国新闻周刊》2012 年 12 月 10 日）

禁止领导干部干预司法

十八届四中全会《公报》提出:"完善确保依法独立公正行使审判权和检察权的制度,各级党政机关和领导干部要支持法院、检察院依法独立公正行使职权,建立领导干部干预司法活动、插手具体案件处理的记录、通报和责任追究制度,建立健全司法人员履行法定职责保护机制。"这一意见对排除司法干扰、保证审判权和检察权的独立行使,具有重要的现实意义。

领导干部就司法中的具体个案打招呼,加剧了司法中的关系案、人情案和金钱案等潜规则现象,滋长了社会上信访而不信法的风气,给有关司法机关和承办人员增加了不必要的压力,严重损害法律权威和司法公正。即便在我国古代,这也是不允许的。例如,唐律规定:"有所请求者,笞五十。"按照这个规定,谁敢为某个案件说情,要"笞五十";官吏如果接受了请求,也要"笞五十";若官吏听从了请求,徇私枉法,还要加重处罚。也正因领导干部干预司法活动和插手具体案件对司法公正的这种巨大杀伤力,我国《宪法》才明文规定:人民法院、人民检察院依照法律规定独立行使审判权、检察权,不受行政机关、社会团体和个人的干涉。这次四中全会再一次强调依法治国首先是依宪治国,因此,我们要把领导干部干预司法活动、插手具体案件处理上升到违反宪法的高度,下大力气解决这一顽症,为司法权的健康运作提供一个良好的外部环境和内部环境。

要解决好这个问题,先要对"领导干部干预司法活动、插手具体案件处理"的范围作出界定。各级党政领导特别是某些高级领导同志要顺应法治思维的要求，不要以为自己没得好处，甚至还是出于公心，就可以打招呼。要知道，司法有司法的规律，只有案件承办人才掌握案件的全部事实，了解案件的真相，更何况打招呼会滋长案件各方当事人不惜一切代价去找关系，这样势必会弱化司法的权威。

其实，早在几年前，最高法院在其《关于司法公开的六项规定》中就提出："建立健全过问案件登记、说情干扰警示、监督情况通报等制度，向社会和当事人公开违反规定程序过问案件的情况和人民法院接受监督的情况，切实保护公众的知情监督权和当事人的诉讼权利。"检察机关近年来也在积极探索实行办案说情报告制度，明确了为案件请托说情、干扰办案应报告的具体情形、报告的程序和承担的责任等，例如，北京市检察机关就对所有打招呼的案件都在内卷中"留痕"，即实行登记制度。现在，我们要确保此次四中全会关于禁止领导干部干预司法活动和插手具体案件处理的规定真正落到实处，就要很好地总结法院和检察院这些年这方面工作的经验，反思实施效果不佳的原因。比方说，所谓的"留痕"，只是在内卷中保留，外部并不知道；打招呼的方式多种多样，有的并没有"批示"等文字载体，而是电话，甚至是彼此心领神会，无法登记在册；公开和问责机制并不健全，使打招呼者以及执行打招呼的人都缺乏足够的畏惧感。

鉴于此，特提以下四点建议：

首先，要禁止任何掌握公权力者私自直接或间接打招呼，同时也要禁止法院、检察院领导接到此类打招呼的信息后再向承办案件的法官、检察官打招呼。要严格建立领导干部干预和插手个案的电话记录、转递材料、口头指示等信息的提取、封存和通报公开制度。应当从制度上确立一条：今后任何打招呼的信息都集中到法院、检察院的新闻发言人处，严格登记制度，定期向社会通报。一经通报，就必须启动相关的责任追究程序，并将最后结果公之于众。

其次，不仅上级法院、检察院不能给下级法院、检察院打招呼，上级党政机关也不能通过下级党政机关向司法机关打招呼，同时，要坚决做到政法委不干预具体案件，以确保按司法规定办事。作为配套措施，我们可考虑建立国外的“法庭之友”制度。“法庭之友”不是诉讼当事人的一方，它可以是任何一个组织或个人，为回应诉讼双方的当事人请求，或是出于自愿，提供相关资讯与法律意见给司法机关，以协助诉讼进行，或让司法机关更了解争议的所在。禁止打招呼后，如果有的党政部门、人民团体等对某个案件确想表达意见，可以光明正大地向司法机关出具“法庭之友”意见。

我觉得对于这些不合时宜的工作思路和方法，应当结合依法治国的新形势加以改进，让一切都呈现在阳光下。这样一方面可以防止办案机关和办案人员的暗箱操作，另一方面也能使有关当事人相信良币可以驱逐劣币，遇事按正当程序去走阳光大道，而不去走歪门邪道。

最后，对案件承办人员，要严格规定其不得执行各种干预，不能靠揣摩领导意图而行事，否则要承担具体的法纪责任。与此同时，还要强化对履行法定职责的法官和检察官的保护机制，既不能随意调离、辞退或作出免职、降级等处分，也不能随意调整工作岗位来对某些不听话的承办人员实行变相惩罚。

（原载《人民检察》2014 年 12 月[上]）

说情亦是犯罪

最近在翻阅法制史学者刘海年教授送我的一本书，其中有一处引起了我的兴趣。他在提到中国古代法律中有很多值得借鉴的东西时，举了说情这个例子，说唐律就有规定："有所请求者，笞五十。"按照这个规定，谁敢为某个案件说情，要"笞五十"；官吏如果接受了请求，也要"笞五十"；若官吏听从了请求徇私枉法，还要加重处理。

对比现实，说情之风何其严重。常听某些办案人员苦恼：某个案子一到，就有某某办公室的电话打过来，或者通过某个领导来打招呼。有些情况若不是当事人亲口告诉我，我真的不敢相信：在提倡依法治国的今天，某些部门和领导还会这样做。

也许，许多领导压根就不认为就某个案件或事项打招呼、批条子是不正当甚至违反依法治国原则的，反而认为自己是在主持公道。不排除在个别案件或事项中，上级领导的批示或打招呼防止了案件或事项向错误方向发展（但这完全可以通过改善司法监督等措施来解决）。不过，无情的现实表明，更多的案件或事项则是因为这类打招呼向着错误方向发展，毕竟多数打招呼者都有自己的私心。

即使没有私心，也由于打招呼者不了解实际情况，容易给下级部门和具体承办人员增加不必要的压力。关于这方面我曾听过一个极端案例：某夫妇闹离婚，男方找到一位领导同志，请其给法院打招呼判决离婚，这位领导同志按照他的意思办了；后来过了一段时间，女方也通过关系找到该领导同志，请他给法院打招呼不要判决离婚，结果这位领导同志又按照她的意思写了条子，搞得承办案件的法官哭笑不得，左右为难。

有的人可能说，他只是笼统地批示有关部门重视此事，甚至要求下面依法办事，但熟悉官场潜规则的人都知道，只要是上面领导的批示，不管你说什么，下面都会高度重视。这就是为什么有的人要千方百计、不惜代价地找到领导打招呼，哪怕是只言片语。

上级领导随便说情、打招呼不仅导致中国百姓信访不信法，而且严重破坏了中国的政治和司法生态。近年来跑官买官盛行，遇事不上法院而“千里迢迢上京城”，打官司越来越依靠“打关系”，这些都是说情文化酿成的恶果。

更可怕的是，现在说情似乎成了光明正大的家常便饭，许多人不以为耻、反以为荣，求情者以能找到关系和后台为荣，有关系者以能帮忙牵线搭桥为荣，被求情者以自己能行使手中的权力帮人为荣。据说现在社会上专门有一些人，靠炫耀和某某领导及其亲人有密切关系而受到各种想找关系的人的青睐，拉关系成为一门职业，一些人甚至由此致富。

最近有一个局长被双规，他的一个在政府部门工作的亲戚竟直接对笔者说：“你在中纪委有没有过硬的关系？如果有，我愿意出重金。”言谈之中没有半点不好意思，让我深深感到现在这个社会充斥着极其庸俗的说情风、关系网，说起话来连起码的底线都没有了。

这种说情风滋长了“跑部钱进”的歪风，也害了不少干部。我就认识一些因被求情而非法收受贿赂的落水者，这些人不能说本质上都是坏的，有的甚至开始时还很正派，但因权力太大，风气盛行，出事近乎必然。

不过，我们现在的刑法只惩处那些行贿受贿者，也就是说，如果没有收人钱财，说情是不犯法的。在这种情况下，那些没有收人钱财或很难被证明收人钱财的人就可以堂而皇之地打招呼、批条子，甚至有的人大笔一挥，还以“包公”的心态自居，或者被底下人视为“包公”。

社会的进步已经废止了笞刑这种肉刑，所以我们今天倒不是说要对那些说情者“笞五十”，但古代法律将说情作为一种犯罪来严加惩处不是没有道理的。考虑到说情之风的蔓延对社会带来的深刻危害，我们应当从党纪国法上严肃对待此事，凡掌握公权力的人，一律不得擅自说情，任何形式的打招呼、批条子，一经检举揭发，就要作为严重的违纪行为来处理；对于那些出于私心、严重违背职业道德或者造成恶劣影响乃至严重后果的，不管其有无受贿行为，都要作为违法犯罪行为来查处。当然，如果证明其有受贿或徇私枉法行为的，则更要加重处理。

之所以说情之风蔓延，关键还是说情管用。而之所以说情管用，关键还是我们的许多规定留有死角，使得暗箱操作成为可能。我觉得对于这些不合时宜的工作思路和方法，应当结合依法治国的新形势加以改革，让一切都呈现在阳光下，这样一方面可以防止办案机关和人员的暗箱操作，另一方面也能使有关当事人相信良币可以驱逐劣币，遇事按正当程序走阳光大道，而不是歪门邪道。

（原载《中国新闻周刊》2012 年 8 月 20 日）

保持法院的中立地位

日前，湖南省高级人民法院下发了《关于城市房屋拆迁非诉行政执行案件有关问题的通知》，要求各级法院不得违法参与政府及其他行政机关组织的有关拆迁的具体行政行为。山东省委办公厅近日也转发了《省法院党组关于进一步加强全省法院基层建设的报告》，支持法院不参与计划生育、收粮收款等法定职责以外的工作。这是加强法院中立性建设的重要举措，对确保法院裁判的公正性和公信力无疑有积极的作用。

我国宪法明文规定，法院是国家的审判机关，依法独立行使审判权，不受行政机关、社会团体和个人的干涉。但长期以来，法院在现实生活中扮演了许多法定职责以外的角色，如前述湖南高级人民法院的《通知》中就指出："近年来，我省各级人民法院依法受理、执行了大量行政机关申请执行的强制拆迁案件……其中存在一些突出问题：有的未经合法性审查即强制执行；有的对违法的行政行为审查不严，流于形式；有的屈服压力，明知违法，也予以执行；有的甚至与行政机关'联合执法'，无视司法权和行政权的界限；有的擅自扩大先予执行的范围等。这些现象严重侵犯了被拆迁人的合法权益，损害了人民法院的形象。"山东省委办公厅转发的山东省法院党组报告也说明，法院事实上参与了计划生育、收粮收款等地方政府感到棘手的工作。这样做的弊端至少有如下几点：

一是偏离法院的主题工作。随着审判任务的加重，法院的工作越来越多，为了确保审判的公正与效率，法院根本不应参与其他工作。但由于现在地方法院要开展工作在很多地方还得依赖当地政府,因此有时迫不得已要听从地方领导的安排。

二是不符合法院工作的性质。法院审判工作的一个突出特点就是其被动性,也就是在政府的公权力与公民的私权利发生冲突时接受其任何一方的投诉,充当不偏不倚的裁判,它不能也不需要主动地介入任何一方的诉前行为,否则其中立性就无以服人。法院参加政府的拆迁联合执法队和计划生育、收粮收款等工作,显然违反了其属性要求。

三是不利于社会稳定。法院是人们遇到矛盾和纠纷讨说法的地方,是社会矛盾的最终消解点,若将它直接推至矛盾的第一线,一旦政府与公民的矛盾激化,法院将被人们视为与政府一起的利害关系人,不再尊重和信赖它,这样的后果是社会失去了一道有效的防线。

应该说,法院承担大量的额外任务,绝不仅仅存在于湖南和山东,而是当前全国比较普遍的现象。要有力地纠正这种现象,除了靠上级法院乃至上级党委和政府发文,各级地方党政领导还要正确领会中央关于法院定位的精神,不给法院额外加码,与此同时,各级法院领导也要善于运用政治智慧,使法院从法定职责外的领域解脱出来,聚精会神搞审判,一心一意谋公正。

（原载《新京报》2004 年 7 月 16 日）

法院受审:该还是不该

新疆乌鲁木齐铁路运输中级法院(以下简称乌铁中院)因涉嫌单位受贿罪,近日接受兄弟单位——新疆昌吉回族自治州中级人民法院的审判。这件案子是不是“世界司法史上的奇闻”还不得而知,但在中国司法界绝对是首例。消息传出,一时争议纷起。有人认为,法院应当拥有司法豁免权,否则,一旦法院被判有罪,它是否还有权行使审判权,将是一个十分棘手的问题。因为一个“犯罪人”是没有资格对其他人行使审判权的,另一方面,“犯罪人”司法也必将严重损害其公信力和司法权威,甚至成为国际司法界的笑柄。

在分析和看待这个问题时,应当区分实然与应然:首先,从实然层面看,我国《刑法》第387条明确规定国家机关可以成为单位受贿罪的主体,其处罚方式是对单位判处罚金,对直接负责的主管人员和其他直接责任人员处5年以下有期徒刑或者罚金。人民法院是国家机关,这应当没有疑义。因此,按照罪刑法定的要求,如果法院确实构成了受贿罪,那就不能法外开恩。在这里,只存在一个有无证据证明其犯罪行为的问题,而不存在法律之外的“司法豁免”问题。

其次,从应然层面看,可以对我国《刑法》将国家机关规定为单位犯罪主体进行反思。1997年《刑法》修订时,针对我国企事业单位经济犯罪突出的现实,全面规定了单位犯罪。当时的立法理由除了现实需要,再就是国外立法普遍规定了相当于我们所说的单位犯罪的法人犯罪。但仔细查阅,却发现国外在规定法人犯罪时,鲜有将国家机关包括在内的,如著名的《美国模范刑法典》在规定法人犯罪时,就特别说明:"'法人'不包括执行政府计划的政府机构或者为执行政府计划而由政府机构设置的实体。"因此,可以考虑对《刑法》进行修改,将单位犯罪的主体主要限定在公司和企业,而将国家机关排除在外。

综上,在修改《刑法》之前,任何国家机关,只要其实施了单位受贿的行为,就可以构成单位受贿罪。至于有人质疑如果法院被判有罪,它还能否行使审判权,这确实是一个需要从理论上予以解答的问题。我认为,当一种实践出现的时候,现有的理论如果解决不了,就需要寻找新的理论。具体到本案这样的情况,一方面,法院如果构成犯罪,必须接受审判;另一方面,将有罪的法院彻底解散显然也不现实,它肯定还要作为国家审判机关存在并继续行使审判权。如何解释?我建议选取以下角度:法院如果被判有罪,按照双罚制的原则,除了法院要被判处罚金,其直接负责的主管人员和其他直接责任人员也要被判刑,后者被判刑后肯定得清理出法院,而他们系过去"犯罪法院"的头脑和肢体(领导为头脑,其他责任人员为肢体),新的法院领导和法官取代过去这些犯罪的法院领导和法官后,等于是给该法院换了头脑和肢体,不再是过去的有罪之身了,这样它就当然有权继续行使审判权。

最后,我国刑事立法在很多情况下带有救急的性质,其理论准备并不充分。以本案为例,由于我们立法时简单地"一锅端",将所有单位都规定为单位犯罪的主体,却并没有很好地论证为什么像法院这样的国家机关也可以构成犯罪,也没有很好地评估将这类机构作为犯罪主体加以规定可能产生的法律难题和尴尬,致使出现这样的两难局面。可见,今后在立法时还应更加慎重,更加注重理论上的自圆其说,因为法律一旦制定出来,就要得到严格遵守和执行,人为地在法外寻求什么豁免,与法治的要求是相悖的。

（原载《检察日报》2006 年 7 月 12 日）

“公捕大会”的做法应当废止

“依法治国，建设社会主义法治国家”治国方略的确立，涉及许多领域的制度变革和观念更新。从新中国成立后一直沿用至今的“公捕大会”，就是一例。虽然它对于营造政策攻势、震慑犯罪、教育群众有不可否认的作用，但“并非所有看起来符合目的的东西都是合理的”（耶塞克）。在新的形势下，我们需要对这一做法进行重新审视。

从法治的角度看，“公捕大会”至少存在如下问题：

缺乏法律依据。按照我国《刑事诉讼法》的规定，公安机关要求逮捕犯罪嫌疑人时，应写出提请批准逮捕书，连同案卷材料、证据，一并移送同级人民检察院审查批准。人民检察院在进行审查后，根据情况分别作出批准逮捕或者不批准逮捕的决定。对于批准逮捕的，公安机关应持逮捕证执行逮捕。逮捕后，除有碍侦查或者无法通知的情形外，应当把逮捕的原因和羁押的处所在 24 小时内通知被逮捕人的家属或其所在单位。可见，《刑事诉讼法》并没有赋予任何机关对任何犯罪嫌疑人开“公捕大会”的权力。有的人认为，法律没说不可以开“公捕大会”，说明“公捕大会”不违法。这种认识犯了法理上的一个常识性错误：私权利，法律没有禁止的，就是许可的；但公权力，只有当法律有明确授权时，才是合法的。

有违“无罪推定”原则。“无罪推定”是现代法治国家普遍确认的一项刑事诉讼原则，我国 1996 年修订的《刑事诉讼法》也确立了这一原则的基本精神，该法第 12 条规定：“未经人民法院依法判决，对任何人都不得确定有罪。”为了贯彻无罪推定原则，最大限度地保障犯罪嫌疑人的人权不受侵犯，西方不少国家都对犯罪嫌疑人实行审前“以保释为原则、羁押为例外”的做法。我国由于国情不同，从而对犯罪嫌疑人一直采取的是以羁押为原则、保释为例外的做法。即便如此，我们仍然必须明确，这种审前羁押仅仅是为了防止发生社会危险，保证刑事诉讼的顺利进行，绝不是有罪推定，不应对犯罪嫌疑人的定罪量刑产生实际不利的影响。但“公捕大会”造成的后果恰恰就是有罪推定，就是对犯罪嫌疑人的定罪量刑形成先入为主、欲罢不能的局面。因为“公捕大会”一开，普通老百姓就以为该犯罪嫌疑人肯定有罪，要不然怎么会拿他（她）来作为典型，而法院也不可能不受到影响，“公捕大会”使社会上舆论哗然，犯罪嫌疑人激起民愤，法院能不受到这方面的压力吗？再加上“公捕大会”一般都是在当地政法委的直接领导下召开的，法院作为政法委领导下的一个部门，能不配合政法委的工作吗？特别是在“严打”斗争中，许多地方公检法“一锅煮”，成立联合的“严打办”，检法两家提前介入，法院更是脱不了干系，自已参与决定的“公捕”者，最后来个无罪、罪轻，因此还要承担错案赔偿的责任，这可能性有多大？

“公捕大会”为了造声势，一般都要“攒”够一定数量才召开，这势必造成以下三种违法现象：超期拘留，不及时向检察机关报捕；或者在检察机关批捕后不立即执行，变相羁押，到要开“公捕大会”时再履行执行手续；或者搞两次逮捕，即对已经被逮捕过了的，拉出来再“逮捕”一次。

还要指出的是，“公捕大会”的做法也不符合联合国有关规定的精神。联合国的《囚犯待遇最低限度标准规则》明确规定：无论对于已决犯还是未决犯，在被送入或者移出羁押场所时，“应尽量避免公众耳目，使他们不受任何形式的侮辱、好奇的注视或宣传”（第45条1项）。显然，我们的“公捕大会”不仅使犯罪嫌疑人受到“公众耳目”的“好奇的注视或宣传”，而且在许多场合下，还是挂着牌子、戴着脚镣手铐甚至是五花大绑的。想想连犯人都可按照《监狱法》享有他们应有的尊严和人格，更何况他们仅仅是犯罪嫌疑人，最后有罪无罪还不清楚，这样做是不是有点过分了呢？

“社会价值观的改变，公正本身意义的改变，几个世纪以来曾经是而且现在仍然是引起既深刻又广泛的法律变革的一个原因。”（阿蒂亚）是的，我们的社会在变，相应地，我们的价值观、公正观也要变，变得更加符合人道主义的要求。从这个意义上来讲，废止“公捕大会”的做法，此其时也。

（原载《法制日报》2001年8月28日）

怎么又见“公判大会”

早晨起来看手上的两份报纸《新京报》和《检察日报》，发现二者均在头版显著位置刊登了山西洪洞矿难 17 个责任人“公判大会”的大幅彩色照片，照片系新华社发。为配合报道此次“公判大会”，《新京报》还在 A04 版中再次配发了另一张大幅黑白照片，上面清晰显示了主席台上悬挂的“‘12·5’特别重大煤矿瓦斯爆炸案公判大会”的标语。

基于学界对“公捕大会”的持续批评，近年来，对未决犯的“公捕大会”已不多见，但对已决犯的“公判大会”却还在不时出现。我认为，“公判大会”也应该禁止。

首先，它有违法治社会的理念。法治社会与人治社会、运动社会的区别之一在于前者是一种“剧场化的司法”，而后者则是一种“广场化的司法”。西方社会过去也广泛存在着“作为一种公共景观的惩罚”，但随着“文明法律制度的到来”，惩罚盛会便逐渐退场，日益成为法庭这种规限空间内的有条不紊的活动。“公判大会”显然是一种“广场化的司法”。据《新京报》的报道，临汾 17 个县市的各界人士 1 万多人冒着大雪来到临汾体育场参加了此次“公判大会”，当地媒体还做了现场转播和报道，指出召开这次声势浩大的“公判大会”的目的就在于教育广大干部和群众。在这种全民参与的氛围下，司法活动的专业性很难不受到一定程度的干扰。

其次，不利于我国形象。它会造成什么影响呢？一是给人一个审判不独立的印象。文章中提到“1 万多名干部群众参与了审判”。二是留下一个不够尊重被告人的印象。图片里，台下的听众大都打着雨伞，唯独17名责任人员着清一色的黄色囚服，光着头站在雪地上。《联合国囚犯待遇最低限度标准规则》中规定：被告人“不受任何形式的侮辱、好奇的注视或宣传”，“应准穿着自己的服装”。

再次，“公判大会”还有其他一些副作用。组织一场“公判大会”需要耗费大量的人财物，而且还可能造成现场的骚乱；使观众习惯于本应厌恶的暴行，甚至使他们对犯人产生恻隐之心；容易造成自欺欺人的假象，以为“公判大会”效果很好，实际上，“刑场的好奇围观者是小偷最好的目标”，这一无情现实说明犯罪生成机理的复杂性绝不是靠“公判大会”就能大而化之的。

最后，可以通过一些更为理性的做法来实现教育干部群众的目的。“不是任何符合目的的手段都是正当的”，犯罪人除了按照正当程序受到应有的追究，他不能成为公权力部门实现其他目的的牺牲品，否则，法治社会的可预期性和公众对法秩序的向往与认同就会荡然无存。因此，任何政策性的做法、任何体现领导人意志的活动，都只能在法治的篱笆内活动。具体到本案，可以通过选取一个能容纳较多听众的法庭，采取适当的名额分派方法，如尽量满足希望参加旁听的受害者家属的要求，实在太多则采取每家派一名或几名代表的方法；对其他希望参与旁听的公众，可采取按排队秩序先来后到的方法，坐满为止。另外，也可以通过媒体报道，对案件的公开宣判起一种宣传作用，进而达到“教育干部群众”的目的。

（原载《南方周末》2008年2月28日）

再谈“公判大会”当禁

我在《南方周末》发表《怎么又见“公判大会”》一文后，王琳先生在《南方都市报》上发表《公判大会何罪之有》的反驳文章，针对他的文章，我又在《南方都市报》发表《公开宣判不等于公判大会》一文，以示回应。但事情似乎还没完，近日，在一家有名的法律网站上，我又看到郑绪华律师发表了《驳“公开宣判不等于公判大会”》一文（以下简称“郑文”），对我的回应再次提出批评。联想到网上还有“怎么就不能见公判大会”等质疑，本文以回应“郑文”为主，继续就此问题补充我的观点。

“郑文”认为，我国《刑事诉讼法》第163条规定的“宣告判决，一律公开进行”是“公判大会”的法律依据，并认为其主旨在于满足公众的知情权。这种理解在我看来是不对的，《刑事诉讼法》所确立的“公开宣判”原则与现在有的地方兴师动众的“公判大会”，是性质完全不同的两码事：前者是在法庭内的“剧场化”活动，后者则是在法庭外的“广场化”活动；前者是以保障被告人等当事人的合法权益为本位，防止判案法官或者法院搞暗箱操作，使法院的裁判阳光化，后者则是以国家为本位，旨在将被告人当作工具，借以教育和威慑他人。“公开宣判”具有满足公众知情权之效，且这种满足是建立在尊重法庭规则、保障被告人人格尊严的基础之上的。

“郑文”还认为，“公判大会”是法院为了实现法的预防功能而采取的一种教育和震慑措施，其价值追求有合理性。这同样是我不能同意的，法的预防功能有两种：一是基于行为人本人的特殊预防，二是基于社会上其他人的一般预防。就特殊预防而言，只有从实体到程序的严格依法办事，才能让被告人心服口服，那种企图借助于群众大会等外部压力迫使被告人认罪甚至使其受到羞辱的做法，非但与现代法治文明不符，还可能加剧被告人的逆反心理和抵触情绪。就一般预防而言，我们应记住，并不是所有符合目的的手段都是正当的，有一些底线是不能突破的。比如，我们可以在一些影响大的案件审判和宣判中，选择一个比较大的法庭来容纳更多的旁听群众，并利用现代传播手段如广播电视、报纸等及时传达审判信息、达到法制教育的目的（当然如何规范和改进传媒与司法的关系又是另一个话题），但绝不可以把这种专门性的司法活动从法庭这样的专门场所移到党政军和群众齐参与的广场、会场等大众场所去。“郑文”把“公判大会”的主体定位为法院，这其实是无视实践中的“公判大会”决策者和组织者往往不是法院而是当地党政领导的事实。而这一事实恰恰使司法变味，审判的独立性受到干扰，法官的主导作用被有关党政领导所取代，群众由旁听者变成了参与者。其最终结果就是削减法院作为不偏不倚的第三方的作用，重新回到行政权、司法权等各种权力“一锅端”的局面，由此导致对法治的规则和文化的破坏，使司法从理性走向非理性，即便在个案中真的取得了格外的教育和震慑效果，也绝对是得不偿失的。

在历史上，中外都曾存在一个从“广场化的刑事司法”向“剧场化的刑事司法”转变的过程，这一转变是文明发展的必然逻辑。环顾当今，在那些法治先进国家，即便是民愤极大的恐怖主义罪犯，对他们的审判和宣判也是在法庭这样一个规限的空间内进行的。改革开放30年来，回首我们在法治领域的进步，其中一个重大成就是“文革”期间那种令人心惊肉跳的群众批判大会退出了人们的视野，解决社会纠纷和矛盾的场所慢慢地归于法院这种讲理的地方。民意和民愤是一个需要谨慎把握的东西，引导不当，甚至有意激发，可能会发生令人意想不到的结果。对犯罪特别是恶性犯罪的痛恨，很容易使“公判大会”获得群众的支持和道义上的强势地位。我困惑的是，某些身为法律人的同行，为什么也如此垂青于这样一种明显与法治精神相悖的做法？

（原载《检察日报》2008 年 4 月 23 日）

如何给警察权“减负”

6月28日，因对一名女学生死因鉴定结果的不满，贵州瓮安发生了大规模的群体性暴力事件，导致县公安局、县委和县政府大楼被焚烧。7月1日，上海又发生一起震惊全国的袭警案，犯罪嫌疑人杨佳闯入闸北公安分局，连续捅死捅伤10名警察和保安，据报道，其犯罪动机是因不满涉嫌偷盗自行车而被该局审查，在申诉无果后“报复行凶”。

死因鉴定也好，涉嫌偷盗自行车的处理也罢，本来都是普通的警方执法行为，为什么会酿成代价如此惨重的恶性案件？类似这样的案件时有发生，促使我进行多方面的反思。本文着重从公安机关的角度谈点看法。

我国的公安机关在国家权力体系中，一直扮演着重要的角色。相比起国外警察权普遍受制于司法权而言，我国警察在实体和程序两方面均具有较大的独立执法权。前者如治安拘留和治安罚款等治安处罚以及事实上由公安机关说了算的劳动教养，后者如刑事拘留以及对犯罪嫌疑人是否取保候审和监视居住的决定权，此外，像看守所这类在国外普遍受司法行政部门管理的机构在我国也是由公安机关自己来管理的。这使得公安机关在行使自己的某些权力时不能受到有效的制约，实践中难免出现权力滥用的现象。同时，由于公安机关的许多决定系由自己单方作出，也就使矛盾容易集中到公安机关一方。因此，对我国公安机关进行适当的分权，将涉及剥夺人身自由的实体处罚和强制措施全部纳入法院的审查范围，既是依法治国和保障人权的需要，也是提高执法质量、从体制上根治野蛮执法的必然要求。

长期以来，公安机关在执法中存在重大案、轻小案的倾向，以致对杨佳这种小人物的申诉不予重视，对瓮安地区老百姓的治安诉求不予理睬，久而久之，矛盾由小变大，直至不可收拾。许多表面看来突如其来的事件，从当事人的角度来看，其实都是"看似偶然、实属必然"：群众的积怨多了，就会在导火索的牵引下爆发"无直接利益冲突"的群体性事件；个人的积怨深了，就难免出现偏激行为。

公安机关的工作作风和工作方式不可不察。在案件处理程序上透明度不够，有的环节本该使当事人更好地发挥主体作用，却被简单地当作客体来对待；还有的环节如死因鉴定、尸体火化，没有吸纳相关监督方进来，致使其执法的公信力受到怀疑，有时哪怕执法没问题，也容易受人唆使、挑拨，使群众误以为其执法不公；办案思路不是调解优先，而是刑事优先，实践中更有将抓人多少视为考核的指标，而没有充分意识到，在同等情况下，抓人越少越好；面对矛盾时，对社会的"阅读能力"不强，欠缺最大限度地减少社会对抗的策略和方法。

在一个法治国家，动用警力必须慎重。贵州省委书记石宗源在检讨瓮安事件时曾指出："一些干部工作不作为、不到位，一出事，就把公安机关推上一线，群众意见很大。"这样做的结果要么是当场激化矛盾，要么是表面事件平息，但深层次的矛盾却继续积累并发酵。因此，必须对警力的规范使用作出规定，防止有关领导随意调动警力来处理不该由警察插手的事情，同时，应给公安机关的领导创造拒绝此种调动的制度环境。

（原载《现代快报》2008 年 7 月 10 日）

“暗中执法”不能再玩捉迷藏

最近，安徽来京人员杜宝良因为在同一地点交通违法累计105起，累计罚款达10500元，累计积分210分，成为人们关注的话题。之所以受到关注，一个重要原因是许多司机都吃过“电子眼”这类“暗中执法”的苦。

不否认“暗中执法”存在的必要性，即交通警力有限，利用“电子眼”等智能交通管理系统，可以提高执法效率。但必须明确，“暗中执法”是不得已而为之，绝不是要设陷阱，引诱当事人违法，更不是为了罚款。因此，在设立电子眼时，就应当以醒目的标记使司机和行人感知到某处有“电子眼”，只有这样，才能发挥“威慑”作用，才能防患于未然。这也是现代法治社会必须遵循的原则，即规则要公开。我们看到，国外也比较广泛地在交通执法、犯罪预防等领域使用“电子眼”，但此类地方都有明显的提示和警告。

“暗中执法”导致杜宝良们一而再、再而三地犯错，这说明此处的“电子眼”是躲起来的，不轻易为外人所察觉，这就违背了“立规矩”的初始目的：预防违规。

本案中杜宝良一直没有收到任何提醒或警告，其本人又无条件上网查询，甚至根本就不知道查询的途径。那么交通管理部门为什么不能在其次数达到一定程度后及时通知本人？值得注意的是，目前我们还缺少一套有效的告知机制：新手从上路时起，就不知道可以通过电话或短信查询违章记录，也不知道上哪个网站可以查到自己的违章记录，致使累计起来“吓一跳”的人不在少数。而这些，无论从技术上，还是从成本上，交通管理部门都是可以解决的。

在这样的情形下，交通管理部门依旧心安理得地“依法罚款”，“依法”勒令杜宝良到培训班去学习“交通法规”，不能不让人感慨。事实上，从《行政处罚法》所规定的教育与处罚相结合的原则出发，本案完全可以适当减少对杜宝良的罚款。

造成本案杜宝良一分钱罚款也不能少的另一个原因，是缺少一种由第三方来裁决的保障措施。按照我国的《行政处罚法》，即使被处罚人对处罚决定不服，需要提起行政诉讼的，也不停止处罚的执行。而国外的经验是，当当事人不服时，即停止处罚的执行，由法院以简易程序来裁决。可以设想，本案若是法官来裁决，交通管理部门就不一定能那么理直气壮，至少要承担部分的责任。

建立和谐社会，需要和谐交通。我们的交通管理部门要真正做到“以人为本”“执法为民”，就需要不断改进执法方式，去除“暗中执法”，如在监控系统中加入阶段性的提示功能，使那些不知道违章或者违章后心存侥幸的司机及时获得违章信息；使各类查询系统和告知系统更为老百姓所感知，并实现短信查询、电话查询的免费服务等。

（原载《新京报》2005 年 6 月 8 日）

“身份不明”不能成为长期羁押的理由

最近，中国法院网转给我一篇重庆市巴南区人民检察院王光良、龚明二位先生的文章，谈的是《刑诉法》第128条第2款关于对身份不明的犯罪嫌疑人“侦查羁押期限可自查清其身份之日起计算”的弊端。文中披露了这样一个案例：一名自称李某的犯罪嫌疑人，因涉嫌盗窃罪于1998年1月被某区公安分局刑事拘留，并提请该区检察院批准逮捕，但检察院审查后认为李某犯罪事实不清，证据不足，遂对其作出了不批捕决定。然而，公安机关却以李某身份不明和可能涉嫌其他重大犯罪为由，未予解除羁押或变更强制措施，并依据《刑诉法》第128条第2款之规定，继续羁押李某，直至3年以后，因李某身患重病才不得不解除羁押，将其释放。据作者介绍：在司法实践中，这种以犯罪嫌疑人不讲真实姓名、住址，身份不明为由而无限期延长羁押期限的情况绝非罕见，以某区为例，该区公安分局查办的刑事案件中，每年都有数名犯罪嫌疑人遭此命运。

这不由得使我想起几年前自己代理过的一个案件：我的当事人，一个持有外国护照的华裔商人，公安机关已按照他的交代查到了他的住所，调查了他的家人，并冻结了他的存款和股票，但眼看羁押期限已到，于是就以该犯罪嫌疑人的护照是否有效需要向公安部请示为由，告之在公安部批复下来之前他属于身份不明的人，应适用《刑诉法》第128条第2款之规定，在查清他身份之后重新计算羁押期限。当时我还以为这只是极个别地方的极个别现象，如今王、龚两位检察官提供的信息却使我进一步意识到这个问题的严重性。试想，若每区每年都有数名犯罪嫌疑人因身份不明而被无限期延长羁押期限，那么全国每年遭此命运的就应数以千计，如此严重的问题，确实值得关注。

《刑诉法》第128条第2款规定："犯罪嫌疑人不讲真实姓名、住址，身份不明的，侦查羁押期限自查清其身份之日起计算，但是不得停止对其犯罪行为的侦查取证。对于犯罪事实清楚，证据确实、充分的，也可以按其自报的姓名移送人民检察院审查起诉。"该规定表明：对于不讲真实姓名、住址，身份不明，且其犯罪事实尚未查清、证据不够确实充分的犯罪嫌疑人，公安机关可依据此条规定无限期延长其羁押期限；对于不讲真实姓名、住址，身份不明，但其犯罪事实清楚、证据确实充分的犯罪嫌疑人，公安机关可以按其自报姓名移送审查起诉，但同时也可以在查清其真实姓名、住址等身份情况之后再移送审查起诉。这种不加约束的自行决定权无疑为公安机关无限期羁押犯罪嫌疑人留下了空间和余地，并容易滋生某些办案人员的消极心态，无谓地拖延办案。此外，还带来其他一系列的问题，如对于被长期羁押的犯罪嫌疑人，如果最终定罪量刑较轻，先期羁押的时间大大超过其刑期，将无法通过以羁押时间折抵刑期来予以救济，而若出现最终因犯罪事实不清、证据不足而无法定罪量刑的情形，则不仅办案机关被动，更使犯罪嫌疑人遭受不应有的伤害。

犯罪嫌疑人不讲真实姓名、住址，能否成为其受到无限期羁押的理由呢？答案应是否定的，暂且不以我们已经签署的《公民政治权利国际公约》中赋予犯罪嫌疑人的"沉默权"来论，就以《刑诉法》第93条的规定来看，该条也规定犯罪嫌疑人"对与本案无关的问题，有拒绝回答的权利"。当然，也许有人会说，姓名、住址是与本案有关的问题，但笔者认为，这种解释过于宽泛，不利于保障犯罪嫌疑人的合法权益。犯罪嫌疑人不讲真实姓名、住址，可能有多方面的原因，如不想让邻里知道，不想让家人伤心，甚至有的可能确实就说不清自己的住址，还有的像前述笔者经办过的那个案子，犯罪嫌疑人本来已说清了自己的姓名和住址，但办案机关在身份问题的认识上与其有分歧，结果仍然可以将其解释为“身份不明”。从刑事诉讼的原理观之，查清犯罪嫌疑人的姓名和住址应是代表国家的办案机关的任务；从定罪量刑的要求来看，犯罪嫌疑人的姓名和住址并不是定罪量刑的必然要素；从“比例性原则”来衡量，如果我们还遵循打击犯罪与保障人权同样重要这一刑事诉讼的基本理念的话，以查清犯罪嫌疑人的姓名和住址这样一个并不是定罪量刑所必需的要件来换取犯罪嫌疑人无限期的人身自由被剥夺，显然也是不相称的。

有鉴于此，建议对《刑诉法》第128条第2款作如下修改：首先，对于犯罪嫌疑人不讲真实姓名、住址，身份不明的，如果犯罪事实清楚、证据确实充分，应以其自报姓名依法移送审查起诉。其次，对于犯罪嫌疑人不讲真实姓名、住址，身份不明的，如果在《刑诉法》规定的期限内仍未能查清犯罪事实，达不到证据确实充分的，应依法解除羁押或依法变更强制措施。在正式修改法律之前，建议由公安部和最高人民检察院联合发布一个文件，就此种情况下犯罪嫌疑人可被羁押的最长期限以及检察机关如何加强对公安机关的监督作出规定。

（原载《检察日报》2003年4月16日）

鼓励一切适当的民意监督

——就云南看守所“躲猫猫”事件答《新京报》记者赵继成

2009 年 2 月 12 日，在押人员李荞明在云南晋宁县看守所死亡，当地警方最初通报死因为李荞明在玩“躲猫猫”游戏时，头部撞门框所致，消息一出，舆论哗然。随后，云南省委宣传部组织网友组成调查委员会，进入看守所调查，因检方拒绝让其会见嫌疑人、查看监控录像，调查委员会的结论不仅没能平息争议，反而引发政府作秀与涉嫌违法之争。

一、网友进入看守所调查，不违法

《新京报》：宣传部门组织网民成立调查委员会，进入看守所调查，这种行为遭遇了是否违法的争论，你怎么看？

刘仁文（以下简称“刘”）：我觉得不能说它违法。我国《宪法》规定，公民“对于任何国家机关和国家工作人员，有提出批评和建议的权利”，可以说，民众对司法机关进行监督是一种宪法权利。如果出于监督的需要，有必要在某些特定案件中通过调查委员会的渠道，来理顺民意与司法的关系，我认为是完全可以的。

《新京报》：有人举例说，一些大学生利用寒暑假做企业劳工状况调查，并向社会公布结果，还有人在博客上披露自己看到的央视大楼着火的情形，这些都是合法的。

刘:我同意这样一种思路。对于约束国家机关公权力的举措,我们不能简单地认为法律没有规定就违法,这与限制公民私权利的思路是不同的,后者除非法律有明确授权,否则国家机关不能随意限制公民的私权利。法律解释提倡一种目的性解释,就是要根据法条在适用时的目的、意义和所要保护的利益来解释,看它最终实现了什么效果。如果从宪法上能找到这种合目的性的条款,行为本身又不是为了干涉审判机关、检察机关依法独立公正地行使审判权、检察权,而是为了促进司法公正,即便表面看没有具体的法律依据,也是符合宪法的精神和宗旨的,从这个角度看,当然也就不违法。

《新京报》:有人可能不同意,说你去企业调查,是秘密进行,而进看守所是上级要求的,涉嫌以权代法?

刘:这倒是个问题。前面你列举的那些调查基本上没有障碍,但网友要参与"躲猫猫"事件的调查,看守所却是封闭的,如果没有宣传部门出面牵头和协调,恐怕是进不去的。不过我的意见非常明确,这种吸纳民意的举措总的来说是值得肯定的,不能因为看守所是所谓的"刀把子",就拒绝社会监督。当然,如何使这种监督规范化、制度化,是下一步要讨论的。

二、借鉴英国的羁押场所巡视制度

《新京报》:进入看守所后,检察部门拒绝网友见犯罪嫌疑人,拒绝他们查看监控录像,这种做法有没有法律依据?

刘:对于网民参与本案的调查这种做法,法律没有明确规定不允许,也没有明确赋予权利允许这么做,事实上,法律只针对一般情况,而不能具体规定到每个个案。那么这个时候,司法的能动性应该根据《宪法》里的"国家尊重和保障人权"等条款允许做这件事情，而不能囿于过去长期以来形成的执法习惯和思维，一拒了之。遵循的原则就是前文所讲的：凡是不利于公民的，必须要有法律明确规定才能做；凡是有利于公民的，只要法律没有禁止的就可以做。

在这方面，也许英国的羁押场所巡视制度能给我们一些启发。1981 年，英国伦敦南部布瑞克斯顿市发生大规模骚乱，事后，斯卡曼大法官率领的调查小组在报告中认为，骚乱的一个重要原因在于当地黑人社区对警察的愤恨，并建议应当加强当地社区对警察羁押的监控。为回应社会公众对警察执法的怀疑情绪，针对警察羁押机构的独立巡视制度开始建立。经过不断完善，最终在 2002 年的《警察改革法案》中，将羁押的独立巡视制度正式上升为法律。巡视员是从当地社区选出的志愿者，他们的探访可以在一天中的任何时刻进行，法律要求警察对巡视员探访警局的临时羁押场所提供迅速放行。巡视员可以与被羁押人自由交谈，询问其近况，确认其明确知悉在警察局羁押期间所享有的各种权利，特别是有权享有法律咨询以及通知外界其被羁押。

此外，像国际红十字会对战囚的巡视工作机制也有类似的功能，即增加对这种神秘而不开放的场所的社会监督。

《新京报》：侦查机关会提出异议，说侦查阶段为了办案，需要保密？

刘：只有这一个理由，说见了以后会串供、会导致毁灭证据，影响案件的侦破或诉讼程序的进行。但这个问题是可以解决的，比如办案的民警站在旁边，限定谈话的具体内容等。不能因噎废食，完全禁止侦查阶段的犯罪嫌疑人会见外人。可以设立必要的批准程序，但前提是确认这是犯罪嫌疑人的一项权利，原则上应当批准。会见既包括基于满足亲情需要的亲人，也包括基于监督需要的社会其他人士。尤其是当办案机关已经搜集好证据甚至侦查结束、完全不存在毁灭证据和妨碍案件的进一步侦破时,更没有必要禁止会见外人。很多国外立法都规定可以根据案件不同的发展阶段,允许监督力度的不断加大。

将来应该立法,明确一个原则,在不影响审判机关、检察机关依法独立公正地行使审判权、检察权的前提下,鼓励一切适当的民意监督。以这个原则为指导,细化我国的立法,不能细化的,再按照这个原则来解释法律,找出路径。前面说了法律解释的目的性原则,还可加一个原则,那就是法律解释的体系性原则,也就是说,在找法和用法的过程中,要从宪法的高度、从整个法律体系的宗旨来判断,看看我们究竟要达到一个什么目的,能不能达到这样一个目的。

《新京报》:我们现在的侦查阶段,不仅不让网民见嫌疑人,连亲属也不让见。

刘:这似乎已经是司法实践中见怪不怪的一个现象了,尽管这种做法非常荒谬。我们正处在一个转型的社会,包括向法治的转型,这就要求我们对过去一些习以为常的做法进行反思,没有什么是不可以质疑的,只要我们从常识出发、从人性出发。大家想一想,在没有判刑之前,按照无罪推定原则,嫌疑人尚是无罪之人,那些已经被定罪投到监狱里去的人都可以允许家人探望,为什么无罪的时候不允许?过去我们太强调办案机关的方便了,老是希望多一事不如少一事,关起来什么人都不让你见,不是又安全又便利办案么?这种做法和观念已经完全不适应这个权利的时代了,应当加以改进。一个人被抓起来,一家人都着急啊,这时候你可以说基于办案的需要,不允许他们交谈案情,但应当允许他们见面,否则怎么能说我们的法律和司法是以人为本呢?只有通人性的法律才能真正有利于塑造一个社会的法律信仰和民族品性，否则会得不偿失。

基于同样的原因，我们现在很少允许取保候审，大多是对犯罪嫌疑人实行审前羁押，这与国际公约的要求和国外的做法正好相反，本来对犯罪嫌疑人应当是“以保释为原则，羁押为例外”，我们却是“以羁押为原则，取保为例外”，把本来是作为犯罪嫌疑人一项权利的取保候审变成了办案机关的恩赐，结果导致了很多问题，比如腐败，你给我钱，我才给你办取保。当然，这里的腐败之所以能得逞，也与我们现在的取保候审不采取公开开庭、听取控辩双方意见，而是暗箱操作有关。

比如陈水扁，就他的审前羁押问题在案件的不同阶段，他和他的律师都可以向法官提出开释的请求，中间还真的放了一次。现在即使又被收押，但是“羁押不禁见”，不禁止他见他的家人，甚至他还可以会见记者。

三、从侦查阶段开始，法院就要有效制约

《新京报》：有人担心，网民或者媒体参与调查，会影响审判机关、检察机关依法独立公正地行使审判权、检察权，你怎么看它们与舆论的关系？

刘：其关系确实不是一句话就能说得清的。二者既有冲突的时候，也有一致的地方。司法有自己的尊严和规则，司法机关办案不能唯民意是从，从这个角度说，司法应有其独立的品格。但从另一个层面看，在不影响独立审判、独立检察的前提下，一定要尽可能多听民意。这里还涉及司法的公信力问题，如果一个社会的司法公信力不强，那就更应该加大民意对司法的监督。反之，在一个司法公信力很强的社会里，可能与民意保持距离的做法就会更具合理性。

实际上司法完全不受民意的影响,是不可能的。即使在西方标榜司法独立的社会,民意影响司法的例子也是很多的,只不过从整体看,其影响路径比较理性,基本上是在司法的框架内解决问题。为了发挥民意对司法的积极影响,而将消极影响降到最低,需要建立一些有利于促进司法公正的游戏规则。应当看到,如果能与民意实现较好的结合和互动,是可以达到促进司法公正的目的的,而只有司法公正,才能为独立审判和独立检察赢得合法性。独立本身不是目的,而只是实现司法公正的手段,正因为其他权力的干扰会妨碍司法公正,我们才会如此强调。所以,只要有利于司法公正,就不能以独立为借口,拒绝民意的监督。

《新京报》:民意应该怎么对司法进行监督,尤其是对侦查阶段,比如对看守所的监督?

刘:在中国的刑事诉讼和刑事司法论著中,公安机关的侦查阶段并没有作为一个重点来加以关注,主要是从检察院阶段算起,才开始有比较细致的研究。但如果你看看英美等国家的刑事诉讼和刑事司法书籍,警察的侦查阶段是占有很大比重的,比如警察的权力怎么使用,搜查、监听、警察圈套等如何规范。

特别在我国,由于警察的权力较大,在刑事诉讼中更起着十分重要的作用,我们常说中国的刑事诉讼是“公安机关做饭,检察机关端饭,法院吃饭”。在这样的格局中,对侦查阶段的重视尤为必要。打官司到最后还是要打证据,到底是被刑讯逼供死的,还是玩“躲猫猫”死的,只有靠证据才能说明。在搜集证据、发现真相上,公安机关是中心环节,如果这个环节的人权保障设计上存在问题,导致刑讯逼供、腐败发生,那后面再怎么设计也用处不大。

《新京报》:我们不是总说,刑事司法要以法庭为中心?

刘:我们说刑事司法要以法庭为中心,但不要误会,它指的主要是建立法院对检察院和警察机关的制约,法官要不偏不倚地居中裁判,这其中不仅仅是指定罪判刑,而且包括审前羁押或开释等刑事强制措施的运用。你看陈水扁,不管是抓还是放,都是要由法院来决定的,而现在拘留警察说了就算,逮捕虽然要报检察院批准,但检察院欠缺法院这种开庭的公开听证方式,当然也就影响决定的质量。我这几天正在台湾看陈水扁案开庭,有三个较深刻的印象:一是实体审理过程中,陈水扁的律师提出他身体不好,请求开释,于是法官又专门抽出时间来开庭,就要否开释听取陈水扁及其律师和检察官双方的意见;二是实行排队拿号,因为里面座位有限,想旁听的人很多,只好采取这种比较公平的方式,拿不到号就进不去;三是报道此案的电视台记者只能轮流出来在法庭外向观众报道他们在里面的所见所闻,让人感觉到在审判的独立和满足公众的知情权方面取得了较好的平衡。

总之,刑事司法要以法庭为中心,是指从侦查阶段开始,就要建立法院对侦查机关的有效制约,使有关的诉讼主体和当事人能在法庭这个剧场内以演员的身份得到表演的机会。如是否拘押,若由法院来决定,就要开庭,既然开庭,就要双方展开辩论,并允许媒体和公众参加旁听,这就有了剧场的表演,既有演员又有观众。我们现在恰恰在侦查阶段缺乏这样的机制,比如律师本来是演员,却没机会出场,在批准逮捕的时候,也没有民众来做观众,监督力度自然大大减弱。

四、要逐步改变看守所的管理体制

《新京报》:对于加强侦查阶段的监督,尤其是对看守所的监督，你有哪些建议？

刘：一个建议是公安机关自行决定的拘留期限要大大缩短。国外一般为48小时，过了这个期限要继续关人必须经过法院的裁决，而且不能因为一次法院裁决羁押就一直羁押下去，要在案件的不同阶段允许开庭以便决定是否变更强制措施。与此同时，对监听等秘密侦查措施也要纳入法院的裁决范围，当然此时可不公开审理，接触案件的法官更不能泄密，否则应承担相应的法律责任。

第二个建议，从与国际接轨来说，要把律师的介入从检察机关提前到公安机关。目前正在讨论修改《刑事诉讼法》，希望能在这点上达成共识，在侦查阶段，律师就光明正大地以律师的身份介入，而不仅仅是提供法律咨询。律师介入也不要等到把人送进看守所，那样太晚了。只要警方抓人，就有义务给被抓的人提供免费的通讯电话，让其与家人联系，请律师来帮助。要严格规定一条：没有律师在场，警方的问话一律无效，不得作为下一阶段的证据使用。为了防止有的人请不起律师，政府要设立旨在为当事人免费提供法律援助的公职律师，并实行24小时值班的制度。

三是要改变看守所的管理体制，将目前的公安机关自己管理看守所的体制改为司法行政部门管理。同时要加强对看守所的监督，包括改进现在的检察院驻所检察室，使之真正发挥法律监督的作用。还要对看守所的设计予以改善，不能让讯问人员无遮拦地与被讯问的犯罪嫌疑人面对面地谈话，而是要采取一定的隔离措施，如通过栏杆隔开来问话，使刑讯逼供难以得逞。

四是目前很多刑讯逼供发生在犯罪嫌疑人被送往看守所之前，因为《人民警察法》规定了一个留置制度，抓到人后，可以先把他拷在暖气片上，留置起来，这段时间是最容易发生刑讯逼供的。因此,要把留置纳入刑事强制措施的视野,只要抓人,就要毫不迟疑地送往看守所。

五是要借鉴英国等国家的做法,实行羁押场所的巡视员制度,巡视员可以根据民众的投诉或自己掌握的信息,随时进入看守所进行独立的调查和巡视,可以要求见嫌疑人,查看监控录像,看守所不得拒绝。另外,国外的讯问录音录像制度也值得我们很好的借鉴,我们现在在检察机关查处职务犯罪时已经推行了类似的录音录像制度(但没有赋予律师在场权),但公安机关一直没有推行。有一种理由是公安机关受理的案件范围大,要推行这一制度成本较高,但这不应成为理由,国家现在的经济发展完全能承担这一成本,而且相比人权保障的重要性而言,也完全值得投入。何况既然检察机关已经推行,如果在公安机关长期得不到推行,那么会给人一种印象:职务犯罪的嫌疑人比普通老百姓嫌疑人更能得到优待。

五、强化司法公信力是根本

《新京报》:本案暴露出一个根本性问题,就是民众对司法缺乏信任,这个问题怎么解决?

刘:我们既然确立了依法治国的原则,就必须解决司法的公信力问题,否则群众就只信"(上)访"而不信"法"。

首先,给办案法官随便写条子、打招呼,这个特别不好。司法当前面对的最紧要问题,并不是舆论、媒体对司法的干预,而是各种权力和关系对司法的干预。最近最高人民法院颁布了"五个严禁",也承认这一点。

其次,司法腐败问题太严重,预防性措施不够。台湾地区的法院内部有一个惩戒委员会,收到举报以后,要调查法官,法官很在乎自己在单位的形象，即便没有犯罪，举报太多也会被同行瞧不起。我们现在司法系统内部来自同行的监督还远远不够，所以一出事都是天文数字。

再次，在国外，判决书非常讲理，像一篇严谨的学术论文，要在网上公布，要编纂出书，成为法学院师生讨论的材料。但我们的判决书不注意讲理，前面列举了辩护方的观点，最后就一句话"不予采纳"，至于为什么不采纳，也不去论证，这怎能服人？或者在某些司法腐败的案件中，也不加推理地就说"鉴于本案案情，特作出如下判决"，不明不白地就减轻了对被告人的处罚。不管重判轻判，均不说明理由，这是导致司法没有公信力的一个很大的原因。

还有，我们现在很多的司法潜规则消解了明规则。比如，人民陪审员制度本来旨在加强司法民主，强化人民群众对司法的监督，但实践中人民陪审员并没有实质参与审理案件和决定案件的结果，因而积极性也不高，更多地成为一种陪衬；不仅陪审员无权决定，有的案子主审法官也无权决定，而要汇报给主管院长甚至审判委员会，导致"审者不判，判者不审"。我在法院、检察院作过一些调研，发现其案卷中内部形式化的东西非常多，几乎所有案件都有个事前汇报。再如，我们一方面主张"公开审判"，但另一方面又无缘无故地限制媒体和旁听者进入法庭（不是因为里面已坐满）。

最后，在程序上也存在不少问题。如法庭上只就定罪进行辩论，量刑阶段没有展开，结果一旦定罪，判重判轻就是法官说了算，律师失去辩论的机会；又如，开庭时证人都不出庭作证，更不用说要求警察作为证人出庭了，结果控辩双方都只提交书面证词，对方不信或不服也无从质问；还有就是开庭中的质证程序不规范，我曾以兼职律师的身份在不同省份出过庭，发现各地开庭中的程序都不一样。有的地方是，检察官在提出证据的时候，律师可以向法官举手提出质疑，交叉询问；有的地方却不允许，律师请求发言质疑检察官的证据，法官就会说你现在不要说话，让他讲完，这样律师就不知道到底该讲不该讲，何时讲哪个内容。我看到台湾出了不少关于如何交互质证的书，还对法官、检察官和律师进行这方面的培训，可见法庭程序的设计也是需要一套细微的规则来支撑的，它对于实现正义绝非可有可无。

（原载《新京报》2009年2月28日，发表时有删节）

刑法应慎重介入公民言论

言论自由是公民的宪法权利，只有行为才能成为刑法规制的对象，这是现代法治国家的共识。但问题是，言论有时候可能成为刑法意义的行为。例如，我国刑法中的煽动分裂国家罪、煽动颠覆国家政权罪、诽谤罪、编造和故意传播虚假恐怖信息罪等都是把特定的言论作为刑法中的行为来加以对待的。国外刑法中也不乏以特定言论作为规制对象的立法。例如，《俄罗斯刑法》第 205 条“公开号召实施恐怖主义活动或当众为恐怖主义进行辩解”、第 207 条“故意举报虚假的恐怖主义活动”等；《德国刑法》中第 111 条的“公开煽动他人实施犯罪”、第 131 条的“鼓吹暴力、煽动种族仇恨”等。

各个国家在将某些言论确立为刑法规制的对象时，有共性的一面，也有个性的一面。如，大多数国家对煽动带有暴力内容的言论是要作为犯罪来处理的，但也有的国家对某些即使不带有暴力内容的煽动行为予以犯罪化。又如，同是西方社会，在美国对言论自由的保护力度要大于欧洲，欧洲一些国家如德国，公然宣扬纳粹就是一种犯罪，而在美国，这种行为则会被视为言论自由。

即使同一个国家，在这个问题上也不是一成不变的。在今天的美国就算是最刻薄批评和嘲讽总统的人也难以想象会被因言获罪，但时光倒退到 1798 年，也就是旨在保障言论自由的《美国宪法第一修正案》被列入宪法的第 7 个年头，国会仍然制定了一部法律，以惩治丑化总统的言论，其后就有编辑因撰文嘲讽亚当斯总统而锒铛入狱。一个世纪之后，仍然有人因批评威尔逊总统的政策决议而冒犯了国会制定的另一部法律，被判处二十年监禁的重刑。

环顾当今世界，我们既能找到昔日被作为刑法规制对象的言论的除罪化例子，如许多国家不再将丑化领导人作为犯罪来处理，还有的国家将刑法中的诽谤罪移入民法，作为民事违法行为来处理；也能找到因社会形势的变化而把某些新的言论增加为刑法规制对象的入罪化例子，如因恐怖主义的日趋严重而把故意举报虚假的恐怖主义活动、编造和故意传播虚假恐怖信息等言论升格为犯罪来处理。对于这样的变迁，历史、法律和文化都在其中发挥了作用。

总之，特定的言论是可以成为刑法上的行为的，对此并不能以宪法上的言论自由权来简单加以否定，因为宪法同时规定，公民在行使自由和权利时，不得损害国家、社会、集体的利益和其他公民的合法的自由和权利。当一种言论已经不仅仅是自己思想的暴露，而是表现为对社会有现实危害的具体行为时，刑法就可以介入。当然，作为一项宪法原则，言论自由仍然要对刑法的此种介入发挥应有的制衡作用，要遵循利益衡量原则，确保刑法此种情形下有非保护不可的法益，而且从公共政策看，获得的收益要远大于牺牲言论自由的损失。

（原载《南方周末》2013 年 9 月 5 日）

打击网谣与公权慎用

——答《潇湘晨报》记者周喜丰

警察权力与公民权利的平衡

记者：在打击网络谣言的行动中，很多案例都是以寻衅滋事罪拘人的，大家也在讨论公安机关适用这一罪名是否恰当？

刘仁文（以下简称“刘”）：《刑法》第293条关于寻衅滋事罪规定了四种情况，公安适用的应该是第四种情况：“在公共场所起哄闹事，造成公共场所秩序严重混乱的。”就目前的法律规定而言，我不赞成打击网络谣言动用《刑法》中的寻衅滋事罪。这个罪名是1997年修改《刑法》时，从1979年《刑法》中的流氓罪分化出来的。从立法的演变看，寻衅滋事罪单独立法是为了摆脱当时流氓罪这样一个口袋罪的命运。现在看来，虽然“投机倒把罪”“流氓罪”等大口袋罪废除了，但“非法经营罪”“寻衅滋事罪”等小口袋罪又出现了。

公安机关启用这样一个罪名来打击网络造谣者，扩大了它字面上的含义。我主张不要随意扩大寻衅滋事罪的适用范围。特别是最近（2013年7月15日）最高法院、最高检察院出台的关于寻衅滋事罪的司法解释，也没有把网络空间定义为公共场所，更说明把网络空间解释为公共场所，突破了通常的理解。

记者：有报道称，北京市公安局负责人认为，把网络空间视为公共场所，是司法实践的突破。从这一点看，公安是想去解释这个定义。但从呈现的个例来看,公安执法的尺度是不一样的:比如,湖北一男子将死亡3人的车祸报为7人死亡,被拘留了;而在安徽,死亡10人的车祸,有人发微博说死了16人,公安拘留他后又把案子撤销了,还道歉了。不同的地方在套用法律时也显示出认识的模糊。

刘:你说的公安拘留应当是治安拘留,不是定罪。任何法律条文都需要解释,但问题在于:这种解释是否站得住脚,是否超越了通常约定俗成的理解?现在连公安自己都承认这是司法实践的突破,我认为这种突破要特别慎重。

记者:有人担心,如果网络空间可以视为公共场所的话,那将是"类推"复活,是警察权力的不当膨胀,你怎么看?

刘:"类推"已经被刑法废止了,因此是绝对禁止的,但对法律的扩大解释或限缩解释又是允许的。问题是扩大解释和类推的界限在哪里,实践中很难把握。这恐怕要回到原点:对法律的解释,无论是限缩还是扩大,如果是有利于当事人的,则要允许;如果是不利于当事人的,则要警惕。打击网络谣言属于不利于当事人的行为,我觉得只能在约定俗成的常理、常情中来理解和解释法律用语。

记者:警察权力与公民权利是不是一种此消彼长的关系?警察的权力与公民权利如何达到平衡?

刘:在现代法治社会,警察权力要受到严格限制,权力不受制约就必然会被乱用。在我国,警察的权力从来都是比较大的,但法治建设的趋势将是公安的权力越来越受到限制,这从1996年和2012年两次《刑事诉讼法》的修改来看就可以得到证明,如律师介入侦查阶段就是为了对警察权力形成制约。

警察权力和公民权利不好说是一对此消彼长的关系,它们有一致的地方,但更多的要看到两者紧张的一面。从根本上来说，还没有哪个国家废除了警察，为什么？因为没有哪一个国家能够离开警察而使公民的权利得到更好的保护。毕竟警察在维护社会治安、打击犯罪方面，维护了社会的公共利益和公民的权利。但另一方面也要看到，之所以赋予警察特殊的权力，就是为了更好地保护公民的权利。这个权力如果得不到有效的制约，也是很可怕的，所以我常常把一个警察权力太大的国家叫作"警察国家"，以区别于"法治国家"。也就是说，法治国家是与警察国家相对立的，它是要对警察权力进行严格制约的，从而把警察这一国家暴力机器的负面作用降到最低。

记者：就是说，警察权力的行使要有一个合理的边界？

刘：警察的权力必须是法律授予的，公权力是法律无明文规定不得行使。一方面，警察在必要的时候可以抓人，甚至开枪；但另一方面，不能由警察自己既做运动员又做裁判员。劳动教养就是这样，治安拘留也有这个性质，都是警察自己说了算，这个恐怕在警察权力和公民权利中没有取得很好的平衡。对于剥夺人身自由的措施，必须得由一个不偏不倚的第三方，也就是法院来裁决。比如，对于精神病人，过去都是公安机关强制医疗的，今年实施的新《刑事诉讼法》就设置了一个特殊的程序，强制医疗要经过司法裁决。所以，我国的法律正处在转型和进步中，对警察权力不断地加以限制是大势所趋。这就要求我们树立这样一个理念：任何剥夺人身自由的处罚，都要经过司法裁决。这是发达国家共同的做法，也是国际人权公约的要求。

当然，警察的权力也不是静止不变的，也要随着社会的变动而有所调整。比如，美国"9·11"事件以后，警察的权力就有所扩大。美国通过修改法律，制定《爱国者法》，扩大了对恐怖犯罪嫌疑人进行监听的权力，但是它仍然有一些法治的底线不能动，如监听原则上要经过法官批准，而且监听获得的信息绝对不能被用作其他用途。

另一方面我们还要看到，对警察权力的严格限制并不等于警察就可以不作为。在一个民主社会，警察被誉为老百姓“最好的管家”，他们必须与公众保持良好的关系，并且对公众的诉求及时给予积极回应。

言论自由与特定言论入罪

记者：具体到网络言论，它的边界在哪里？

刘：网络言论只是言论的一种。讨论网络言论的边界，首先要讨论言论的边界。最根本的问题是，言论和行为的界限在哪里？

言论自由是公民的宪法权利，只有行为才能成为刑法规制的对象，这是现代法治国家的共识。但言论在特定的情形下又可以当作行为来规制，如我国《刑法》中的侮辱罪、诽谤罪、损害商品声誉罪、编造和故意传播虚假恐怖信息罪、煽动颠覆国家政权罪等，都是把特定的言论作为刑法中的行为来加以规制的。当言论本身可以界定为刑法上的行为时，一些问题很值得深入研究。

国外刑法中也不乏以特定言论作为规制对象的立法，例如《俄罗斯刑法》第205条“公开号召实施恐怖主义活动或当众为恐怖主义进行辩解”、第207条“故意举报虚假的恐怖主义活动”等，《德国刑法》中第111条“公开煽动他人实施犯罪”、第131条“鼓吹暴力、煽动种族仇恨”等。

我曾经跟一个国外学者交流，他举了一个例子：如果有人笼统地说“我看不起黑人”,或者说“我要杀了黑人”,这是他的言论自由,至少不构成犯罪;但是,如果他说“那个黑鬼,我要杀了他”,他有明确的指向,就可能被评价为刑法上的一种行为了。

我们既要反对因言获罪,又要对不当言论在可能具有刑法上的行为意义时加以规制。

记者:这又回到了一个最原本的问题,即宪法的言论自由原则。

刘:特定的言论是可以成为刑法上的行为的,对此并不能以宪法上的言论自由权来简单加以否定,因为宪法同时规定,公民在行使自由和权利时,不得损害国家、社会、集体的利益和其他公民的合法的自由和权利。当一种言论已经不仅仅是自己思想的暴露,而是表现为对社会有现实危害的具体行为时,刑法就可以介入。当然,作为一项宪法原则,言论自由仍然要对刑法的此种介入发挥应有的制衡作用,要遵循利益衡量原则,确保刑法此种情形下有非保护不可的法益,而且从公共政策看,获得的收益要远大于牺牲言论自由的损失。

回到网络,刚才我说反对用寻衅滋事罪来拘捕造谣者,因为按照立法的本意,这个法条并不适合。将来如果真有必要,我们可以修改法律,这个可以论证。所以,回过头来说,网络言论的边界与现实中的言论边界是可对应的,基本的道理是一样的。

记者:对于网络谣言应该怎样去界定?包括针对网络造谣的法律体系,无论是民事、行政责任,还是刑事责任,具体有哪些规定?

刘:目前法律明确提出制裁谣言的可能就是《治安管理处罚法》,该法第25条规定,散布谣言,谎报险情、疫情、警情或者以其他方法故意扰乱公共秩序的，可给予治安拘留等处罚。[①] 这里谎报险情、疫情、警情是明确的，关键是“以其他方法故意扰乱公共秩序”又给灵活解释留下了空间。对于这种兜底条款，必须与前面明确列举的几种情况在社会危害性、主观恶性等方面具有相称性，而不能作无限制的扩大解释。按照《治安管理处罚法》，必须是“谎报”，主观上是故意的，无中生有的。如果基本事实具备，不能说是谎报，只是说事情没有把握准确。像你刚才说的，车祸死了 3 个人，他说死了 7 个人，这算谣言吗？基本事实就是这么回事，你还要求他给的信息那么准确吗？官方有时候都做不到。

在民法上，《侵权责任法》有一些规定，所谓的网络谣言侵害到人家的隐私权、人格权、名誉权，可以拿起民事武器，按照民事诉讼法、民法进行维权。

刑法上有的罪名可能也会涉及谣言，如侮辱罪、诽谤罪、制造传播虚假恐怖信息罪等这样的罪名，还有煽动颠覆国家政权罪，里面说到“以造谣、诽谤或者其他方式煽动颠覆国家政权”。对于一般的散布谣言，刑法上并不作为犯罪来处理，用治安处罚法和民法来调整就可以了。

记者：这说明网络言论表达，也是有法律上的底线的。

刘：没错。随着网络社会的全面到来，下一步法律对网络的各方面规制也肯定会越来越完善。

---

① 2015 年 8 月 29 日全国人大常委会通过的《刑法修正案（九）》增加规定：编造虚假的险情、疫情、灾情、警情，在信息网络或者其他媒体上传播，或者明知是上述虚假信息，故意在信息网络或者其他媒体上传播，严重扰乱社会秩序的，处三年以下有期徒刑、拘役或者管制；造成严重后果的，处三年以上七年以下有期徒刑。

网络反腐要防止“电子大字报”

记者:记者刘虎因为接连在微博上举报部、厅级的官员,公安以涉嫌寻衅滋事罪把他拘捕了[①],应如何看待这类案件?谣言与举报怎么区别开来?

刘:谣言和举报当然是有区别的,谣言是没有事实根据,或者是捏造的虚假信息,举报有一定的事实依据。当然,作为举报者、检举者本人来讲也有一些界限需要把握,如果没有事实依据,仅仅是道听途说,就公开在网上举报,这样会造成对他人的伤害。

网络的社会影响太大,对于一个官员随意的、没有根据的检举、揭发,最后这个事无法查证,但他的名声已经搞臭了,对其本人的仕途产生影响,对其家人也造成伤害。官员,即使是贪官,也有基本的人格尊严,也有他的权利。所以说,举报要有事实依据,要防止“电子大字报”。

国外很少看到网络反腐这个提法,特别是法治发达的国家,这个问题值得我们深思。是不是因为网络的传播速度快和巨大的社会影响力,扩大了个案的影响,给人造成一个假象,认为网络反腐的效果很好。我想大部分的反腐还得靠制度,单纯的网络反腐并不可靠。

记者:前两天,陕西“微笑”安监局长杨达才受审,他就是因为网络反腐而落马的一例,但这样的案例很难批量复制。

刘:一是很难复制,网络反腐具有很大的偶然性;二是网络反腐到底能走多远,能起多大的作用?三是网络反腐还有可能被恶意利用,误伤无辜,即使真的通过这种方式揪出了贪官,还

---

① 北京市东城区人民检察院于2015年9月10日对刘虎作出不起诉决定。

得考虑它可能造成对公民基本权利的侵犯，两者之间有一个利益和价值的衡量问题。

记者：如何保障公民的举报、监督权，也是需要考量的。

刘：公民的举报、监督权是要保证，比如内部举报，要绝对防止不理不睬甚至打击报复。但网上举报，还是要有一些规范才行，不能乱象丛生。这里涉及很多复杂的关系需要平衡，如言论自由与隐私权保护，有些人认为，官员是公众人物，因此他没有隐私，这恐怕也不对。官员虽然作为公众人物，其隐私空间比普通老百姓要小，但他仍然有隐私权，例如，如果他的隐私与他的违法犯罪没有关系，就应加以保护；当然，如果与他的违法犯罪有关系，则此时他的隐私权就只能做些让步了。

记者：公安机关的积极介入是解决网上谣言的最好方法吗？

刘：公安机关对一些真正构成犯罪的网上案件进行及时侦破当然是必要的，但一般的谣言，由于这里面的情况很复杂，特别是涉及与言论自由等不同价值的权衡，如果动辄抓人甚至判刑，我是持保留态度的。最好的办法还是通过激活民事诉讼机制，鼓励和便利被害人自己向法院寻求民事救济。这方面也需要完善网络的管理制度，如目前很多网上被害人无法找到加害人，此时就应当要求网络管理者提供必要的信息，以便找到加害人，只有如此法院才有可能受理被害人的起诉。另外，民事诉讼中如何避免受害人费尽九牛二虎之力打官司最后即使胜诉也收益微乎其微，甚至得不偿失，这也是激励机制语境中应当考虑的问题。

“官谣”比“民谣”更恶劣

记者：网络上为什么会出现那么多谣言呢？

刘:这个问题很复杂的。应当看到,它有更大的社会背景,我们要检讨。网络谣言现在有很多问题,我们都说它是谣言,但是最后往往证明它又是对的。政府说的大家不信,凡是谣言大家反而更信。这是社会极不正常的一种现象。这里面,"官谣"的做法留下了恶劣的影响。官方随意撒谎,信息不公开,给谣言产生创造了条件。人们总是希望对一些事情有所了解,官方的事实真相不及时公开,谣言就出来了。

此外,现实中言论自由等没有得到很好的保证,导致了网络空前地活跃。目前我们的网络生态也非常乱,还没有形成一种成熟和规范的网络环境和网络伦理。

记者:网络谣言跟传统的谣言有什么不一样?

刘:本质上是一样的,它的区别可能就在于网络谣言的传播速度更快,传播的渠道更多,影响的范围更广。

记者:"官谣"的恶劣性在哪里?

刘:在于失信于民,最后造成凡事官方说的老百姓都不相信,凡是谣言老百姓偏偏就信,甚至最后还就证明谣言是真的。"官谣"是权大于法的表现,把老百姓看成可以随便操纵的对象,舆论可以随意掌控。

记者:在打击"民谣"的同时,公众对"官谣"的反应强烈。有人建议用滥用职权罪来进行刑事打击。"官谣"是否存在从法律上进行追究的可能?

刘:对于"官谣",用滥用职权罪来进行打击也不是不可以论证。我注意到薄熙来案件上他滥用职权罪里的一项罪状就是批准发布王立军的"休假式治疗"。这个例子说明,如果是情节特别恶劣的"官谣",确实可以用刑法来打击。但如同"民谣"一样,"官谣"也要区分情况,一般的还是追究党纪、政纪责任为妥。

出台举措要考虑能否为社会带来正能量

记者:有消息说最近“两高”会针对刑事打击网络谣言,出台一个司法解释？你怎么看？

刘:我强调两点:一是中国刑法要树立一种好的社会形象。近年来诽谤罪本来在实践中形象就不佳,在许多场合被认为是公权力打压私权利的工具。怎么界定网络诽谤？刑法中的诽谤和民事上的诽谤界限在哪里？刑事自诉和公诉的界限在哪里？上述问题都没有很好地解决。在这样的情况下,出台司法解释加强对网络诽谤的打击,要慎重。特别是要防止一味地严打,一味地从重、从快。我们需要综合平衡打击网络诽谤和取得的社会效果。

二是要看到,诽谤罪在世界上的趋势,大部分还是强调用民事的途径去处理,有的国家甚至在这个问题上开始去刑事化。我们目前虽然还不能完全去刑事化,但我觉得可以把刑法中诽谤罪的“公诉罪”条款去掉,即所谓的“严重危害社会秩序和国家利益”的也要改为刑事自诉。即便是县长、县委书记,如果觉得谁诽谤了你,构成了犯罪,你就直接去法院告。法律面前人人平等,防止公权力被滥用。而现在实践中一个县委书记说自己被诽谤了,这严重危害了社会秩序和国家利益,于是发动甚至命令公安抓人,造成很不好的社会影响。

记者:具体到“治谣”这块,如果司法解释太宽泛了,可能会跟宪法关于言论自由的权利有冲突,会有因言治罪之嫌。

刘:是啊。在国外,即使是布什、克林顿、布莱尔,公民也可以骂。原则上,它是自诉罪。而我们的现实中,县委书记、县长可以指令公安局抓人,公安局也不敢不抓。在这样的执法环境下,对于公权力的滥用与公民私权利的保护造成了明显的不对称，这就不符合我们整个国家的法治走向。从大的走向来讲，我们应当从国权刑法走向民权刑法，应当是公权力受到越来越多的制约，私权利受到越来越多的保护。

当然也绝不否认刚才我讲的，不能用言论自由为借口来随意制造和传播虚假恐怖信息等。

记者：您如何评价最近打击网络谣言的一系列举措？

刘：现在党和国家都高度重视这件事，各部门、各领域积极行动，公安抓人，最高法和最高检制定新的司法解释。我认为，作为国家治理者，针对社会出现的新问题提出一些应对理念，是可以理解的，但各部门、各领域在贯彻落实这些理念时，还是要考虑到自己的这一环节在整个国家治理中到底承担什么角色、发挥什么效用，要以最后给社会带来的是正能量大于负能量为目的来谋划自己的工作。

让谣言止于公开

记者：打击网络谣言，现在各个部门之间的关系和状况，到底是什么样的？这些年在整治、净化网络方面也做了不少的工作，网络谣言为什么难治理？

刘：不同的部门，出台了层级不同的规范，这些规范的效力档次都不一样，影响了执法的效果。并不是管理的部门越多，效果就一定越好。

记者：那如何针对网络管理形成一个长效的法律机制？

刘：在网络领域里，立法的档次还是比较低的，虽然全国人大常委会有一个《关于维护互联网安全的决定》，但很简单、很粗糙。接下来是国务院的《互联网信息服务管理办法》、公安部的《计算机信息网络国际联网安全保护管理办法》等，这些都只是行政法规甚至部门规章,层级低。应考虑将对互联网的服务、管理办法上升到立法层面,那样制度设计才会更加科学。

记者:网络谣言的出现和打击的力度加强,实际上对政府信息公开、官民的良性互动提出了新的要求。应该怎么办?

刘:我非常同意你这个观点。现在用刑法去打击成本太大,这样的做法太过了,社会形象也不好。值得我们反思的是,如何加大政府信息公开的力度,让真相和谣言赛跑,谣言自然没有生存的余地。

信息公开到现在还只是一个条例,而国家保密法是全国人大常委会已经通过的法律。可见,我国比较强调国家保密这一块,它的立法位阶更高,信息公开附属于它,在保密与公开之间严重不对称。这个跟国外的做法恰恰相反,国外一定是以信息公开法为主的,国家秘密是例外的。

所以,要尽快制定《政府信息公开法》和《个人信息保护法》,同时严格限制国家秘密的范围。过去我们是以保密为原则,在现代社会还是要以公开为主,秘密在涉及危害国家安全等绝对必要的时候才可以设定。

（原载《潇湘晨报》2013 年 9 月 6 日,发表时有删节）

贰　筑制度之樊篱

制度遏制刑讯逼供

这几天，读佘祥林冤案的连续报道，脑海中不断增强的一个印象是：问题一箩筐。就以刑讯逼供为例，我们的《刑法》《刑事诉讼法》不是早就禁止刑讯逼供了吗？为什么还一而再、再而三地发生呢？这又一次回到一个命题：细节决定制度的成败。我们不缺宏大的口号和精神，而缺保证这些口号和精神落到实处的具体措施。

从杜培武到佘祥林，这些身着警服或制服的"强者"都能被屈打成招，更可以想象那些社会弱者甚至带有某种污点的人一旦被抓的命运了。无数惨痛的教训表明，是到了痛下决心消除刑讯逼供这一顽症的时候了。我认为，在这一问题上的当务之急是：

——对犯罪嫌疑人的任何讯问都必须在看守所进行，犯罪嫌疑人一旦被抓，必须立即被送往看守所。现在，根据《人民警察法》，公安机关可以将犯罪嫌疑人在看守所之外留置长达 48 小时，许多事例表明，刑讯逼供往往就发生在这 48 小时之内。

——讯问犯罪嫌疑人时必须有律师在场，如果没有律师在场，讯问结果不得作为证据使用。看守所应当提供免费电话和其他途径，确保犯罪嫌疑人能无拖延地通知到其家属或友人。考虑到绝大部分犯罪嫌疑人的经济状况不佳、律师收费又较贵，可由各地律师协会设立带有法律援助性质的值班律师制度，实行 24 小时值班，这也是西方一些国家的做法。

——讯问应实行全程录音、录像制度。如果说录像还牵涉经济发展水平问题，那么录音是非常便宜的。一个录音机，同时录两盘带子，全过程录音，律师在旁边，讯问警察开始时要录下自己因何事、于何时、在何地对谁进行讯问，自己的警号和姓名，结束时要录下何时结束讯问。录音要由第三方如看守所工作人员负责。录音完毕，一盘由三方共同封存，移交法院，另一盘可交办案机关。案件开庭时，如辩护方认为办案机关对录音进行了加工，或者被告人声称自己当时的供词是被刑讯逼供所致，任何一方均可提请法官打开那盘封存的带子来核实。

——侦押要分立，即负责案件侦查讯问的机关与羁押犯罪嫌疑人的机关应分别设立，以实现羁押场所的中立化。现在看守所隶属于公安机关的体制，不利于防止刑讯逼供，可考虑将其划归司法行政部门管理。与此同时，要在讯问人员和被讯问人员之间设立隔离措施，使有刑讯逼供冲动的办案人员无法得逞。

——要将目前对未决犯的“羁押为原则、取保为例外”改造成“取保为原则、羁押为例外”，这也是无罪推定原则的内在要求。只有对那些不采取羁押不足以防止其再次危害社会的严重暴力犯罪行为人，才可考虑羁押措施。为此，要细化取保和羁押的各种情形，并遵循国际通例，由法官来决定是否对某人采取羁押措施。相应地，应在现行法院内设立预审法官制度，并实行24小时值班，以确保随时都能无拖延地对警方抓获的犯罪嫌疑人进行审查，并决定是取保还是羁押。

（原载《学习时报》2005年4月25日）

防止刑讯逼供光把看守所划归司法部还不够

最近，不少媒体转载了梁慧星教授在全国政协会议上的一个提案：《将羁押场所划归司法部，彻底禁绝刑讯逼供》。虽然梁先生提出的改变看守所管理体制，将其从现有的公安机关划归司法行政部门管辖的建议和道理，也是笔者一直主张的，但是否这样做就能像他所说的那样“根除发生刑讯逼供的体制根源”“彻底禁绝刑讯逼供”呢？我认为梁先生在这个问题上有点简单化了。实际上，治理刑讯逼供是一项复杂的系统工程，就算将羁押犯罪嫌疑人的看守所划归司法行政部门管辖，也不能毕其功于一役，还需要辅之以讯问犯罪嫌疑人时律师必须在场、对讯问过程应实行全程录音录像等制度。尤其重要的是，目前司法实践中大多数刑讯逼供并不是发生在犯罪嫌疑人进看守所后，而是进看守所之前。因为根据现在的《人民警察法》，公安机关可以对有作案嫌疑的人实行最长可达 48 小时的留置，这 48 小时往往是在看守所外，由公安机关将犯罪嫌疑人带至自己认为合适的地点如派出所或者其他地方，其间的讯问没有任何来自外部的约束。更何况实践中许多公安机关对犯人的留置还超出了这 48 小时。

因此，我们现在预防刑讯逼供的重点应放在从犯罪嫌疑人被抓后到被送进看守所的这段时间。具体设想如下：

首先，某人是否应被拘捕，不能由公安机关自己说了算，而应有一个中立的第三者裁决。事实上，我国已经签署的《公民权利和政治权利国际公约》就规定：“任何因逮捕或拘禁被剥夺自由的人,有资格向法庭提起诉讼,以便法庭能不拖延地决定拘禁他是否合法以及如果拘禁不合法时命令予以释放。”据此,我主张借鉴当今一些法治发达国家的经验,自犯罪嫌疑人被警察机关拘捕时起,他就应被立即无条件地送到法庭,由法官听取办案方和被拘捕方的陈述,作出应否对某人采取剥夺人身自由这一措施的决定。这里涉及两个相关的制度建设:一是要在法院内设预审法庭,与审理案件的法庭相分隔,预审法庭要保证一天24小时有值班的法官,使任何时候警方拘捕到人都能即时送到法庭来听证;二是要设立政府的值班律师,可考虑在现有的法律援助中心基础上设立一天24小时值班的法律援助律师,在此一阶段对所有被送交法庭听证的被拘捕人提供法律援助。这样就可以防止有的办案机关和人员随意抓人,使不该抓的能够尽快得到释放。

其次,在法庭认可后,任何被拘捕的人都必须及时送到看守所,统一羁押和管理。有人反对这样的方案,认为在许多农村地区,一些偏僻乡镇离县城的看守所很远,要是公安机关一抓到人就都要送往看守所,就可能出现下面的现象:有的人稍经讯问后就发现应该予以释放,这样他要是就近留置就可马上回家,现在你把他弄到县城,他反而不高兴,回家费时费钱。对此,我的回答是:一是经过前述预审法庭的听证,一般来说,决定被留置或拘捕的人已很难出现稍经讯问后就发现应该予以释放的情形。二是即使稍经讯问后就发现应该予以释放,也没关系,国家可以承担其回家的车费甚至适当的误工补贴,从人权保障这一高度来看,这种“舍近求远”比那种“舍远求近”要利大于弊,必要的支出是值得的。当前,我认为至少要在城镇,应尽快将公安机关的留置地方由现在的五花八门统一到看守所,这不存在任何困难,明天决定明天就可以做到,今天决定今天就可以做到。至于在广大农村地区，特别是少数偏远落后地区，如果实在一步到位有困难，我建议也要将留置地方由派出所等地转移到派出法庭等场所，并由司法所给被留置人提供法律援助。

最后，在证据规则上必须确立一条：凡没有经过前述法庭听证的、讯问笔录没有在场律师认证的，所有被拘捕人的口供一律不得作为证据来使用。也就是说，如果法官在审案时，没有看到预审法官对被告人的留置或拘捕进行听证的书面材料，没有看到律师在办案人员讯问被告人的笔录上的签字，则此种口供将被认定为非法证据而予以排除。若如是，有关办案人员将不敢为所欲为，对遏止刑讯逼供必将产生根本性的作用。

（原载《检察日报》2005 年 7 月 10 日）

看守所和拘留所:法治不应遗忘的地方

《法制日报》2002年10月30日头版报道:日前公安部考核评定出369个达标治安拘留所,占全国治安拘留所总数的15.1%,报道称此举“意味着治安拘留所工作开始步入规范化建设的轨道”。报道还称,2001年全国各地共投入近1.6亿元资金,新建治安拘留所93个,改建97个,维修337个,从其他监管场所分离出45个。看罢这则报道,我在为“治安拘留所工作开始步入规范化建设的轨道”而感到欣喜的同时,也对治安拘留所的达标率仅为15.1%的现状感到担心和忧虑。

最近参加一个刑事申诉案件的讨论,该案被告人一审后没有上诉,但到了监狱后却坚持申诉,问及缘由,其家人和律师介绍道:看守所的条件太恶劣了,关的人又多,实在受不了,只好先尽快换个地方,再慢慢申诉。

近年来,随着依法治国的推进,监狱和劳教所在实行“狱务公开”“所务公开”,依法治监、依法治所,文明治监、文明治所等方面取得了较大进展。相比之下,看守所、拘留所等的建设则显得滞后。笔者曾参观过一些监狱、劳教所,也参观过一些看守所、拘留所,确实感到后者无论硬件还是软件都比前者要相差甚远。初步归纳,目前看守所、拘留所存在着如下几方面的问题:

首先,投入不够。在不少地方,由于缺乏扩建、改建的资金,看守所、拘留所人满为患,建筑设施和装备陈旧,有的地方甚至是看守所、拘留所和强制戒毒所、收容教育所(对卖淫嫖娼者)、收容教养所（对未达刑事责任年龄的犯罪少年）等几所合一。此外，在警力投入方面，也存在文化素质偏低、年龄结构偏老、缺乏专业人士等问题。

其次，管理不规范。看守所除了负责羁押被刑事拘留和逮捕的未决犯，还负责部分余刑不多的已决犯的执行，但对后者如何组织管理、劳动和进行认罪服法教育，各地做法很不相同；拘留所关押的是那些被处以治安拘留、司法拘留的人，目前对这些人的管教基本上是“只拘不教”，没有很好地将法律、道德教育贯穿其中。再有就是像卖淫嫖娼这类有性罪错的人，由于混押于普通的拘留所，也就难以对其进行相应的人格矫治，因而也就变成了只收容不教育。

再次，监督缺乏力度。以看守所为例，名义上检察机关都设有驻所检察室，但由于每个检察室就一两个人，且派过去的常常不是业务骨干，加上缺乏一套有效的监督工作机制，致使看守所的刑讯逼供、超期羁押等顽疾屡有出现。另外，对于发生在看守所、拘留所等场所中的牢头狱霸问题、干警腐败问题，也由于监督渠道不畅，难以及时发现、干预和制止。

从理论上讲，看守所关押的人还只是未决犯，他们的生存条件不能比已被定罪、关押在监狱里的已决犯更差；拘留所关押的人也只是不构成犯罪的违法者，他们的生存条件同样不能低于已构成犯罪的犯人。至于强制戒毒所、收容教育所和收容教养所关押的人，则更是需要予以特殊矫治和教育的人，如果将他们混押于一般的拘留所甚至看守所，将难以达到预期的目的。因此，应当将这几类人分别加以关押，改善其居住、生活条件，建立健全相关的管理和教育措施，加强对他们的合法权益的保障。全面建设法治社会，就是要不留死角，让正义的阳光照进一切该照进的地方。如此看来,看守所、拘留所之类的地方,自然也应是法治不应遗忘的地方。建议借鉴域外经验,尽早出台我国的《羁押法》,把这些名目繁多的羁押措施系统加以梳理和规范。

（原载《检察日报》2002 年 11 月 20 日）

法院副卷制度不宜继续保留

我国人民法院的诉讼案卷长期采用正卷与副卷分立的做法。正卷中归入的是审判过程中形成的一部分诉讼材料，这些文件可以由当事人、代理律师或辩护人查阅、复制、摘抄。副卷中归入的主要是法院审判委员会、合议庭讨论评议记录、案件内部请示、批示等内部来往公文及诉讼材料。随着国家法治建设的发展，法院副卷制度的改革必将被提上日程。

一、法院副卷制度存在的问题

一是不符合司法公开和审判公开的发展趋势。法院副卷的神秘化与司法公开及审判公开的发展趋势存在着严重的矛盾。副卷主要保存“不宜公开、需要保密的材料”，但由于何为“不宜公开的内容”并没有清晰的标准，使得哪些诉讼材料属于应当公开的范围具有了一定的不确定性，甚至有可能成为选择性公开。合议庭意见、审委会意见、上级法院的指示、法院内部的请示审批、有关单位的意见等与案件裁判密切相关的重要内容均可以“不宜公开”为由拒绝查阅，这无疑会降低甚至虚置庭审公开、裁判文书公开的实际效果和意义。副卷当中的大部分材料例如“合议庭评议案件笔录、审判庭研究、汇报案件记录、审判委员会讨论记录、审判监督表或发回重审意见书”等，都是在审判和执行过程之中形成，内容涉及案件事实的判断以及证据材料的认定，属于审判和执行过程中相应环节的真实记录和反映，是完整展示审判流程不可或缺的组成部分，正是审判应当公开的核心内容。

一个案件有且应当只有一个事实或真相，正卷、副卷中的材料所反映出来的案件事实应该是相同的。如果副卷中的诉讼材料所反映的案件事实或证据事实与正卷中的不一致，那就意味着正卷中的诉讼材料并不是裁判的唯一根据，还有一些法律外的、非法治的因素影响了判决结果并且隐藏在副卷当中。司法实践中的问题就在于有些案件正卷所公开的信息不足，无法有力地说服当事人，而副卷中却往往保存着一些更为隐秘和关键的信息。如果影响案件结果的关键环节或实质性内容不能公开，就无法使当事人和社会公众对审判活动做出全面而公允的评价，也难免引发对“审判内幕”的揣测和裁判公正性的质疑。

二是违反独立行使审判权的司法规律和严禁干预司法活动的规定。中央关于禁止领导干部干预司法活动、插手具体案件处理和禁止司法机关内部人员过问案件的规定，是排除司法干扰、保障司法公正、树立法律信仰和司法权威的重要之举。在这样的背景下，法院副卷就不能继续保存与权力干预司法相关的诉讼材料。虽然并不是所有的法院副卷中都存在领导干部干预司法的问题，但的确有一部分副卷保存了这类材料并且严格对外保密。有的法官认为，副卷保存这类资料等于保留了“违法干预的证据”，可以用来应对日后可能发生的追责。这种看法是欠妥的。既然已经建立起了非法干预司法行为的处理机制，法院就应抓住这一契机，理直气壮地抵制对审判活动的不当干预。面对违反法定职责或法定程序、有碍司法公正的非法干预，应当改变过去的容忍与迁就，如实进行记录、通报和追责，没有理由抛开法定的程序而再去寻求法院副卷的“保护”。

值得指出的是，实践中某些干预司法的行为可能并非基于个人利益或私人目的，而是出于公心甚至是为履行法定职责。但不能否认的是，这些做同样违背了司法亲历性的要求，同样具有妨碍审判权独立运行、影响法官独立自主判断的副作用。真正符合司法规律的做法应该是构建合法的渠道，如建立"法庭之友"制度，让这类意见和建议以公开、规范的方式进入司法程序，这样既可以满足某些党政机关和领导干部出于公心或因履行职责过问案件、为案件审理提供参考意见的需要，也能促使审判权真正回归法官并加强法官的责任感，改变过去对内需要向院、庭长请示，对外需要向上级法院汇报的依赖思维，实现"让审理者裁判、由裁判者负责"。

三是限制并缩小了当事人、诉讼代理人以及辩护人的阅卷权。法院副卷严禁查阅的做法限制并缩小了刑事诉讼辩护人的阅卷权。2012 年修订后的《刑事诉讼法》将辩护人的阅卷权范围从"被指控的犯罪事实的材料"扩大到"本案的案卷材料"，并首次赋予了辩护律师向在押嫌疑人、被告人"核实有关证据"的权利。辩护人阅卷范围的扩大有利于解决"阅卷难""辩护难"的现实困境，也使被告人间接地获得了查阅控方证据材料的机会，因为辩护律师向在押嫌疑人、被告人核实的"有关证据"完全可以是辩护人通过阅卷所掌握的控方证据。尽管刑事诉讼法对辩护人阅卷权范围的扩大对保障被告人的权益非常有利，但遗憾的是，最高人民法院在其后制定的《关于适用〈刑事诉讼法〉的解释》中却指出："合议庭、审判委员会的讨论记录以及其他依法不公开的材料不得查阅、摘抄、复制。"由于《刑事诉讼法》没有明确"本案的案卷材料"的具体内涵和外延，司法解释又对"案卷材料"做了缩小解释，将"合议庭、审判委员会的讨论记录以及其他依法不公开的材料"排除在阅卷范围之外，使辩护人阅卷权受限并被压缩。特别是“其他依法不公开的材料”这样的模糊用语，更增加了辩护人不能查阅的案件材料的不确定性。而这类不得查阅的材料正是在法院副卷的范畴之内，从而在实质上维护了副卷严禁查阅的原则。

同样，法院副卷严禁查阅的做法也限制并缩小了行政诉讼当事人及其诉讼代理人的阅卷权。根据我国《行政诉讼法》的规定，当事人及其诉讼代理人不得查阅的只是涉及国家秘密、个人隐私或商业秘密的材料。而副卷中的材料并非全部涉及国家秘密、个人隐私和商业秘密，却一律不允许查阅，实际上也是缩小了行政诉讼当事人及其诉讼代理人的阅卷权范围。值得注意的是，《民事诉讼法》中明确将限定阅卷权范围的权力授予了最高人民法院(《民事诉讼法》第 61 条规定：“代理诉讼的律师和其他诉讼代理人有权调查收集证据，可以查阅本案有关材料。查阅本案有关材料的范围和办法由最高人民法院规定”)，而最高人民法院的相关司法解释也同样把副卷排除在外(2002 年《最高人民法院关于诉讼代理人查阅民事案件材料的规定》第 5 条则规定：“诉讼代理人在诉讼中查阅案件材料限于案件审判卷和执行卷的正卷，包括起诉书、答辩书、庭审笔录及各种证据材料等”)，将民事诉讼当事人及其诉讼代理人的阅卷权限定在了正卷之内。如果说民事诉讼中要改变严禁查阅副卷的做法还涉及修改法律的问题(因其违背司法规律，不符合司法公开、保障当事人和诉讼参与人阅卷权和知情权的要求，因而需要修改)，那么在刑事诉讼法和行政诉讼法并没有明确将法院副卷排除在阅卷范围之外，也没有像民事诉讼法中那样将限定阅卷权范围的权力授予最高人民法院的情况下，严禁查阅副卷的做法本身就是缺乏法律依据的不当限制。

四是背离了现代诉讼证据裁判原则的基本要求。证据裁判原则的基本要求是:法庭做出裁判必须依靠证据,只有证据才是认定事实的根据。法庭审判是裁判者认知案件事实并形成心证的最重要环节,当事人和诉讼参与人只有通过参与法庭证据调查,才能具有评判法官认识活动的可能性,也才会相信法官的认识和心证源自证据而非其他途径。我国三大诉讼法均规定:"证据必须经过查证属实,才能作为定案的根据。"因此,凡是有可能对法官认定案件事实、做出判决结果产生影响的诉讼材料,都应当以证据材料的形式公开在法庭上出示,接受法庭调查,使当事人、诉讼参与人乃至旁听群众知悉其所反映的相关信息并了解其对裁判者形成认识和心证所发挥的作用。

法院副卷作为审判秘密,属于只供法院使用的内部文件,当事人、诉讼参与人完全无法查阅,更无法判断副卷中的材料是否具有真实性、关联性、合法性等证据材料的基本属性。副卷当中的材料也没有经过当庭出示、质证等法庭调查程序,因而不具有证据资格,不能作为法庭裁判的依据。然而在不少案件中,副卷当中的材料比证据还管用,不仅能够对审判人员造成不同程度的干扰和影响,甚至能够直接决定案件的裁判结果。在 2005 年《中国青年报》报道的周澄案、2010 年《新京报》报道的重庆市涪陵区人民法院"最牛公函案"以及近年来很多被纠正的冤假错案中,我们都可以看到副卷材料替代证据、充当定罪量刑依据的不幸事例。

二、改革法院副卷制度的具体设想

习近平总书记曾指出:"涉及老百姓利益的案件,有多少需要保密的？除法律规定的情形外,一般都要公开。"深化司法公开的改革必然要推动法院副卷制度的改革。

改革的总体思路应当是逐渐限缩副卷中的材料范围，直至最终实现废除整个副卷制度的目标。也就是说，先废止副卷中保存违背现行法律、法规的诉讼材料的做法，再根据副卷中诉讼材料公开阻力的不同，分阶段、分步骤地将副卷中的诉讼材料依次转入正卷，实现所有诉讼材料一卷保存，对当事人、代理律师以及辩护人全部公开。具体设想如下：

首先，废止法院副卷中保存违背现行法律、法规的诉讼材料的做法。这主要涉及"案件的内部请示及批复；承办人与有关部门内部交换意见的材料或笔录；上级法院及有关单位领导人对案件的批示"等材料。继续保存这类材料造成了法律体系的内在冲突与自我矛盾，使审判人员陷入法律适用的困惑，违反审判权独立运行的司法规律以及中央颁布的严禁干预司法的相关规定。案件的内部请示及批复、承办人与有关部门的内部交换意见、上级法院及有关单位领导人对案件的批示是"审者不判、判者不审"的表现，不符合司法亲历性的要求，也违背了司法规律，属于法院副卷改革中的关联制度改革。

其次，将对外公开阻力较小的诉讼材料先转入正卷。这类诉讼材料主要是"阅卷笔录、案件承办人的审查报告、案情综合报告、审判监督表或发回重审意见书、执行局(庭)研究案件记录及会议纪要、法律文书签发件"等。阅卷笔录、案件承办人的审查报告、案情综合报告都是办案人员对案件情况的主观分析判断和理解，是办案人员对案情事实和证据进行的梳理和争议焦点的归纳总结，制作者基本就是判决书的制作者，材料内容在正卷中的诉讼材料中已经有一定程度的体现，所以对外公开的阻力会比较小。而执行方案或执行研究记录是对已经生效裁判如何执行的相关信息，在判决结果已经公开的前提下其保密的意义有限，而且案件的执行涉及当事人的重要权益，当事人理应有知情权。审判监督表或发回重审意见书涉及案件再审或发回重审的理由，一般在再审或发回重审的裁定书中都会进行叙述和说明，副卷中的意见书在内容上比较详细，就案件具体存在的实体和程序问题进行了分析，这样的意见书没有理由采用上级法院对下级法院说悄悄话的方式，再审或重审的性质就是纠错，没有必要对犯过的错误再遮遮掩掩。因此，建议将这些诉讼材料先行转入正卷。

再次，将没有明文规定但实践中被归入副卷保存的诉讼材料转入正卷。如量刑评议表或量刑测算表；取保、逮捕、延长审限审批表等。量刑评议表或量刑测算表是2007年最高人民法院启动量刑规范化改革后产生的诉讼材料。目前，最高人民法院已经研究开发了有关量刑规范化的办案系统和测算软件，并逐步提供给下级法院使用。法官可以使用该软件对个案的具体量刑事实、情节在裁量幅度内进行自主选择，由软件系统自动生成量刑测算表。如果能向当事人和代理律师等公开相关的量刑材料，既能昭示量刑结果产生的法律依据和过程，更有利于获得当事人和社会公众对裁判结果的信服。取保、逮捕、延长审限审批表是司法机关运用刑事诉讼强制措施程序是否合法的直接体现，对外公开既是程序正义的必然要求，也有利于督促司法机关依法办案。这些诉讼材料归入副卷既无明确的法律依据，其内容又与当事人的诉讼权益密切相关，公开并允许查阅，对于维护当事人利益、保障其知情权和监督权非常必要。

最后，对于公开阻力较大的诉讼材料，则有赖于司法改革的整体推进以及司法体制和审判权运行机制的转变，待其公开的阻力消减时再适时转入正卷。这类诉讼材料主要是“合议庭评议案件笔录；审判庭研究、汇报案件记录；审判委员会研究案件记录及会议纪要”等。目前，司法改革尚处于攻坚阶段，考虑到现实国情、司法环境以及法院和办案人员的承受力，要求马上对外公开这类材料必然会遭遇较大的阻力。新一轮司法改革已经提出要细化合议庭评议规则、重新定义审判委员会职能、构建主审法官制、审判长联席会议、专业法官会议等与副卷密切相关的内容，这些都有利于理顺审判权运行机制，实现“以审判为中心”。随着这类诉讼材料所依附或关联制度的改革，公开这类材料的时机也将逐渐成熟。待这类材料全部转入正卷可供当事人、诉讼代理人以及辩护人查阅时，法院副卷就将彻底失去存在的意义。

（原载《民主与法制》2017 年第 11 期）

收容教养制度需要改革

近日，李双江之子李某某因寻衅滋事又未达刑事责任年龄而被北京警方处以收容教养1年，引起社会对收容教养制度的关注。

收容教养制度的法律根据来源于《刑法》第17条第4款的规定："因不满十六周岁不予刑事处罚的，责令他的家长或者监护人加以管教；在必要的时候，也可以由政府收容教养。"从立法本意来说，该条旨在解决以下问题：对那些虽然实施了危害社会行为，但未达到刑事责任年龄的人，既不能给其贴上犯罪标签，又不能完全置之不管，因而规定一种类似保安处分措施的收容教养制度。

但从实践看，该款规定存在一些需要完善之处，具体表现在：

首先，适用的标准不明确。究竟何为"在必要的时候"？我认为应确立以下基本标准：一、如果家庭有能力管教，就不必由政府收容教养；只有对那些没有家庭或者家庭没有管教能力的未成年人，政府才应当将他们收容教养。二、凡有家庭，且其家长或者监护人愿意加以管教的，在其第一次出现违法行为时应由其家庭管教，但如果再出现第二次违法行为，则要考虑收容教养。三、对有些恶性案件，虽然其有家庭且家长或者监护人愿意加以管教，但如果综合考虑其行为的危害后果和行为人的人格危险性，觉得需要送交收容教养场所采取必要的矫治和行为干预的，即使是第一次发现，也可以实行收容教养。总之，不能像现在这样笼统地规定一句“在必要的时候”，这样弹性太大，不利于执法的严肃性。在李双江之子李某某案中，许多人就认为是其父李双江的名气坑了李某某，因为一般而言，这种情形都不会被收容教养，而是责令其家长或者监护人加以管教（当然从制度完善的角度，对于家长或监护人的管教也应提出相应的要求和目标）。

其次，适用的程序存在瑕疵。所谓“由政府收容教养”，实践中就是由公安机关代表政府实行收容教养。根据公安部的有关规定，收容教养的期限，一般为一至三年。如此长的剥夺人身自由期限，不经过法院审理，是说不过去的。我国已经签署的《联合国公民权利和政治权利国际公约》规定：对人身自由各种性质的剥夺，无论是刑事案件还是其他案件，都得由一个依法设立的合格的、独立的和无偏倚的法庭来裁判。从这一精神出发，我们应当对收容教养制度的适用程序加以改革，将决定权从现在的公安机关转移到法院，并赋予被收容教养者及其家长或者监护人有公开听审的权利、聘请律师为其辩护的权利和上诉的权利。否则就会出现尴尬现象：立法的本意是要保护未成年人，结果在同一个案件中，达到刑事责任年龄者有公开听审的权利、聘请律师的权利和上诉的权利，反而未达刑事责任年龄者失去了这些程序保障，这样显然有失公平。有人可能会说，实行收容教养毕竟没有给其贴上犯罪标签，因而相比而言，仍然是保护了他的利益。问题是，这种保护不能以牺牲正当程序为代价，因为事实上完全可以通过法院的裁决来实现这种保护。

最后，收容教养的期限和执行也有待改进。现行的一至三年收容教养期限太长，应当加以缩短。另外，现在收容教养的场所管理也不规范，收容教养的方法更是单一。如何根据未成年人的身心特点，真正摸索出一套教育、感化、挽救的有效办法，而不是简单地一关了之，甚至变成变相的刑罚，都是需要加以认真考虑的。

（原载《新京报》2011 年 10 月 8 日）

公诉环节如何防止冤假错案

冤假错案对司法公信力的损害极大，公诉作为刑事诉讼中承前启后的一个环节，对预防冤假错案承担着重要的职责。正因此，曹建明检察长和孙谦副检察长在全国检察机关第五次公诉工作会议上均要求各级公诉机关必须坚决守住防止冤假错案的底线。

我认为，为更有效地在公诉环节防止冤假错案，公诉机关需要从转变理念、健全机制和提高素能三个方面下功夫。

一、转变理念

当前公诉机关要重点转变以下两个理念：

一是从“疑罪从有”转变为“疑罪从无”。十八届四中全会把“疑罪从无”明确为一项法律原则，这是对我国司法工作几十年来经验教训的深刻总结。尽管现在“疑罪从无”在理论上和法律上已经不是一个问题，但实事求是地说，我们一些公诉机关的同志还没有真正从内心把它作为一个牢不可破的办案理念树立起来，而是“疑罪从有”“疑罪从挂”“疑罪从轻”。在这样一些错误理念的影响下，就难免出现“带病起诉”，进而为酿成冤假错案埋下隐患。“疑罪从有”或“疑罪从轻”，可能会使真正有罪但证据不足的被告人获得法律制裁，但也可能使本来无罪却有部分证据或可疑证据的人受到错误追究，并容易形成“宁可错判、不可错放”的错误观念。两相权衡，为了防止出现冤假错案，只能坚持“疑罪从无”，这是血的教训所换来的无奈选择，也是法治不得不付出的代价。为此，必须摆脱一些不适应新形势要求的思想和观念的束缚，如“两个基本”（基本事实清楚，基本证据确凿）的提法，现在看来对严防冤案的发生就有一定的副作用，应当停止使用，把审查起诉的标准统一到新刑诉法所规定的“犯罪事实、情节清楚，证据确实、充分”上来。

二是从重打击轻保护转变为打击与保护同等重要。打击犯罪是公诉机关的重要职能，保护无辜者不受错误指控同样是公诉机关义不容辞的职责。我们必须清醒地认识到，检察官不是以胜诉为目的，而是以维护和促进司法公正为目的；检察机关不是为监督而监督，而是为维护和促进司法公正而履行监督职责。以往出现的一些冤错案件，教训就是一些检察机关很难接受败诉的结果，因而往往会设法使法院支持公诉意见。这种做法既有违客观公正义务，也不是法律监督权的正当行使。习近平总书记在四中全会《决定》的说明中指出：在司法实践中，常常出现一些关键证据没有收集或者没有依法收集，进入庭审的案件没有达到“案件事实清楚、证据确实充分”的法定要求。针对此，公诉部门应坚决摈弃有罪推定、先入为主的做法，把重证据的要求贯穿到办案始终，从查明事实转变到证明事实，从过分依赖人证转变到更加重视客观性证据，特别是要坚决排除通过暴力取证、刑讯逼供等手段非法获得的证据。在收集证据时，要坚持客观公正的立场，既注重收集犯罪嫌疑人有罪、罪重的证据，又注重收集犯罪嫌疑人无罪、罪轻的证据。

二、健全机制

随着以审判为中心的诉讼制度改革的推进，为预防冤错案件，必须推动构建一种新型的诉侦、诉审和诉辩关系，健全和理顺工作机制。

首先，在诉侦关系上，要加强对侦查机关的监督和引导，建立关口前移的主动介入机制。侦查是刑事指控的基础，只有把侦查环节的各项取证活动做好，才能从源头上把住案件的质量关。实践中有些案件之所以诉不出、判不了，根子在于侦查取证不到位、不合法。公诉部门要加强与侦查机关的衔接，建立提前介入侦查、引导取证的工作机制，强化对搜查、查封、扣押、冻结等强制性侦查措施和技术侦查措施的监督，规范退回补充侦查工作，完善同步录音录像案件的审查机制，促进侦查机关严格依法收集、固定、保存、审查和运用证据。需要强调的是，正如曹建明检察长在讲话中所指出，越是检察机关自己侦查的案件，越要坚持更高标准。如何加强公诉部门对自侦案件侦查取证活动的监督和引导，确保自侦部门能尊重和接受公诉部门的意见和建议，是当前摆在检察机关面前的一项重要任务。

其次，在诉辩关系上，要推动形成彼此尊重、良性互动的工作机制，真正做到对抗而不对立、交锋而不交恶。检察官和律师同为法律职业共同体的重要组成部分，虽然表面上看律师有的诉讼主张与检察官针锋相对，其实在预防冤错案件中恰恰发挥着不可替代的作用。孙谦副检察长说得好："听取律师意见是防范冤假错案的重要途径。实践中发生的冤错案件，大多数都存在不重视律师意见的问题。要让耐心倾听律师意见成为公诉人的一种品质。"正是基于这种认识，他要求公诉人绝不能把律师的正常执业看成"搅局"，对律师的正常工作绝不能"防着""挡着"。当前，各级公诉部门要认真落实高检院关于依法保障律师执业权的规定，强化律师知情权、辩护权、申请权等各项权利的制度保障，尊重律师在会见、阅卷、调查取证、收集证据等方面的权利；要充分听取和高度重视辩护律师的无罪、罪轻、证据合法性存在问题等意见，发挥辩护律师在全面查清案件事实、保障被告人人权等方面的积极作用；加强庭前沟通，完善庭前会议制度；在庭审中要克服对立情绪和强势心态，平等相待，以扎实的功底和过硬的作风来赢得对手的尊重，共同促进司法公正这一目标的实现。

再次，在诉审关系上，要以推进庭审实质化为契机，全面提升公诉工作的质量。现在，法院已经强调，对于定罪依据不足的案件，要依法宣告被告人无罪。这要求我们在审查起诉环节要强化审前过滤功能，把好事实关、证据关、程序关和适用法律关，严格执行非法证据排除规则，坚决防止事实不清、证据不足或者违反法定程序的案件"带病"进入审判程序。对于提起公诉的案件，检察机关要会同公安机关、人民法院推动证人、鉴定人、有专门知识的人和侦查人员出庭工作，同时公诉人员要着力提高当庭询问讯问、示证质证、发表公诉意见和辩论能力，确保庭审在查明事实、认定证据、保护诉权、公正裁判中发挥决定作用。此外，还要高度重视二审出庭工作、健全二审检察工作机制，进一步推动死刑案件办理的规范化、标准化和精细化，从各个环节确保案件质量。

三、提高素能

当前，全国检察机关正在深入开展规范司法行为专项整治工作。从防范冤假错案的角度来看，这项工作也是很有意义的。实践中，有的公诉人员利用公诉权寻租，搞暗箱操作，还有的滥用监督权，或虚假监督，这不仅严重破坏了公诉队伍的形象与权威，也直接影响所办案件的质量。各级公诉部门应当以这次专项整治为契机，扎紧制度的篱笆，以公开促公正，从源头上减少不规范行为的产生。

随着司法改革的深入，公诉工作的专业化特征和实践性特点日趋明显，对公诉人员的综合素质和能力水平要求越来越高。为此，各级检察机关要把专业化、职业化作为公诉队伍的核心战斗力来抓，加大培训力度，提高审查起诉和出庭公诉的能力。各地近年来都不同程度地出台了一些提高公诉素能、防范冤假错案的措施，这次高检院公诉厅在充分吸收各地经验的基础上，起草了《关于加强公诉人出庭能力建设的意见》和《刑事公诉案件证据审查指引》两个文件，并提交全国公诉工作会议讨论。相信它们不久之后的颁行将有力提升全国公诉队伍的素能，对推进公诉办案标准化建设起到积极的推动作用。

新一轮的司法改革将实行主任检察官办案责任制，办案组织向扁平化发展，公诉人自主决定的权限加大。在这种情况下，一方面对公诉人的自身素质提出了更高的要求，另一方面还要注意防止公诉权被滥用。这里，严厉的追责制度设计固然是一个选项，但更重要的还是要靠预防，即把公诉权关进制度的笼子，如对符合条件的公诉案件要在统一业务应用系统中流转，接受案管部门的统一管理等。

最后，还要强化办案人员的抗干扰机制。对案件承办人员，一方面要严格规定其不得执行各种干预，不能靠揣摩领导意图而行事，否则要承担具体的法纪责任；另一方面，又要强化对履行法定职责的公诉人的保护，既不能随意调离、辞退或作出免职、降级等处分，也不能用随意调整工作岗位的办法来对某些不听话的承办人员实行变相惩罚。

（原载《检察日报》2015 年 8 月 3 日）

错案该如何平反

——答《新京报》记者高明勇

最近一段时间，浙江张氏叔侄强奸冤案和河南李怀亮强奸冤案被媒体曝光后，引发热议。

日前，最高法常务副院长沈德咏在《人民法院报》撰文分析当前一些冤假错案产生的根源：冤假错案往往是奉命行事、放弃原则或者是工作马虎失职的结果。他提出"必须采取强有力的措施将冤假错案堵在司法审判的大门之外"。

那么，冤假错案是如何酿成的，为何难平反，该如何纠错？

一、冤案是如何酿成的？

公检法本来应该是分工负责、互相配合、互相制约的关系，但是在现实操作中，不少沦为流水线作业，配合多于制约。刑讯逼供是制造冤假错案的罪魁祸首。

《新京报》：最高法常务副院长沈德咏说，冤假错案的形成主要与司法作风不正、工作马虎、责任心不强以及追求不正确的政绩观包括破案率、批捕率、起诉率、定罪率等有很大关系。就你的研究而言，冤案是如何酿成的？

刘仁文（以下简称"刘"）：应该说这种思路是对的，他说："错放一个真正的罪犯，天塌不下来；错判一个无辜的公民，特别是错杀了一个人，天就塌下来了。"

刑事案件发生后,若没有抓到犯罪嫌疑人,那是失职;如果不但没有抓到,又错误冤枉了无辜,那真是错上加错。这种行为,不仅会给当事人的亲人朋友造成伤害,还会使民众对司法制度失去信心。

但是,他主要是从法院的角度来看待和解释冤假错案,相对来说,对于其他环节的问题,较少涉及。比如嫌疑人在移交法院之前,在办案机关,包括公安机关和检察机关,是否存在因刑讯逼供而产生的虚假供述甚至伪造的证据。

《新京报》:为什么这么说?

刘:由于我国对刑讯逼供行为缺乏一系列的预防措施,在司法实践中致使刑讯逼供屡见不鲜。尽管《刑事诉讼法》规定,严禁刑讯逼供,刑法中也规定了刑讯逼供罪,但实际追究的很少,为什么呢?大部分发现不了。被告人在法庭上向法官反映有刑讯逼供行为,但无法用证据来证明。中国长期以来办案信奉"以事实为根据、以法律为准绳",不采取无罪推定的原则,结果不少法官认为,这个事情只要是被告人干的,即使在取证过程中有刑讯逼供行为,该判的还是要判。

同时,公检法本来应该是分工负责、互相配合、互相制约的关系,但是在现实操作中,有时沦为流水线作业,配合多于制约。

《新京报》:有学者认为已经形成"冤案模式":"一抓进去就打,一样的'命案必破'的口号,一样的政法委协调,一样的公检法三家'兄弟单位'联合办案,一样的屈打成招,一样的疑罪从有,后来,一样的被害人'复活'……"就浙江张氏叔侄冤案、河南李怀亮冤案而言,是否存在这种所谓的"冤案模式"?

刘:这种说法虽不乏夸张,但是在现在很多被发现的冤假错案中,确实存在"冤案模式"的影子。目前来看,刑讯逼供是制造冤假错案的罪魁祸首。

命案出来以后,领导一批示,必须限期破案。实事求是地说,不可能有100%的破案率。而限期破案、"命案必破"的政策和考评指标存在问题,在很多地方上就是死命令,很容易把公检法三家的利益捆绑在一起,加上地方政法委的出面协调,各自的操作必然缺乏应有的独立性,这种情况下,刑讯逼供在所难免,很不利于防止冤假错案的发生。加上很多地方急于召开庆功大会,把它与地方政绩联系起来,这样即便内部发现了冤假错案,因牵涉面太广,现实中也很难给予平反。

二、保障"律师在场权"

只有构建律师在场权制度,让律师积极发挥对抗公权力和约束公权力的作用,才能监督审讯过程,防止刑讯逼供。

《新京报》:有学者在分析了20起典型的冤案后,得出结论,几乎所有蒙冤者或其家属都提出了申诉,但没有哪怕一起案件是司法机关因为当事人的申诉而主动启动救济程序的。而根据《刑事诉讼法》的规定,中国的纠错主体只能是提起公诉的检察院和作出终审判决的法院。这样规定是否有问题?

刘:我们现有的审判监督制度,主要是通过内部监督来实行纠错的。从现实看,"体制内的监督"基本上是很难发挥作用的。

《新京报》:关于冤假错案其实有两个大问题,一个是为何发生,一个就是为什么发生了却很难平反。

刘:主要原因,我想除了"体制内的监督"难以发挥作用外,还有就是"错案责任追究制"的问题。

现在的"错案责任追究制",负责办案的法官一旦遇有发回重审、改判或者再审推翻的情况,检察官一旦遇有被告人被判无罪的情况,就有可能被追究错案责任。这又是一把"双刃剑":假如有两个法官面对同一个案件，一个反对死刑，一个赞成死刑；前者判处死刑，后者判处死缓。他们对法律的理解、对案件的判断、对经验的总结，都是基于自己的信仰和勇气来作出的。只要没有徇私枉法和司法腐败，就不应适用错案追究。否则，就会造成法官没有勇气承担责任，没有独立办案的勇气，最终造成内部层层汇报和层层请示。而过多的批复、答复等司法解释又给下面的法官加上了“紧箍咒”，使法官面对个案无法实现公正，如许霆案。而且，层层请示，到上面有关的信息毕竟是经过过滤的，不一定全面和感同身受了。

《新京报》:沈德咏提出，“完备的程序制度，能在最大程度上为防范冤假错案提供制度保障”。你认为该如何完善现在的程序制度？

刘:我认为最重要的一点是确立律师在场权制度。律师在场权既是从根本上遏制刑讯逼供的需要，也是沉默权制度实施的保障，还有助于还原案件事实真相。

《新京报》:律师在场权为什么最重要？

刘:所谓律师在场权，就是说侦查人员在对犯罪嫌疑人、被告人进行讯问时，其辩护律师有在场的权利。我国部分基层司法机关条件落后，有的司法工作人员素质较低，讯问录像要么只进行部分录像，要么干脆不录。只有构建律师在场权制度，让律师不仅仅作为一个消极的法律顾问出现在侦查环节上，而是积极发挥对抗公权力和约束公权力的作用，才能监督审讯过程，防止刑讯逼供，以此来维护处于弱势地位的犯罪嫌疑人、被告人的合法权益。

虽然新的《刑事诉讼法》提高了律师的阅卷权、会见权以及申请检察院调取证据的权利，但遗憾的是，新《刑事诉讼法》对于律师在场权以及沉默权仍有重大缺陷——我国并未赋予律师享有在刑事讯问过程中在场的权利。

三、如何纠正冤假错案?

国外的复查委员会独立于司法机关,吸收律师、媒体、法官、检察官等多方人士参加,初步过滤后觉得证据比较有把握的再移交司法机关。

《新京报》:就是说,保障律师在场权,能从源头减少冤假错案的发生?

刘:对,在刑事讯问过程中,若能够保证律师在场,就能够充分防止被讯问人遭刑讯的可能。各国对于律师在场权的规定都大同小异,即侦查机关在没有律师在场的情况下而获得的口供不具有证据效力;犯罪嫌疑人一旦被抓,应当毫不迟疑地送往看守所这类专门羁押机构,并有权获得迅速与家人通电话的机会,以便为他请律师;即便在深更半夜抓到犯罪嫌疑人,需要当时讯问的,也应当联系24小时值班的公职律师,由公职律师在场监督讯问。

《新京报》:现实中,一些嫌疑人在移送看守所之前,可能就已经遭遇刑讯逼供。

刘:看守所的管理体制应改革,目前由公安机关管理,应该分离出来由司法行政管理部门管理。现有体制下,犯罪嫌疑人和讯问的警察之间应用铁栏杆隔开。这种做法很实用,警察想打人也没机会。再就是应废止《人民警察法》第9条赋予警察的"盘问留置权",因为《人民警察法》对这项权力的解释比较原则,司法实践中具有很大的弹性,容易造成刑讯逼供。此外,我国纪检、监察机关的"双规""双指",也应纳入到刑事强制措施中来。总之,一切讯问均应当在看守所中进行,而看守所又应当从公安机关独立出来，这样公安机关去提讯时也就只能按规则办事，但现在由于都在公安机关领导下，遇上情况特殊或紧急，就可以上班下班时间不分、搞车轮战，而精神上的折磨也是刑讯逼供。

《新京报》：像最近的浙江叔侄强奸冤案和河南李怀亮强奸冤案，以及稍久以前的佘祥林案和赵作海案，冤案已经发生了，如何通过制度平反？

刘：我国现在这种错案的发现靠真凶落网或被害人出现，带有极大的偶然性，因而十分可怕。在国外，像英国和加拿大都有刑事案件复查委员会这类专门机构，负责调查和宣布冤案。我们虽然有审判监督制度，但和国外的最大区别是，他们的复查委员会独立于司法机关，吸收律师、媒体、法官、检察官等多方人士参加，初步过滤后觉得证据比较有把握的再移交司法机关。

关于我国的再审制度，也需要改革，对于判决生效后，不利于被告人的改判，原则上不能再有了，这也是维护法的安定性的需要。只有一种例外，那就是由于被告方与法官勾结起来使有罪判无罪，罪重判罪轻，这种情况可以作出不利于被告人的改判；另一方面，强调法的安定性，决不影响纠正冤假错案之门的随时敞开，只要有证据就要启动程序来纠正冤假错案。总之，我们不能光凭运气和偶然性来发现冤假错案，而应借助于一个好的机制来主动发现冤假错案，进而实现有效的救济。

（原载《新京报》2013 年 5 月 18 日）

刚回归社会就被骗，该怎样帮帮陈满们

——答《新京报》记者陈媛媛

最近，坐了23年牢的四川人陈满再度重回公众视野。过去几个月，陈满在“维卡币”项目上投资了上百万元。“维卡币”曾被多地警方认定涉嫌传销和诈骗，陈满疑似被骗。而之前，同样是蒙冤入狱而获国家补偿的赵作海，也陷传销骗局，被骗去了巨额赔偿金。

蒙冤入狱本已经足够不幸，出狱之后又遭遇诈骗，赵作海与陈满的人生，可谓一波三折、令人嗟叹。与此同时，刑满释放人员难以融入社会的现实也颇具共性。

陈满脱离社会太久

《新京报》：赵作海、陈满在重新走入社会之后，都被骗了，这说明，他们重新走进社会并不成功。除了骗子太高明之外，您觉得最大的问题出在哪儿？

刘仁文(以下简称“刘”)：现在的网络诈骗、传销诈骗形式真是多种多样、五花八门，连大学教授都有人被骗，不用说这些脱离社会一二十年的人了。在监狱里待久了，出来之后都会有个适应问题。我们每次出国回来倒个时差都感到很痛苦，从监狱出来，如何适应社会更是一个大问题。这种“适应”不仅指生理上的，更是精神上的。所以如何适应这个社会，无论对他们来说，还是对他们的家人来说，都需要一个过程。

《新京报》：美国有一个很有名的电影《肖申克的救赎》，里面有一个人在监狱里待了几十年，结果出了监狱后很不习惯，最后就自杀了。陈满这个事儿出来后，有一名警察在接受采访时也说，有人出狱后给警察打电话，表示自己很想再回到监狱，在社会上完全没法适应。

刘：德国科学家研究过，如果一个人在监狱待的时间太久，再坚强的人精神上也毁了。如果待到 20 年以上的话，他基本就没有回归社会的能力了。欧美国家的监狱总的来说比我们这儿监狱条件要好些，很多人都出现了这样那样的问题。鉴于目前过度封闭的条件，对他们回归社会，无疑会在身体上和心理上造成障碍，这是特别要予以重视的。

《新京报》：管理封闭、缺乏技能培训，是刑满释放人员回归社会的障碍吗？

刘：最根本的一点，我觉得在监狱管理方面要不忘初心。初心是什么？改造第一、劳动第二。

我们现在的监狱，主要的作用是惩罚，满足了被害人及其家属对公平正义的渴求，符合“善有善报，恶有恶报”的报应观。这其实也给社会竖起了一个标杆，就是犯罪要受到惩罚，如果你不想失去自由，那就不要去犯罪。可是，如果只满足于把一个人长期隔离开，那他回归社会的能力、与社会交往的能力就会大力减弱，甚至丧失，但我们的绝大部分罪犯是要回归社会的，这一点千万不能忘了。

德国监狱注重培养技能

《新京报》:国外监狱在刑满释放人员回归社会方面有什么值得借鉴的地方?

刘:我曾经参观过德国的监狱。德国的监狱不叫监狱,而叫矫正机构。矫正的目的是回归社会,所以这就要求监狱要为犯人再次融入社会做准备。

在德国,监狱的劳动和学习不是强制性的,而是自愿,不过劳动可获得报酬,而且不同的劳动可获得不同的报酬。如木工,他们生产的家具等卖出后,自己可获得一半的价钱,大约每月200欧元左右,相当于1500元左右的人民币。

《新京报》:这些报酬都给他们个人吗?

刘:是的。其实,即使既不参加工作也不参加学习,一个月也可获得40欧元的零花钱,供他们打电话,在监狱超市里买咖啡和香烟用。不过,参加劳动和学习且表现好的在假释等方面会给予优先考虑。

另外,获得劳动报酬的犯人,监狱会为他们开设一个账号,每月给他们保留一部分存在上面,等他们出狱时一起给他们,以便他们出狱后不致发生生活困难。这其实就是一种帮扶,以免他们重新进入社会之后,身无分文,再走上违法犯罪的道路。

《新京报》:您刚才提到,犯人在监狱会进行学习,他们主要学习什么?

刘:犯人的学习有很多种,监狱会对他们进行一些技能培训,鼓励他们考取一些技能资格证书。比方说,我在德国监狱里就看到有人在学木工刨花,他学会之后,出狱后就可以靠着木工手艺吃饭。

《新京报》:除了一定的技能培训,您认为德国监狱还有哪些值得借鉴的地方?

刘:有一点很有意思,他们的监狱不是设立在郊区,而是在市区。这样一来,便于家属探望,让他们在服刑期间不至于产生亲情的阻断;另一方面,也便于社会组织的帮扶;同时,还便于外部监督。对于一些快出狱的犯人,会允许他们白天出去找工作,晚上再回来。这样,等到他们真正出狱的时候,就可以工作了。这点对于他们回归社会,也是非常有益的。

《新京报》:我们现在的监狱在出狱前提供一到三个月的培训,您觉得这个够吗?

刘:我们现在的确也有了很大的进步。但是,我们也要反思,我们的培训到底管不管用?能不能解决实际问题?

要发挥社会组织的作用

《新京报》:您刚才说,有些社会组织会参与到对刑满释放人员的帮扶。他们主要做些什么工作?

刘:我认为,在帮助刑满释放人员回归社会这方面,社会组织的力量不容小觑。国外在法律行业里,社会组织的力量比较强大,无论是对犯罪人,还是对被害人,背后都有相应的社会组织帮他们募款、打官司、纾解心理问题。在法官、警察等公权力触不到的地方,或者容易产生副作用的地方,就由社会组织来完成"细节"方面的修补。

我举一个例子,我到欧美一些法庭去,看到有好多社会组织专门帮助被害人。有的被打伤了打死了,家人心理上也有创伤啊,怎么去恢复?这时候,社会组织就出面了,从物质帮助到精神抚慰,甚至仅仅是倾听,让对方有一个倾吐和发泄的机会。比如审理强奸案时,有些受害女性不愿意出庭指证。但是,你不去指认就没法判刑。这时,有些社会组织就会去安慰受害人,为他们提供心理疏导与安慰。

《新京报》:这些人出庭的时候也会出现?

刘:是的,会陪在受害人旁边作为一种心理上的支持。这都是一些细节化、人性化的举措。现在,我们的社会组织力量也在不断扩大,像我知道的朝阳区有个"中途之家",就是这种帮助刑满释放人员回归社会的。还有一些热心于做公益、慈善的企业,也参与到其中来,帮助刑满释放人员安置工作。我觉得随着社会的发展,这部分力量会不断增大。

《新京报》:也就是说,未来公益组织、社区起到的作用会更大?

刘:是的。劳动教养废除之后,我们现在在推进《社区矫正法》的颁行,将在实践中已经试点的社区矫正做法进一步推广和规范,这个方向是对的。对于不严重的、社会危害性不大的犯罪,将其放在社区中进行矫正,既节省国家司法成本,更重要的是,罪犯不与社会、家庭完全隔离,这对犯罪人回归社会有好处。

特别对一些轻微犯罪者来说,有些人进了监狱,接触了不好的狱友,出狱之后居然比以前变得更坏了,单面手变成了多面手,社区矫正就可以消除这一弊端。不过推进社区矫正城市里还好说,在农村可能面临的阻碍就要大一些,因为在很多农村地区,连成熟的社区都没有,也没有专业的社会工作者,其他资源也缺乏,当然这些问题在中西部地区,即使城市也不同程度地存在。

国家赔偿可由中间机构代为保管

《新京报》:怎样让社区矫正跟上?

刘:我觉得最关键的一点,还是国家要加大投入,包括社区建设和社会工作者、志愿者的培养。不妨对像中途之家这样的组织，给予一定的政策倾斜或者资金支持，从硬件到软件。就拿陈满这个事来说，不是现在有些人说，是不是当初就不该给他那么多钱，有人帮他把钱"看"起来就好了？

其实，如果有一个值得信任的社会组织，这事也比较好解决。比方说，陈满得到巨额的国家赔偿后，由一个中间机构代为保管。当然代为保管要遵守两个原则，第一，不可侵占陈满的财物；第二，不可挪作他用，专款专项替你保管。然后，等到陈满需要用的时候，替他支出；对于大型的投资给予适当的把关、咨询和建议，这个是完全可行的。考虑到他们刚刚回归社会，一些不法之徒可能已经盯准了这类弱势群体了，如果有这样的机构把赔偿金替他保管起来，也不失为一种办法。

《新京报》：这要建立在慈善组织足够完善的基础上。

刘：是的。一定要保证利益无涉，如果利益相挂钩，那就麻烦了。要发挥好社会组织的正能量，我们做的还远远不够。目前，这些社会组织、慈善组织的力量过于单薄，不足以形成规模。本身这个面就很小，不具有普遍性，自然也不能普及到整个社会，让每个刑满释放人员都能覆盖到。

监狱坚决不能有创收的压力

《新京报》：也就是说，要加大监狱公开透明的力度。

刘：这是必须的。还有最根本的一点，我们现在监狱过于强调其特殊性质，过于封闭，导致有些监狱腐败严重。监狱如果腐败，那犯人的减刑、假释等都可能不公平公正。如果有的监狱是通过牢头狱霸来管理，或者谁有钱送礼就能得到优待，这对犯人回归社会后的人生观价值观的影响是非常消极的。所以，监狱还是要尽可能的公开化、透明化。

《新京报》:我们以前就“躲猫猫”事件采访过您,当时您就提出看守所要透明化。

刘:虽然看守所还和监狱不一样(监狱关押已决犯,看守所关押未决犯),但是道理都一样,看守所不能借口是特殊场所就拒绝阳光照就去,监狱也一样。可不可以借鉴英国的羁押场所巡视制度,或瑞典、芬兰等国的议会督察专员制度,或国际红十字会对战囚的巡视工作机制?以英国的羁押场所巡视制度为例:1981 年,为回应社会公众对警察执法的怀疑情绪,针对警察羁押机构的独立巡视制度开始建立。经过不断完善,最终在 2002 年的《警察改革法案》中,将羁押的独立巡视制度正式上升为法律。巡视员是从当地社区选出的志愿者,他们的探访可以在一天中的任何时刻进行,法律要求警察对巡视员探访警局的临时羁押场所提供迅速的放行。巡视员可以与被羁押人自由交谈,询问其近况,确认其明确知悉在警察局羁押期间所享有的各种权利,特别是享有法律咨询以及通知外界其被羁押的权利。

此外,像国际红十字会对战囚的巡视工作机制也有类似的功能,那就是增加对这种神秘而不开放的场所的社会监督。

《新京报》:您觉得,要促进相关人员出狱后回归社会,还有哪些值得改进的地方?

刘:首先要给监狱减压,这也就要求监狱坚决不能有创收的压力。如果监狱工资都发不出,那怎么可能减压呢?另外也不要对监狱的考评提出一些顾此失彼的要求,如过于强调监狱的严防死守,监狱把全部精力都用来防止犯人逃跑,那当然就只能走向封闭化。对监狱犯人,还是要根据其犯罪的严重性和人身危险性大小给予有区别的监管。

另外,监狱要适当地偏向于技能培训,以及尽量让犯人和社会不脱轨。在被释放前,最好有计划地让犯人与社会接触、找工作,安排一个过渡期。就平时而言,亲人、社会组织的探望也很重要。要确保犯人和社会有接触,所以,现在不能把监狱搞成特别封闭的场所,不能让大家都进不了、接触不了。

这就涉及很多问题了,包括监狱的布局。过去我们长期把监狱放在偏远地区,这个也不对。一是对工作也不方便,毕竟狱警也有亲属、子女上学就业问题;再一个,对社会组织的帮助等都造成了很大的不便。

歧视刑释人员是社会通病

《新京报》:还有一个问题,其实这些刑满释放人员出狱后很多地方不接受他们,很多单位也不愿意接收他们,导致他们通过正当途径无法生存。

刘:这是很大一个问题,我觉得我们每一个人都要反省自己。对刑满释放人员的歧视其实是整个社会的通病,我们表面上说人人平等,其实骨子里有几个人能真正做到平等地对待每一个不同职业、不同地位的人?一些人在得势之后就看不起不如自己的人,更不要说刑满释放人员了,会视他们为累赘。其实,一个人走上犯罪道路,除了极个别的是恶意蓄谋的,绝大多数人都是偶然的、不幸的。可能,很多人都没想过这个问题,或者这个时代大家都太急太忙了,难以静下心来去想这些问题。

所以,为什么社区矫正在一些地方推行有压力?是因为做这个事有阻力、有压力。我们把犯人放在社区里改造,大家会觉得不安全,不愿意和他打交道,他还是不能正常回归社会。可以说,刑满释放人员的回归,也需要社会接受度、包容度的加大。

当然，国家要通过善治，切实提高公众的安全感，接受度、包容度的加大，与公众安全感的提高其实也有内在的联系。

（原载《新京报》2017年3月1日“深度访谈”）

从“黑哨”案判决看法院变更罪名的是与非

1月29日，备受关注的“黑哨”龚建平受贿案在北京市宣武区人民法院公开审理，法院当庭宣告一审判决，以受贿罪判处被告人龚建平有期徒刑10年。细心的读者可能注意到，去年12月北京市宣武区人民检察院对龚建平提起公诉的罪名是“公司、企业人员受贿罪”，但现在法院判处的罪名却是“受贿罪”，由此引出一个学界争论已久的话题：法院能否变更公诉机关指控的罪名？

从国际上看，不同法系国家在对待法官能否变更公诉机关指控的罪名这个问题上，有不同的态度：在实行当事人主义诉讼模式的英美法系国家，不允许法官在起诉罪名外选用其他罪名进行定罪；在实行职权主义诉讼模式的大陆法系国家，则允许法官在起诉罪名外选用自己认为适当的罪名进行定罪，不过，法官在行使此项职权时，有如下限制：一是该审判不能超越起诉所指控的事实和被告人范围，对于没有起诉的犯罪事实和被告人，法官无权进行审判；二是在起诉罪名外另择罪名进行判决，必须给予被告人以辩护机会。

我国学者对这个问题的基本观点也有两种：一是认为法院不能更改公诉机关指控的罪名。二是认为法院可以更改公诉机关指控的罪名。两种观点内又分别有一些不同的主张，如第一种观点内，有的主张不构成指控罪名的法院应直接作无罪宣判，另有的主张不构成指控罪名但又确实构成其他罪名的，应建议公诉机关撤回并变更起诉；第二种观点内，有的主张对法院变更罪名应实行一定的限制，如只能由重罪变轻罪，而不能由轻罪变重罪，另有的主张对法院变更罪名不加限制，等等。

从司法实践看，我国实际上是承认法院有权变更公诉机关指控的罪名的，如最高人民法院《关于执行刑事诉讼法若干问题的解释》第176条就明确规定："起诉指控的事实清楚，证据确实、充分，指控的罪名不一致的，应当作出有罪判决。"

笔者认为，赋予法官一定的自主定罪权并无不妥，但需要附加若干限制和条件。具体而言，这种限制和条件主要有以下两个方面：首先，根据刑事诉讼中的"不告不理原则"和"控审分离原理"，法院的审判范围不能超越公诉机关所指控的事实和被告人，从此出发，就不能有超越起诉事实范围的罪名变更。关于这一点，最高人民法院《关于执行刑事诉讼法若干问题的解释》第178条曾规定，受诉法院在审判中如发现公诉机关"指控有遗漏"，应建议其补充或变更起诉，如果公诉机关不同意，那么受诉法院只能就公诉机关所指控的案件事实进行判决，而不能对没有指控的事实径行作出判决。但在具体的司法实践中，有的地方对此还贯彻得不够，法院径行就公诉机关指控的案件事实以外的"漏罪"进行判决的例子还时有发生。此外，在此种补充或变更起诉的情况下，如何保证被告人及其辩护人的辩护机会也还有些技术性问题需要明确。其次，在事实同一的条件下，如法院认为指控罪名不当，需要变更罪名（不管是由重罪变轻罪还是由轻罪变重罪），必须给予被告人及其辩护人足够的辩护准备时间，不能搞临时袭击，否则对被告方和辩护方就是不公平的。现在我们的问题主要就出现在这里，像上述最高人民法院《关于执行刑事诉讼法若干问题的解释》第176条的规定，即只赋予了法院的自主定罪权，而没有对被告人及其辩护人的辩护权给予应有的关注。这不能不说是一个致命的缺憾，也可以说是时下法官变更罪名引起争议的根源所在。在国外，如前所述，此种情况下的被告人及其辩护人的辩护权是得到充分保障的，如《德国刑事诉讼法》第265条规定：如果被告人未被告知法律观点已经改变，或者虽被告知但没有给予他足够准备辩护的机会，则不允许以不同于最初起诉的罪名判决。《日本刑事诉讼法》第312条也规定：当追加或变更对被告人不利的诉讼时，应当迅速通知被告人，并依其请求，为充分作防御准备，裁定在必要的期间内停止公审程序。

回到本文开头所举的龚建平案，公诉机关指控的罪名是“公司、企业人员受贿罪”，法院判决却变更为“受贿罪”，这本身并非说就是绝对不可以（至于“黑哨”案件能否被定性为“公司、企业人员受贿罪”或“受贿罪”，不在本文探讨范围），但问题是，像这种由轻入重的变更（受贿罪比公司、企业人员受贿罪处刑要重），法院事先并没有通知被告人及其辩护人，更没有给其一定时间作辩护准备，这要从程序公正的角度来思量，就不能不打上折扣了。考虑到这类问题在司法实践中带有一定的普遍性，建议立法机关或司法机关尽快从总体上对此加以规范和解决。

（原载《检察日报》2003年2月26日）

定罪判刑如何避免“一统就死、一放就乱”

《中国青年报》2006年4月4日报道：近日，品学兼优的19岁高中生李某为筹集学费，抢夺他人汇款3万元，被河南省南阳市卧龙区人民法院一审判处有期徒刑10年，并处罚金1000元。审理此案的刑庭庭长无奈地说：3万元是个“高压线”，李某恰巧碰上了。假如他抢的钱差1分不够3万元，那么我们就可以考虑对他的量刑在10年以下，比如判3缓3(判3年有期徒刑缓刑3年)，他甚至可以不耽误参加当年的高考。

依照我国《刑法》第267条的规定：抢夺公私财物，数额特别巨大的，处10年以上有期徒刑或者无期徒刑。最高人民法院《关于审理抢夺刑事案件具体应用法律若干问题的解释》将“数额特别巨大”解释为3万元至10万元以上，并授权各省一级高级人民法院根据本地区的经济发展状况在上述幅度内确定本地区执行的具体标准。从前述报道可以推出，河南省高级人民法院将河南省的抢夺罪“数额特别巨大”标准定在3万元以上，所以即便考虑到了李某的学生身份、家庭贫困以及他在犯罪后主动认罪的态度等，法院仍然只能在“10年以上有期徒刑或者无期徒刑”的法定刑幅度内选择10年有期徒刑作为最低处罚。

但是，想想这位刑庭庭长的下一句话：假如李某抢的钱差1分不够3万元，他们就可以考虑对他的量刑在10年以下，甚至“判3缓3”。这就是说，只要不够3万元(哪怕差1分)，就降低到刑法规定的另一个量刑档次：3年以上10年以下有期徒刑。

我就不禁要问了：抢夺3万元和抢夺差1分就3万元的主

观恶性有什么区别？几年前，我曾与一位日本学者就盗窃罪交换过看法，他认为，中国对盗窃罪设置一个最低数额的起刑点如500元是不科学的，因为当一个人实施入室盗窃或扒窃时，他并不知道对方的家里或钱包里有多少钱，按照中国刑法，盗窃499元不构成犯罪，而盗窃500元就构成犯罪，可是二者的性质是一样的。因此，在日本刑法里，盗窃500元是犯罪，盗窃1元也是犯罪，至于后者要不要处理，取决于案件的具体情况。

在日本和美国等一些西方国家，他们的刑法往往不像我们的刑法，对盗窃、抢夺这类行为是否构成犯罪既要有定性规定，还要有定量规定，如我国刑法中不少条文都规定数额较大、数额巨大、数额特别巨大，或者情节严重、情节特别严重，或者严重后果、特别严重后果等，他们的刑法只作定性规定，而将自由裁量权交与检察官和法官，由其决定是否要对某一行为提起公诉和定罪判刑。应当看到，这样更有利于解决情、理、法的冲突，将那些后果虽然不很严重但主观恶性大的行为入罪，如拳王泰森虽然只是打对方一拳，但法官认为他以前也打过人，他的行为表现出较大的主观恶性，因此仍然定他罪；相反，当另外一些出现了比较严重后果的行为发生后，如果事出有因，行为人主观恶性并不大，也可大幅度地减轻刑罚，如国外对一些激情杀人或者被害人有重大过错的杀人犯罪，往往处理得较轻。

当然，上述定性不定量的立法技术，在我国现行条件下有一定风险，那就是如果将过多的自由裁量权给予有关办案机关和人员，他们会不会滥用手中的权力，使本来旨在体现公平正义的灵活性和个别化演变成为“一放就乱”的不正之风和司法腐败？这是需要警惕的。

但另一方面，正如本文前述的案例所显示的，立法规定得过细，加上最高法院等主管部门层层都对有关尺度作出详细解释，也会导致一系列消极后果：一是造成司法活动的过于简单化，使司法活动变成一种查字典式的机械劳动；二是由于立法和司法解释将一些界限用数字框起来，使司法实际工作容易唯后果论，而忽视行为人的具体人格和主观恶性，而且在一些情、理、法冲突的案件中缺乏一种缓和机制；三是过分依赖上面的解释，一有问题就请示，而不是充分发挥司法的能动性，从现实生活中丰富法律的内容。这样就出现了"一统就死"的局面。

要避免"一统就死、一放就乱"，首先刑事立法和司法解释不能片面强调数额、后果等客观方面，而要结合行为人的主观恶性人格、情绪、犯罪目的和动机等主观方面，实在需要明确数额、后果的，也只能作为一般原则来规定，应允许特殊情形下的例外；其次，要尽量少使用司法解释和请示等办案方式，将刑法适用的解释权还给具体办案的法官，鼓励法官根据案情作出符合实际的司法裁量；最后，也是最重要的，在下放权力的同时，要通过建立相关的配套措施，有效地实现对恣意司法的制约，如陪审团的使用、有效的辩护制度、公开透明的程序、判例指导、强化裁判文化的说理等。唯其如此，才能建立一种良性的法律适用机制。

（原载《新京报》2006 年 4 月 6 日）

量刑改革:让自由裁量更阳光

许霆案,法院第一次审判判处被告人无期徒刑,舆论哗然:太重了!在被发回重审后,法院以同一个事实改判5年有期徒刑。从无期到5年,这个量刑结果是怎么出来的?法庭的审判并没有给公众一个交代,控辩双方只能就定性问题展开辩论,至于具体量刑,那是法官回到办公室后的工作。进一步的疑问是:许霆案之后,各地又相继披露出类似的案例,但那些案件中的当事人没有像许霆一样幸运地成为公共事件中的受益者,毕竟,不是每个案件都能成为公共事件的。于是,就出现了"云南许霆"何鹏的不服:"为何偏偏我是无期?"

近年来,中国法院在量刑问题上行使自由裁量权的不规范甚至滥用自由裁量权的问题日益引起社会的关注。正是在此背景下,最高人民法院从去年开始在部分省市的法院推行量刑规范化试点工作,并于近日将试点范围推广到全国的法院系统。

支撑这项试点工作的,是最高法院发布的两个文件——《人民法院量刑指导意见(试行)》和《人民法院量刑程序指导意见(试行)》。《量刑指导意见》旨在从实体上进一步明确和规范刑法上的众多富有弹性的量刑情节,基本思路是:先确定一个基准刑,即针对某一具体犯罪,在不考虑各种法定和酌定量刑情节的前提下,根据基本犯罪事实,对犯罪行为的社会危害性进行量化分析,从而实现对法定刑幅度进行合理细分,确定一个应当判处的刑罚。它以犯罪的社会危害性为基础,根据罪责刑相适应原则的要求,确立量刑的基本方向,解决的是一般公正。在此基础上，再根据各种从轻或者从重的量刑情节对基准刑作出相应的调节，最后确定一个宣告刑。它是根据刑罚个别化原则的要求，强调反映被告人主观恶性和人身危险性的各种量刑情节对基准刑的调节作用，以达到区别对待、解决个案公正的目的。明确规定量刑的上述两个步骤，有利于将量刑的思维过程展示出来，使量刑这个很难说明白的法官"内心活动"变得明确起来，克服以往"估堆"量刑存在的步骤不明的问题。

《量刑程序指导意见》旨在从程序上确立法庭审理过程中定罪和量刑两个环节的相对分立，突出量刑在法庭审理中的独立地位。在以往的定罪与量刑一体化诉讼模式下，被告人、辩护人对于法院的量刑决策过程存在着明显的参与不足、影响力不充分的问题，特别是在被告方作无罪辩护的案件中，由于其无法确定法庭是否一定会判决无罪，因而必须同时解决一旦被告人被认定有罪应当判处何种刑罚的问题，这样就陷入了一个困境：如果想影响法官量刑进而就罪轻问题提出意见，就等于否定了自己前面的无罪辩护。不仅被告方参与不足，被害方也参与不足，传统的审理方式使得被害人被排斥在量刑程序之外，难以对法院的量刑裁决施加积极的影响，导致不少被害人对法院的量刑结果不满或者不解，甚至因此走上申诉、上访之路。这次改革不仅为控辩双方在法庭上就量刑问题提出意见和展开辩论提供了舞台，而且给予了被害方参与量刑的机会，这有利于让被害人了解整个量刑的过程，提高透明度，进而减少被害人不服判和上访的现象。

事实上，从前期的试点工作来看，量刑规范化的开展总的来讲效果是好的，裁量权的公开化、规范化，在很大程度上避免了"暗箱操作"的现象和人为因素的干扰，有效地预防了"人情案、关系案、金钱案"的发生，较好地实现了量刑公正和均衡，上诉率、抗诉率以及二审改判、发回重审率都大大降低,一些试点法院甚至实现了零上诉、零抗诉、零信访,这说明量刑规范化的改革对提高办案质量、提升司法公信力是有好处的。当然,量刑规范化是一项复杂的系统工程,目前还有很多问题需要继续研究。例如,如何进一步扩大试点罪名的范围,解决所有犯罪至少是绝大部分犯罪的量刑规范化;现行的《量刑指导意见》所规定的各种罪名的量刑起点是否准确、各种常见量刑情节的调节幅度是否合理;法庭的量刑环节在辩论程序和证据规则方面与前面的定罪环节应有何异同。另外,量刑情节的细化有利于遏制"一放就乱",但如何防止"一统就死"也是需要注意的,从国外的经验看,《量刑指导意见》只是一种参考,还应当允许法官针对个案的特殊情形突破"指导意见",不过此时要通过判决书的说理来很好地说明为什么要做这种突破。再有就是目前法院本来就案件多、压力大,法庭审理增加独立的量刑环节,势必加剧这一矛盾,如何通过刑事和解、缓起诉等措施来实现司法转处,通过简易程序、控辩协商等途径来实现"简者更简、繁者更繁"的程序分流,也必须正视。最后,量刑的公正化前提取决于定罪的公正化,如果在定罪环节不能很好地解决审判独立和司法公正,那么纵使后面再规范,也已枉然。

(原载《南方周末》2009 年 6 月 11 日)

“线人”需要法律规范

几年前，接触到一个有关“线人”的案子，开始引起我对这个陌生问题的关注：某公安干警被指控为一个黑社会性质组织头目的保护伞，但他却辩护说，他不知道对方是黑社会性质组织的头目，之所以与其接触密切，是因为对方是他负责联系的“线人”。

在司法实践中，利用线人或特情举报或提供情报来破案和抓获犯罪嫌疑人并不是个别现象。例如，据《南国早报》2004年2月26日报道：目前光在南宁市当“职业线人”的就有近百人。另据《青岛早报》2003年9月8日报道：该市的一个“线人”披露，他手下还有40多个“线人”，他举报的许多线索都是底下“线人”提供给他的。

但是究竟何为“线人”，“线人”的性质是什么，哪些机关可以聘用“线人”，聘用“线人”的审批程序是什么，充当“线人”的资质又是什么，“线人”从业时要遵守哪些“游戏规则”，如何对其进行监督，相应地，“线人”又有何权益，如何保证其人身安全、规范其劳动报酬，等等，却不得而知。在此情形下，“线人”就成为一种事实上的法律“边缘人”：他既处于执法的边缘，也处于违法犯罪的边缘；这种边缘地位又使“线人”成为一柄“双刃剑”：他既可能有利于惩治违法犯罪，也有可能给社会和民众带来混乱和不安。因此，对“线人”这样一种客观存在的社会现象，法律不能缺席。

笔者认为，我国法律在对“线人”进行规范时，有以下几个问题需要重点解决：

首先，关于使用“线人”的基本原则。由于“线人”是在国家正式的执法力量之外，出于特殊案件的需要而采取的一种例外措施；因此原则上对于“线人”要从严控制，尽量缩小其适用面，否则，“线人”使用太多，将导致一系列消极后果。

其次，对“线人”的审批。无论是就某一个具体案件聘用“线人”，还是在某一个领域、某一个时段聘用比较固定、时间较长的“线人”，都需要由有关的办案机关和人员就其资质进行初步审查后，提交法院进行司法审查，由法官来决定此类案件是否需要采用“线人”、某人是否有资格担任“线人”。

再次，“线人”的义务和对“线人”的监控。“线人”绝不能为获得案件线索而诱惑对方当事人犯罪，也不能采取法律授权之外的取证措施，还不能泄露其所接触的工作秘密。要采取有效措施，对“线人”及其联络人进行监督制约，防止他们干出一些违背聘用“线人”初衷的事情来。

还有，“线人”的权利。“线人”有权获得相应的劳动报酬；有权在遇到因公负伤、死亡时享有得到补偿的权利；有权要求相关的国家机关和人员为其保密。

最后，还有两个比较棘手的问题无法回避，需要认真研究：一是“线人”在特殊情形下的法律责任规避问题，如为了取得犯罪团伙的信任，“线人”面对正在发生的案件无动于衷，甚至还参与其中，怎么办？对此，笔者的初步意见是：遵循“利益最大化”的原则，允许“线人”在万不得已的情况下进行一些轻微的违法犯罪行为，但要禁止他实施重大的犯罪行为。再就是诉讼程序上的问题，案件侦破之后，是否要求“线人”出庭作证？从公正审判的要求看，他应出庭接受控辩双方的质证，但从保护“线人”的人身安全看，又要求尽可能地对他的身份进行保密，如何协调这一对矛盾呢？笔者以为，可采取让“线人”在法庭上以不暴露面目的方式如设立隔离的证人室，改变证人的声音，来达到既出庭作证，又不暴露其身份的目的。

（原载《检察日报》2004 年 3 月 17 日）

完善人民陪审员制度

人民陪审员制度在我国已有几十年的历史，它曾经起到过积极的作用，但近些年，由于种种原因，这项制度逐渐被国人冷落，以至于在实践中很少被运用。随着新一轮司法改革的深入，人民陪审员制度在增强司法民主性、提高司法透明度等方面的价值再一次被重视。最高人民法院4月2日向全国人大常委会提请审议的《关于完善人民陪审员制度的决定（草案）》，可视为这方面的一个信号。据悉，该草案旨在针对现行法律对人民陪审员的任职资格和产生程序规定过于笼统，有的人民陪审员在庭审中“陪而不审”，难以真正发挥作用，以及少数人民陪审员变相成为“编外法官”，失去应有的群众性等问题，分别提出完善意见。

人民陪审员制度的完善，是一个系统工程，牵涉许多理念和相关制度的改革，这里，着重谈五个方面：

一是关于人民陪审员的任职资格。草案规定了担任人民陪审员必须具备的八项条件，其中，将文化程度限定为大学专科以上。我认为这种条件太高。以文化程度为例，在广大农村地区，就很难达到此种要求，那样势必影响陪审员的广泛代表性。原则上，只要是具备辨别、理解和判断事物的一般能力，加上有比较公认的群众威望，就应可以担任陪审员。因此，不宜从正面规定而应从反面采取排除法，将少数不适宜担任陪审员的，如有过犯罪记录等，排除在陪审员任职资格之外。

二是关于人民陪审员审理案件的数量。草案规定，一名人民陪审员每年参与陪审案件的数量最高可达10件。这数量太多,应以每位人民陪审员每年参与陪审案件1—2件为宜。否则,即使陪审员们有人民陪审员资格且具有广泛代表性,也会由于实际参审的只是其中少数陪审员而使代表性失去意义,陪审所具有的民主精神也将受到损害。另外,陪审员审案过多,易产生懈怠心理,也易与职业法官关系过密,既不利于对职业法官进行监督,也不利于陪审之非职业化。

三是关于陪审案件的范围。草案规定,人民陪审员参加审判第一审案件的范围,由最高人民法院决定。不管是由全国人大常委会还是由最高人民法院来决定,必须看到的是,陪审方式会使案件的诉讼成本增加,考虑到我国当前的具体国情,可对实行陪审的案件范围作出适当限制,并逐步扩大适用范围。初步意见是,陪审制应重点适用于有重大社会影响的刑事案件、民事案件和行政案件,以及涉及征地拆迁、环境保护、食品药品安全等人民群众广泛关注的案件。此外,在某些争论大的案件中,是否采用陪审制,还应当听取被告人或当事人的意见,如被告人或当事人要求,法院不得拒绝采用。在一些重大、敏感案件中,可探索由3名以上人民陪审员参加的大合议庭模式。当然,参审的人民陪审员应采取在人民陪审员信息库中随机抽选的方式,而且即使对抽选出来的人民陪审员,有关当事人仍有申请回避的权利。

四是庭审制度的协调。要使陪审切实有效,避免陪而不审或只是陪衬,就需要使陪审法庭的审理与判决的权力得到统一。为此,一方面需要赋予人民陪审员与法官同等的决定案件的权力,使法官和人民陪审员能真正在内心平等相待,另一方面还要改变以往“审者不定、定者不审”的局面,把决定案件的权力真正还给审理案件中的法庭,并在庭审中落实言词原则、直接原则、不间断原则以及当庭确认原则等规则。当然，这又相应要求加强对人民陪审员的岗前培训，以及在庭审过程中法官在证据适用规则等方面对人民陪审员要设置必要的说明解释环节。

五是人民陪审员的监督管理。人民陪审员的工作既是一种权利，也是一种义务，还是一种权力。权利要得到保障，义务要得到履行，权力要得到制约，均需要相应的制度来支撑。特别要注意的是，人民陪审员的权力一旦得到落实，如何确保其不被腐蚀，同样是摆在我们面前的一项任务。为此，需要加强人民陪审员的日常管理工作，不断完善人民陪审员的选任、参审和保障机制。否则，就会带来新的问题，对此我们不能不未雨绸缪。

（原载《新京报》2004 年 4 月 4 日）

反思刑法中的立功制度

北京律师李庄涉嫌伪证罪被重庆检察机关批准逮捕，据媒体报道，其案发原因竟然是案件当事人为立功而举报自己的律师。此报道是否属实尚不得而知，却再一次引发我对我国刑法中立功制度的反思。

根据我国《刑法》第68条的规定，立功是指犯罪人揭发他人犯罪行为，查证属实，或者提供重要线索，从而得以侦破其他案件的情形。该制度源于过去肃反中的“立大功受奖”政策，可以说是我国刑法的一大特色。

如果说在革命刚刚取得胜利时，面对那时阶级斗争还比较严峻的局面，需要发动一切可以发动的力量来揭发检举敌人，以巩固政权，那么在社会已进入和平建设时期，该制度就需要重新审视了。

刑事责任的根据是犯罪行为本身给社会造成的危害，以及通过犯罪行为所反映出来的行为人的主观恶性。以揭发检举别人为内容的立功制度远离了刑事责任的根据，是在犯罪行为和主观恶性之外寻找刑事处罚的理由。这与自首制度有本质的不同。自首是犯罪人自动投案并主动交代自己罪行的行为，它体现了犯罪人对自己罪行的悔悟，因而在主观恶性上有所降低，相应地可以作为量刑的一个从轻情节。正因此，自首是各国刑法的一个共同制度，立功却在别的国家和地区的刑法中较为罕见。

在立功制度中，国家和立功者本人成为最大的受益者。因为立功既有助于司法机关及时侦破和处理案件，又可以使立功者得到从轻、减轻甚至免除处罚。这在刑事破案任务重、侦查机关力量又不足或破案水平不高的情况下，也许是不得已而为之。但当国家的侦查力量和水平已得到足够提高的时候，我们就必须看到，这种带有浓厚功利色彩的政策应该让位于更加公平的制度。依靠揭发检举与本案毫无关系的另一个犯罪行为，就可以获得从轻、减轻甚至免除处罚，这对本案的被害人是不公平的，也有悖于人们的公平观念。遗憾的是，我国1997年新《刑法》却在这方面比1979年《刑法》走得更远。1979年《刑法》还将立功制度附属于自首制度，并且只说“可以”减轻或免除处罚；1997年新《刑法》则将立功制度独立出来，而且规定犯罪后自首又有立功表现的，“应当”减轻或免除处罚。

由于我国的立功制度重在奖励那些揭发他人犯罪行为或者提供案件重要线索的行为，而不考虑揭发者的悔罪表现，也就是说，只要在客观上有立功行为，不管其主观目的和动机是什么，均可作为减轻处罚甚至是免除处罚的理由。因此，实践中出现了一些异化现象，如用金钱去收买其他人的犯罪事实或者犯罪线索；由亲友将从别的渠道获悉的犯罪线索通过看守所或别的司法工作人员传递给犯罪人，再由其“检举”；在押犯罪嫌疑人通过体罚、殴打等非法手段，强迫、威胁其他在押犯罪嫌疑人，让其将自己未交代的罪行和所知悉的他人犯罪事实告诉自己，从而使自己获得立功线索；或者被羁押者之间出于兄弟义气或利益交换，一方将自己的部分或全部罪行告知另一方，由对方去揭发，最终使对方获得从轻处罚的机会。所有这些，都是犯罪嫌疑人为达到立功目的，采用不正当、不合法甚至违法的手段和形式来获取案件线索。由于这些线索对破案有用，实践中某些侦查人员抓住犯罪嫌疑人把立功制度作为救命稻草的心理，不管能不能兑现，一味地鼓励其揭发他人犯罪或提供犯罪线索。

由于破案人员和犯罪嫌疑人均对立功制度有相当的兴趣，导致这一制度在实践中被广为激活和运用。数年前，我曾以兼职律师身份办过一个案子，检察官想给嫌疑人减刑，就出主意，说这个犯罪行为他自己都承认了，不好把黑说成白，要减轻处罚或者判缓刑只有一个办法，让他想办法去揭发他人的犯罪行为。

我还看过一个关于美国冤假错案的材料，在美国由于刑讯逼供在制度上得到比较好的控制，因此它的冤假错案主要是其他一些原因造成的，其中告密造成的占到21%。因此，现在美国学者也在反思刑事司法系统鼓励告密者与官方合作的做法，他们认为这种做法使不少告密者不惜对同室囚犯采取连蒙带骗的手段或干脆编撰害人的故事，因为“对受害者的不忠是所有罪犯的品质”。立功制度反生出冤假错案，这恐怕是我们平时严重忽视的一个问题吧。

对立功制度的深入反思，还发现一个更可怕的后果。一个国家的法律鼓励犯罪嫌疑人不择手段去检举揭发他人，这样的法律不是在促进社会的和谐和团结，而是在撕裂社会；不是在推动人们之间的诚信，而是在加剧彼此间的疑心。从根本上看，它对于塑造一个社会良好的人际关系和公民的品行是有极大消极作用的。犹记得“文革”期间，因鼓励大家大义灭亲、公而忘私，致使夫妻之间、父子之间、师生之间互相揭发，其结果是人与人之间没有信任可言，给我们这个社会留下了惨痛教训和深远创伤。

假如一项制度不利于塑造良好的国民品性，即便它对个案侦破有用，也是得不偿失的。因为一个案子侦破不了，不会威胁到整个社会，但如果整个社会的国民品性被糟蹋，则全社会危矣。更何况在一个优良的法治社会，破案本来就应当靠执法机关的高质量工作，而不应寄希望于犯罪嫌疑人之间的互相揭发。

（原载《现代快报》2009年12月26日）

警察要不要作证

前不久，我以兼职律师的身份到某市办了一个案子，开庭前法院要我提供证人名单，以便通知证人出庭作证。由于被告人反映，市公安局的刑侦队长胡某在对其进行搜身时，曾将他身上的一些记账凭证连同他的 BP 机和几百元现金搜走，并答应寄给其家属，但其家属却从未收到过这些东西，而那些记账凭证对为被告人辩护至关重要；因此，我将该刑侦队长也作为证人名单报给了法院，要求法院通知他出庭，就那些记账凭证的下落作出说明。当法院负责此案的法官接到我的证人名单后，颇显为难地告诉笔者：其他的证人可以通知到，但让公安干警出庭作证，他们还没有这种先例。笔者当即拿出《刑事诉讼法》，以第 48 条告之："凡是知道案件情况的人，都有作证的义务。"经一再坚持，法官无言以答，只好说："通知归通知，来不来我就管不着了。"果然，第二天开庭时该刑侦队长就没有来，理由是他要出现场，没有时间。

这使我想起在美国等地旁听法庭审判的一些情形。在美国，警察出庭作证非常普遍，只要案情需要，警察就必须出庭作证，他要像普通证人一样宣誓，然后接受辩护方的讯问和质证。如果宣誓后说谎，将构成伪证罪；而如果置法院的通知于不顾，则可能构成妨害司法罪。更重要的是，正如一位美国朋友告诉笔者的："在我们这里，警察出庭作证已经成为不言而喻的事情，警察自己也习惯这样做。"在香港，笔者曾多次在法庭上看到警察手按《圣经》庄严宣誓，然后逐一回答辩护方的提问，当作证完毕退出法庭时,还要恭恭敬敬地向法官鞠一个躬。

警察要不要作证?这个问题在法理上不言自明,在法律上也早已解决,但在现实中却是如此不尽人意,它不仅影响着许多案件真相的查明,而且危害法治的运作和法律的尊严。从法治社会的内在要求和刑事诉讼的内在规律来看,为保证办案质量,从严治警,警察应当出庭作证,应当就他所了解的案情接受被告方、法庭以及公诉人的发问和质证。

(原载《南方周末》2000 年 2 月 11 日)

监狱防腐要找准四个原因

最近，湖南省监狱管理局原局长刘万清、浙江省监狱管理局原局长田丰买官卖官、贪腐窝案等案件的相继曝光，引起人们对监狱系统腐败问题的关注。在对这些案件的剖析中，我们既看到了社会上一般腐败案件所具有的共性原因，即权力行使的监督和制约不力、暗箱操作取代阳光程序等，同时，也可以发现一些带有本系统特点的个性原因，这些个性原因主要有以下几个方面：

一是目前从偏远地区向城市中心地区转移的中国监狱布局调整滋生腐败。新中国成立之初，为防止监狱关押的犯人破坏新生政权，我们把绝大多数监狱都建在远离大中城市和交通沿线的边缘地区和山区。这样一个传统延续下来，使我国的监狱布局与国外很多国家的做法相异。国外一般是把监狱建在市内或靠近市内的地方，这样既有利于服刑人员的亲人前往探望，也有利于社会组织进行帮教活动，还可以使服刑人员不致因远离社区而造成回归社会的困难，同时，也可以方便管教干部的家人就业和子女上学，使其能安心工作，并大大减轻监狱的社区管理和社区服务的负担。正是考虑到这些因素，我国政府对监狱布局正在进行重大调整，一批批监狱开始从偏僻的地区搬到城市中心地区来。在这个调整改造中，大量的建设工程项目如果不严加监督，必将导致腐败现象的出现。

二是监狱自身创收的弊端。新中国监狱系统建立的时候，国家一穷二白，中央确定：“大批应判徒刑的犯人是一个很大的劳动力，为了改造他们，为了解决监狱的困难，为了不让判徒刑的反革命分子坐吃闲饭，必须立即着手组织劳动改造的工作。”因此，我国监狱从一开始便实行监狱与企业二位一体的管理模式。在我国从计划经济转向市场经济之后，在计划经济模式之下建立起来的监狱生产管理体制受到严重挑战。虽然《监狱法》明确规定监狱经费由国家保障，但由于各地财政状况和现行拨款加生产补充体制的限制，财政保障部分在很大程度上仍然不能满足监狱工作的实际需要，不足部分仍然由监狱通过生产创收来弥补。这一体制性缺陷使得监狱劳动发生了变异，国外监狱也组织服刑人员劳动，但多为习艺性的，为的是其出狱后能找到工作；而且在监狱里从事劳动强度不大，并且会付给他们适当的劳动报酬（一般会给他们存在一张银行卡里，供其出狱后的过渡时期使用）。反观我国，服刑人员劳动强度大，从事的劳动也不具习艺性，又没有报酬，致使服刑人员培养不起对劳动的热爱。因此，在现在国家经济已经得到很大发展的形势下，为防止监狱系统自收自支甚至坐收坐支、滋生腐败现象，实行收支两条线，将监狱系统的“支”和“收”严格划分开来，分别独立管理，势在必行。过去，其他执法部门也曾经实行过经费包干、不足部分由行政收费和罚没收入补充的财政保障体制，而且还曾通过经商办企业进一步补充，但后来中央下决心停止军队和政法部门经商办企业，对其经费需要和收入实行收支两条线，事实证明效果是好的。

三是减刑、假释和保外就医的漏洞。毋庸讳言，减刑、假释和保外就医已经成为刑罚执行领域的腐败重灾区。1997年的新《刑法》针对减刑、假释中的腐败现象，特别规定了对减刑和假释要由执行机关向中级以上人民法院提出建议书、由人民法院来审理决定。但现在看来，该制度并没有达到预期的效果，减刑、假释中的腐败现象并没有得到有效的遏止，主要原因是法院的审批仅止于“以书对书”，仅对报上来的书面材料进行审查，致使监狱管理人员胆敢炮制假立功材料、假条件，蒙混过关。如监狱领导收受了某服刑犯的贿赂后，捏造服刑人员的“立功”材料，使其获得减刑。另一监狱领导则说：“我是管犯人的，即使犯人符合减刑、假释的条件，我不上报，犯人也无可奈何。”所以，只要送钱来，就可以获得减刑“提钱”释放。至于保外就医，由于是本系统审批，这方面的问题则更甚。报谁不报谁，以什么样的条件报，都由监狱管理人员说了算。对于处在被管教地位的服刑人员来说，就算对报上去的人员有异议，也是“人在屋檐下，不得不低头”，不敢多说。而驻监狱的检察机关的监督检查也由于工作机制不顺、配备人员不力、与监狱管理人员利益共享等原因，效果很不理想。

四是某些制度的欠科学滋长了潜规则的诞生。现在，流动人员犯罪是中国的一个突出问题，有的犯罪人被判刑后，往往在异地服刑。而从国外的经验看，异地服刑的效果不如本地好，因为在本地服刑的人，不仅可以方便其亲友探监，而且他本人在语言和生活上的障碍也要少些，有利其改造和回归社会。遗憾的是，我们现在没有一套常规化的制度来保证服刑人员通过明规则实现由异地服刑到本地服刑的调遣，结果在实践中就助长了这方面的不正之风。又如，由于我们片面强调监狱的安全而严防死守，该准假的不准假，该适度开放的不开放，致使有的服刑人员花钱来买假、花钱来买“自由”。

（原载《新京报》2010 年 2 月 21 日）

叁　察现实之病弊

中国人为何信访而不信法

我有几个湖南老乡到西北某省去开矿，他们与当地政府签了招商引资的合同，但后来对方因故毁约，于是到北京来上访。我看了他们的材料，答复他们政府肯定理亏，建议他们向当地法院起诉。没想到他们却说：那就正好中了政府的计，因为政府只怕上访，不怕到法院去告。法院绝对是受当地政府影响的，如果判决他们败诉，那就连到北京来上访的理由也没了。

于是他们频繁上访。慢慢我发现，他们对这种程式化的上访也不抱多大希望，只是顺路而已，他们真正感兴趣的是希望通过关系找到某位高层领导的批条，这样下面就会高度重视。

原来他们曾尝到过甜头：几年前，也是一个案子，由于他们得到过某中央政法机关领导的一个批示，结果下去很管用，省里立即成立专案组，到县里去现场办公，问题很快得到解决。

但要得到这种批示谈何容易！他们告诉我，这次已经被骗走 20 万了，对方说跟某个首长有关系，能帮他们弄到批条。

这使我想起我们经常谈论的一个话题：中国人为何信访而不信法？这个事例也许能给我们部分启示：那些热衷于上访的人不相信法院有足够的权威和公信力可以依法秉公办案，可以抗拒地方政府的干扰和干涉；他们抓住了地方政府愿意“花钱买平安”的心态，认为这种施压的办法可以比诉讼更有效，所以要不惜代价去找这种关系。

应当说，社会上之所以有这种想法，绝非凭空产生，而是有一定的现实基础。不要说在政府是作为被告一方的时候当事人对法院能否做到不偏不倚可以有合理的怀疑，就是其他案子政府有时也会出于地方保护主义等因素的考虑而进行干预。

法院的权威性受损还有其他一些表现：判决了的案子得不到有效执行；生效的判决有时因上面的批示又会启动再审程序，没有稳定性；法院或基于法律规定的不合理，或基于实践中的潜规则，对有的纠纷不予受理，致使当事人必须寻求法律之外的解决途径。当然，法官的腐败也无疑大大影响了法院的公信力。

至于为什么地方官员（包括法院领导）会怕当事人上访，而上面首长的批示又会管用，我想这里的一个重要原因是中国官员的升迁主要取决于上面领导的态度而不是民众。当官员的命运不是取决于民众而是取决于上面时，他就会更在意上面的态度，当上面以上访人数的多寡来作为考核一个地方或部门的官员政绩时，下面的官员怎能不把上访当回事？为了息访，甚至无视法律去满足个别上访者不合理的要求。

很难说作出批示的领导本人有什么私心，甚至肯定有许多批示对实现公平正义还起到了积极的作用。但这种批示由于容易“偏信则暗”，加之下面的官员又很在乎批示的来头，所以即使某个高层官员只是简单地批示“请某某阅处”，也往往能对获得该批示的当事人起到意外的效果。我曾听过一个比较极端的例子：“文革”前北京某法官在审理一起离婚案时，一方当事人找到某中央首长，请他给法官写个条，希望同意她的离婚请求；但过了几天，另一方也找到该首长，请他给某某法官写个条，不要同意对方的离婚请求，不知该首长是由于年老记忆力减弱，还是由于公事繁忙，早把先前写条的事给忘了，于是又写一条。两个意见相反的条子出自同一首长，真的是为难了判案法官。好在现在这种为丁点小事而劳驾中央首长给法官写条的事已经很少听说，有关领导在批示时也越来越慎重。

但上访制度已经扎根于我们这个社会，它既是当下的，也是传统的。美国学者欧中坦曾写过一篇《千方百计上京城》的文章，专门研究清朝的上访制度——“京控”。也许对于一个外国人而言，这确实令其感到新鲜，因为在他们的首都华盛顿，是看不到这种现象的。

由于中国有上访的传统，所以今天即使某些领导想尽量少批示，但公众包括某些非法律职业的专业人士却至今迷信领导批示，他们遇到问题首先不是从法律思维出发去寻找解决途径，而是想到上访。多年前，我有一位社科院的同事，他是著名的经济学家，找我咨询他老家的几个农民与当地政府打官司的事，我曾劝他一定要按照法律程序提起上诉，否则二审终审后就生效，再要启动就难了。但他不听，总想着自己跟高层有关系，他又不是徇私情，所以理直气壮地去找这个领导找那个领导，结果至今没有解决问题。我曾听一位长期从事信访工作的友人说，目前由于在信访的批转及相互推来推去的过程中使信访案件失去收集、固定证据的最佳时机，最终使案件成为死案的现象十分突出，这大概是信访制度设计者所始料不及的吧。

说到信访工作中的“推来推去”，我又想起另一件事情：十多年前，我刚参加工作，老家来了几个上访者，说好不容易来趟北京，一定要把事情反映上去，问我该向谁反映。我当时积极性颇高，让他们分别去找国家信访局、公安部信访办、最高人民法院信访办、最高人民检察院信访办、中纪委信访办，还有中央政法委、全国人大常委会乃至中南海，结果他们复印了多份材料，又花几天分别跑了这些地方，找不到的就通过邮局寄。不幸的是，最终什么问题也没有解决。

谈了上访制度的这么多缺陷，但要我一下子表态说立即取消上访制度却又下不了决心。犹记得 2003 年 11 月，时任国家信访局局长的周占顺在接受新华社《半月谈》采访时，曾指出：在当前群众信访特别是集体信访反映的问题中，80%以上有道理，或有一定实际困难和问题，应予解决；80%以上是可以通过各级党委、政府的努力加以解决的；80%以上是基层应该解决也可以解决的。面对这样三个80%，如果我们不妥善通过法治的渠道来有效解决这些群众的诉求，就堵死这条尽管比中彩还难却毕竟还有一线希望的上访路，岂不危哉！

（原载《中国新闻周刊》2009年4月）

潜规则盛行与社会的“法格分裂”

吴思先生提出的“潜规则”一词，现在很是流行，这从一个侧面反映出潜规则渗透到我们当前所处的这个社会的程度。陈瑞华教授曾专门对刑事司法中的若干潜规则进行剖析，并指出：“只要这些潜规则继续存在于中国的刑事司法实践之中，那么，任凭中国未来发生怎样的司法改革，也任凭立法者对刑事诉讼法作出怎样的修改，这种刑事司法制度都不会从根本上发生任何改变。”话虽有点激烈，却也道出了潜规则的巨大危害。

潜规则的盛行，势必消解“明规则”的作用，拉大书本上的法律与现实中的法律的距离，从而降低法律在人们心目中的地位，由此造成个人的“人格分裂”和社会的“法格分裂”：前者体现在“嘴上说的是一回事，实际做的是另一回事”；后者体现在“法律上规定的是一回事，实际中起作用的是另一回事”。久而久之，社会弄虚作假成风，各种歪门邪道将看似严谨的“明规则”体系架空，其对社会治理和国家政权的威胁不可不给予高度重视。

如何最大限度地减少和控制潜规则呢？我所想到的有以下几点：

首先，要真正扣住“利益”这一主题词。边沁曾将“功利原理”视为唯一安全的道德基础和立法准则，马克思也曾指出：“人们奋斗所争取的一切都同他们的利益有关。”应当看到，“潜规则”是一种利益诱致型规则，行为人为什么会抛开国家的正式规则而去屈从甚至热衷于潜规则？其原因不外乎潜规则能给他带来更大的利益。如现在有些人出了事或遇上纠纷，为什么不直接去找政法机关或上法院，而是去找“黑社会性质组织”来“摆平”，是因为他觉得后者花费较低、效率又高，而且一次性了结、不反复，基于此，我们就应在提高公安机关的办事效率、降低法院诉讼费门槛等方面多出实招，用切实行动来使行为人感觉到找国家解决问题更合算、更便利，那样潜规则就会失去市场。

其次，在制订法律时，要将理想主义与现实主义结合起来，充分考虑其现实可行性。如果只考虑法律条文和结构的完美，只考虑法治先进国家的做法，而无视中国的国情，则法律实施起来将难以落实，也就为潜规则的诞生提供了空间。如各级党委工作人员犯贪污、贿赂等罪时同样会受到制裁，与其这样，还不如将党的机构和工作人员纳入国家机关和国家工作人员的范畴。又如，现行刑事诉讼法规定二审案件原则上都应当开庭审理，但实际中却变成二审案件原则上都不开庭，这是否说明我们的规定过于理想化了呢？据我所知，即使在美国二审也是可以书面审的，且只负责审理法律适用(认定事实由一审陪审团决定)问题。因此与其法律规定与现实相脱节，还不如做些折中处理，如在提高一审开庭质量的基础上，对二审开庭案件的范围作出限定，以确保死刑等重要案件能真正开庭。

再次，对一些法律规定比较模糊或者政策界限不清的，要尽可能地予以明确。潜规则有两类：有的是明显违法，如现实中的“买官卖官”现象；还有的是在法律上到底合法还是违法没有规定，语焉不详，如实践中对于死刑犯在执行前应否允许会见亲属，法律没有明文规定，以致长期以来，死刑犯临刑前不被允许会见亲属成为一条潜规则，但现在最高人民法院从保障人权的时代精神出发，提出死刑犯临刑前要求会见家属的，应予以满足，如此一来，此条潜规则就有望得到改变。由于我国的法治建设还处在初期阶段，不少制度尚处在形成过程中，因而我主张法律政策应尽可能地明确具体（但又不烦琐），防止产生歧义和留下死角。

最后，应及时发现法律政策在执行过程中的走样，预防潜规则的潜滋暗长。如果一项法律或政策的实行离设定的目标有明显的差距，违反它的人不是个别甚至不是少数，那就不应简单地停留于对违法行为的打击，而应分析其改进余地，因为得不到多数群众遵守的法律绝不是好法律。还有，如果发现有某种潜规则开始抬头，则应尽快分析其成因，要是觉得有其合理之处或很难避免，就干脆把它上升成“明规则”；要是觉得其危害大，不可让其进一步发展，就需要一方面明令禁止，违者处罚，另一方面采取别的积极措施来干预，以解决目前依赖于潜规则才能解决的事项。

（原载《法制日报》2007 年 4 月 20 日）

对“律师伪证罪”的深层次思考

近日，重庆警方以涉嫌伪造证据拘捕北京律师李庄一案引起关注，也再次引发对《刑法》第306条“律师伪证罪”的热议。

所谓“律师伪证罪”，按照《刑法》第306条的规定，其实法定的罪名应当叫“辩护人、诉讼代理人毁灭证据、伪造证据、妨害作证罪”，它包括三项罪状：辩护人、诉讼代理人毁灭、伪造证据；帮助当事人毁灭、伪造证据；威胁、引诱证人违背事实改变证言或者作伪证。

“律师伪证罪”之所以长期以来受到法学界一些人士的质疑，与该罪设计上存在的缺陷有关。首先，它将律师单独作为一类伪证罪的主体来规定，有违刑事立法的公正性。从世界各国的立法经验来看，应当把警察、检察官、法官以及其他行政执法人员一视同仁地规定为这类“伪证罪”的主体，因为这些人同样存在威胁、恐吓证人的现象，而且他们的权力更大。如果只规定辩护方，而不规定指控方，就会造成立法上的职业歧视，无法实现控辩双方的“平等武装”。这对我们这样一个律师业还处于起步阶段的国家而言，无疑是不利于律师业特别是刑事辩护事业的发展的，也不利于实现司法公正与司法制约。其次，本罪的罪状描述存在笼统和模糊之处。像“引诱证人改变证言”之类的措辞，极易带来执法的随意性。事实上，引诱证人改变证言的情况非常复杂，有时“引诱”本身就是律师询问证人的一种技巧，将其泛刑罚化，无疑是给律师头上悬了一把剑。又如，本罪的“证人”到底包括哪些范围，被害人和被告人属不属于“证人”？最后，将律师伪证行为不分情节轻重，一律用刑法来规制，并不妥当。证据分一般性证据和关键性证据，帮助当事人毁灭、伪造证据或威胁、引诱证人也有情节轻重之分。刑法是其他法律规范的保障法，不宜越俎代庖，否则会出现成本过大、刑法事实上管不过来、其他防线懈怠职能等副作用。因此，应当把一般的律师伪证行为交由“律师协会”这样的行业自治组织来处理，只有严重的伪证行为才能追究刑事责任。当然，与此相适应，也需要切实加强律师行业的自治力度，否则就会出现一些公安和检察机关所说的“律师没人管，既然这样，就只好我们来管”恶性循环。

对“律师伪证罪”的追诉程序设计也存在瑕疵。如律师作伪证，抓人的和起诉的就是他的对家——同一个案件的侦查机关或检察机关甚至是同一个案件的侦查人员或检察人员——而没有建立起有效的回避制度，致使“报复性执法”成为可能。这就出现了实践中尽管最后真正被定罪的很少，但被抓起来和关起来的却不在少数的现象。据统计，80%以上涉嫌律师伪证的案件最后都被法院宣判无罪，这说明诉讼过程中确实存在陷阱。顺便说一下，在国外的刑事诉讼法中，对“排除辩护律师参与诉讼的程序”是有严格规定的，如律师不能中途随便被抓，一旦出现这种情况要通知其所在的律师协会，并由法院来裁决。无疑这样一些制度设计对于保障律师依法行使职权是有好处的。

“律师伪证”在中国之所以成为一个突出问题，还有更深层次的原因。例如，我们的法庭上证人出庭率极低，导致控辩双方对对方证人的证言有疑问时，无法像国外那样在法庭上对证人进行交互质问，这样就使得律师只能在开庭前私下去接触控方的证人，而由于我国证人的法律意识普遍较低，加上缺乏一种在法庭上作证和接受质问的严肃气氛，客观上增加了证人更改自己证言的随意性。我们知道，对证人进行问话和笔录时，问话者和记录者都具有技巧性和对内容的选择性，于己有用的就记下，无用甚至不利的就不记，最后就可能使得同一个证人对控辩双方作证的内容有很大的差异。如果此时可以随便给辩方下套，那对辩方充分发挥其辩护策略和才能无疑是一个障碍。又如，尽管我们的《刑事诉讼法》和《律师法》都规定：受委托的律师根据案情的需要，可以申请人民检察院、人民法院收集和调取证据，但实际上律师的这种申请往往被有关检察院或法院置之不理，致使律师的调查取证十分困难。不仅如此，我们的律师在向控方的证人调查取证时，还需要征得控方的同意，如果它不同意，律师连接触证人的权利都没有。由于我国现行《刑事诉讼法》将侦查阶段的律师介入仅仅限定在提供法律咨询等相当狭窄的范围内，只有到了审查起诉阶段律师才可成为辩护人，因此在侦查阶段，律师根本就没有调查取证权，又缺乏《民事诉讼法》的申请证据保全制度。所以如果这一阶段侦查人员对有关实物证据进行破坏或销毁，律师就无力抗衡。所有这些，既加剧了律师调查取证和发现真相的难度，反过来也会导致律师调查取证的不规范。

对于真正的律师恶意伪证行为，在任何一个国家都是要受到严肃处理的。国外的做法是，对情节较轻的律师伪证行为，一般通过律师协会中的"律师职业道德委员会"和"律师惩戒委员会"来负责调查处理；对少数确需动用刑法武器来惩处的严重的律师伪证行为，则与国家公权力一方的执法人员统一规定，以"妨碍司法罪"治之，这样可防止在立法价值上出现偏差，导致得不偿失的法律适用后果。不可否认，我们当前的律师队伍就像司法队伍一样，虽然在专业素质上有了很大提高，但在职业伦理的提升方面还有很多的工作要做，而律师协会作为最了解律师队伍和律师工作的行业自治组织，可以有的放矢地发挥更大的作用。

总之，我希望通过落实证人出庭接受交互质问、增强人民检察院和人民法院应律师的申请去收集和调取证据的可操作性、强化对侦查阶段的重要证据的保全措施等制度性的改良，来从根本上扭转律师调查取证难、刑事辩护风险高的局面；再通过对现行《刑法》第306条的罪状完善和追诉程序的改进，使“律师伪证罪”的适用范围受到必要的限制，并有效防止律师被滥诉的危险；最后，要把改善律师的执业环境同加强律师队伍的自身建设结合起来，健全律师协会的内部惩戒机制和预防机制，从而把律师恶意伪证这类极不道德、极不利于律师业发展和声誉的行为控制到最低限度。

（原载《检察日报》2009年12月21日）

我会对许霆案作无罪判决

——答《经济观察报》记者刘波

《经济观察报》:许霆案引起了很大的争议,现在有人说他是盗窃罪,有人说是其他罪,还有人说许霆无罪。如果我们撇开媒体影响不谈,只谈法理,你认为应是什么样的情形?

刘仁文(以下简称"刘"):无论是原审还是重审,法院都将许霆的行为定性为盗窃罪。还有人提出其他观点,例如侵占罪、信用卡诈骗罪。侵占罪是将代为保管的他人财物或者他人的遗忘物或埋藏物非法占为己有、拒不退还的行为。在这个案子的重审过程中,许霆也为自己辩护说,他是要为银行保管这笔钱,但我们从常识的理解来看,这是一种狡辩,因为银行根本就没有委托他保管。所以根据罪刑法定原则,这种行为不构成侵占罪。

《经济观察报》:那么信用卡诈骗罪呢?

刘:许霆的卡是借记卡,不是可以透支的信用卡,所以一般认为不可能构成该罪。不过提出这一说法的人认为,虽然不是信用卡,但在许霆取款时 ATM 机出了问题的特殊情况下,这张卡实际上已经具备了透支的功能。这样的说法不是一点道理都没有,提出者的用心是良苦的,主要的考虑是一审判决的刑期太长,故要想方设法找一个比较轻的罪名来把刑期降下来。

《经济观察报》:你认为这一解释也有成立的可能?

刘:是的,这个解释有成立的可能。我的意思是,在该案中,法官原审作出了无期徒刑的判决,导致整个社会哗然,大家都觉得惩罚过重。在这种情况下，我们应当想方设法寻找适用法律的妥当途径来减轻这种处罚。所谓信用卡诈骗这样的解释，我认为是一个可能的途径，它有利于实现这样一个目的，就是使法律的结果更加符合大众的法感情。

《经济观察报》：这与依照法律办案的原则不违背吗？

刘：在法律适用的过程中，遇上本案这样的疑难案件，就很难简单地一一对应到《刑法》里找一个条文去处理。随着科技的发展，现代社会越来越复杂。传统上的盗窃罪是秘密窃取，那是很简单的，但在这个事件中却不是那么简单。社会的日趋复杂给法律的解释与适用提出了挑战，这也就给法官提出了更高的要求。所以美国最高法院的一位大法官问，什么是法律？大家都觉得法条就是法律，而他认为，通过法官的判决最后实现的适用法律的结果，那才是法律。也就是说法的适用是在布满荆棘和迷途的丛林中，要求法官找出一个最符合法律的精神与目的，同时也符合民心的结果。

《经济观察报》：如果你是本案的主审法官，你会怎么判？

刘：我要是有决定权，可能就作无罪处理了。在重审之后，许霆的刑期改为五年，我对这个结果表示肯定，虽说我并不完全同意。这个结果比起原先的畸形重判而言，显然是更得民心。但在面对这样的行为时，正如专家们也有不同的意见一样，并不是像自然科学在实验室里做实验那样，一个过程只有一个必然的结果。这跟裁判人员的价值取向、生活经验甚至勇气等都有一定关系。

《经济观察报》：现在重审法院作出的这个判决，认定许霆构成盗窃金融机构罪。但根据最高法院针对这类案件的司法解释，许霆的涉案金额已经达到了数额特别巨大的标准，依照法律就是应当判决无期徒刑或死刑。重审法院有什么样的理由来改判五年有期徒刑呢？

刘：我先要问的是，碰到这样一个案子，为什么原审法院根本没有努力为许霆寻找降低处罚的方法，就直接判无期徒刑呢？因为我们的司法机关长期以来在“民刑两可”的时候，特别当受害者是国家强势部门的时候，通常是先刑事后民事。像本案中的银行资金雄厚，支付办案经费肯定是不用愁的，公安机关抓捕起来也就特别积极。按照这样的刑事优先逻辑，认定许霆构成盗窃罪，然后机械地根据司法解释去套用，最后判了无期徒刑，似乎是环环相扣，没有问题。但结果却是绝大多数人都大吃一惊。所以法官即使在看起来完美的理论体系指导下，严格依法办事，仍然可能出现于法有据但于情不通的结果。

《经济观察报》：其实在许霆之前，也有人因为类似的行为而被判处无期徒刑。

刘：媒体能捕捉到的热点总是有限的，不可能把每个有价值的案子都报道出来。所以说许霆是幸运的。本案如果没有媒体的大量报道和关注，结果可能就会不了了之。在媒体的关注下，广东省高院将案件发回重审。但对于发回重审的这个做法，我是持批评意见的。

《经济观察报》：为什么呢？

刘：发回重审的条件是事实不清或证据不足，这个案子的事实和证据都是清楚的，按理本不应当发回重审，现在这么做相当于回避问题，把皮球踢回给原审法院，因此从程序上值得检讨。从效果来看，同一法院对同一种行为出尔反尔，作出差距如此大的判决，也令人困惑，相反，由上一级法院直接改判，更说得过去一些。发回后，可能下级法院的法官也觉得，这明显是上级对我们的判决不满意，嫌判得过重，于是就开始论证说，这个案子毕竟是因为ATM机出错，与一般的盗窃行为相比还是有特殊性的，不能按常规的解释判无期徒刑。但这时需要一个改判的依据，于是法院就找到了《刑法》第 63 条第 2 款："犯罪分子虽然不具有本法规定的减轻处罚情节，但是根据案件的特殊情况，经最高人民法院核准，也可以在法定刑以下判处刑罚。"

《经济观察报》：根据这个条款改判，需要取得最高人民法院的核准。

刘：对，现在的问题就是，目前还不清楚这个案子是否已经内部请示过最高法院，如果请示过，那以后的程序就是走过场了，这当然是不应该的。再就是，这一条的适用程序怎么操作，如要不要逐级复核，要不要直接报最高人民法院，都不是很清楚。如果我们以这个案子为契机，探讨一下《刑法》第 63 条第 2 款规定的"特殊减刑"程序的进一步完善和规范，也算是许霆案的一个意外收获。

《经济观察报》：总体来看许霆案是不是给我们这样的启示，法官在判案的时候不只要看法理，还要依据情理？

刘：也不完全是这个意思，科学的法理本来就应当合乎情理。我们的社会现在出现了许多难以用犯罪构成要件简单去套的新行为，当表面看来完美的理论体系无法实现公正的时候，如果仍然机械地去推导，结果就可能不那么有说服力。国外的刑法学界提倡"问题性思考"，即更多地从具体问题出发，通过同意和反对的意见广泛讨论，根据公道来加以测试，直到结论相对满意，以此来达到解决问题的公正性和符合目的的可能性，这被证明对填补不确定的概念和一般性条款很有用处。

《经济观察报》：那在这样的辩论中，是否不只是有法学家参与，公众也要参与进来？

刘：当然了。像现在的情况恐怕就是这样，在民众的广泛讨论和辩论中，最后改变了那种畸重的情形。这种情况下需要法官的判决书尽可能地说理，这样才能服众。

《经济观察报》：但是我们现在很强调审判独立，如果媒体的、公众的观点能影响到判案，会不会损害审判独立？

刘：像我刚才说的，这个案子目前经历的过程也不是完全值得肯定的，也有值得反思之处。特别是在两会期间，某些上级法院的领导公开向媒体表态说许霆案判得太重，这显然有损于原审法院的独立，特别有损于原审法官的独立。

但另一方面，在任何一个国家，司法都不可能完全脱离社会。国外的法官在判案时也要考虑法律效果和社会效果的统一。司法不能盲从民意，但要注意倾听民意，这是很多法院的做法。美国最高法院为何一段时间说死刑违宪，另一段时间又说不违宪，我想也是考虑到了社会犯罪的严重情形，以及受到了社会公众要求的压力。

《经济观察报》：美国最高法院也会根据民情作出这种改变？

刘：是的。1976年以前，美国连续十年没有执行死刑。那时美国最高法院的判决认为死刑执行方法是残忍的，而美国宪法规定禁止残忍的刑罚。但后来美国最高法院又通过一个判决认为，一定的行刑技术和方法可使死刑的执行不残忍，从而不违宪。最近美国最高法院又受理了一个案件，有人诉称死刑的注射执行同样是残忍的。我们很关注美国最高法院的审理结果。当然，民意只是一方面，司法不能脱离一些固有的底线去盲目地附和民意，在这方面国外同样有许多例子。

《经济观察报》：许霆案可能具有某种典型性的意义。虽然中国是大陆法系国家，以成文法为依据，但在当前司法改革的过程中，是不是一些经典的判例能对我们的司法改革起到推动作用？追求良好的判例，是否也更有利于发挥法官的主观能动性？

刘：这个案子可以起到一定的判例引导作用，对未来的类似案件有参考价值。这也促使我们关注,如何适当地引进一些判例制度,与我们的成文法相结合。这并不只是从西方借鉴,中国古代的法典,比如《大清律例》中就既有律又有例。在许霆案之后再出现类似的案件,法官不大可能再判无期了吧。但目前我们关于判例的确定、效力等,还很值得下功夫去研究和完善。此外我们还可以关注这个案件所反映出的量刑问题。过去我们是在法制建设的初期,更多关注对行为的定性,但在罪名确定之后,量刑的轻重幅度往往是很大的,比如法官判决五年有期徒刑或无期徒刑,对被告人而言是天大的区别。现在有一些做法可以考虑,比如在检察官写起诉书时,不仅写明控诉的罪名,还提出一定的量刑建议。

《经济观察报》:这样的做法已经开始了吗?

刘:虽然没有明文法律依据,但的确已经开始了。这样做不仅为法官提供了可加以参考的意见,也给辩护律师一个靶子,当律师认为检察官的量刑建议过重,可就此加以辩论,使量刑能在开庭过程中得到充分展开。此外,我们目前的司法解释过于死板。比如美国有量刑指南,法官在处理个案中,如发现案件的具体情况与量刑指南不吻合,或者量刑指南规定的刑罚过重,有失公允,法官可以不遵守指南,但是要在判决书里详细说明理由。我觉得这个做法值得学习。我们要发挥亲自处理案件的法官的司法能动性。

《经济观察报》:我们现在有错案追究制,如果让法官发挥司法能动性,上级法院认为法官判错了就会加以追究。这会不会给发挥司法能动性构成制约?

刘:错案责任追究制的出台背景是现在司法腐败比较严重,群众意见很大,但发现了病症是否开对了药方呢?对于那些贪污腐败、徇私枉法的法官,当然应当追究他们的责任。但在许霆案这样争议性很大的案件中，要给予法官一定的自由度，判决应基于法官的价值信仰。我自己觉得，刑罚是个害处很大的事情，所以能判轻的就判轻，能不判刑的就不判刑。但有的法官可能倾向于从保护社会利益的角度去思考，有的或许是亲友有遭受犯罪侵害的经历，他们就会更注重打击犯罪。法官不可能是一个模子里出来的，他们的价值观、生活经验、知识背景都是不同的。如果法官在办案中没有不法行为，只因一个案子被上级法院改判了就追究他的责任，那是不对的。

《经济观察报》:你提到你的标准是“能判轻的就判轻，能不判刑的就不判刑”，你还曾撰文认为中国应废除死刑。你为什么有这些想法？

刘:目前，我国总体来说还是一个重刑的国家。你看浙江的杜益敏因非法集资罪被判处死刑，但一个人搞垮巴林银行的尼克·李森，才被判了六年。涉嫌实施非法交易导致法国兴业银行损失近50亿欧元的凯维埃尔，羁押了一个月后就被保释出来，这在我们国家可能吗？所以我们有些根深蒂固的重刑倾向。从国际的比较来看，我们死刑过多，刑罚过重。我自己研究刑法经年，深刻感受到刑法的弊端和副作用，国家支出很大，对罪犯的改造效果又不如想象的那么好，还造成其家人处境的悲惨。现在我们在实践中推广犯罪人与被害人的刑事和解、社区矫正以及提出“宽严相济”，这都是对过去片面追求“严打”的反思。

（原载《经济观察报》2008年4月14日）

“公益上书”之改进

近年来，为了公共利益的各种上书成为一种社会风气。总体上看，这是政治开明的结果，因为在不开明的时代，这样的上书是不被允许至少是要冒很大风险的。这也是公民维权走向理性的标志，因为相比暴力和其他激烈行为而言，这种合法的方式在推进社会改良方面具有更平和、更经济的优势。但如何改进此类“公益上书”，使之更具实际性效果，并避免有的“公益上书”所可能带来的副作用，却并不是一个可有可无的问题。

我认为，可以从受理上书的单位或个人、上书者本人、媒体和公众这样三个角度来探讨“公益上书”的改进。

从受理上书的单位或个人来看，应以保护公民的政治热情，保证民意渠道的畅通为基本出发点，对此类上书持欢迎和鼓励态度。目前这方面存在的一个突出问题就是缺乏一种正式的回复制度。以全国人大常委会为例，虽然它近年来频繁成为“公益上书”的对象，但无一例外的是，没有任何一个“上书”得到过人们期待中的正式答复，也从来没有任何人以任何方式告知过上书人或者公众，某项制度的存废或某部规范性法律文件的改变与某“公益上书”之间是否存在关系。[①] 基于此，我同意有学者

① 参见黄金荣《一场方兴未艾的法律运动——对当代中国公益法实践的观察与评论》，载《公益诉讼》(第一辑)，北京：中国检察出版社，2006年。

提出的对于公民书面建议应确立回复机制的思路。[①] 国家应有专门机构和人员负责受理、登记此类“公益上书”，它们一方面要对这些上书进行研究并转送给相关部门和人员，另一方面要对所有来函进行回复，确认收到，并分别按以下情况处理：凡不属于受理范围或应当归属其他部门的，如实相告，建议其取道其他途径，如信访、诉讼；凡属于公益性质的“上书”，一律以国家的名义对上书者表示感谢，并可附带一些不具法律约束力的非正式评论；对于那些符合要求的上书方案，应启动相应的审查程序，并将最后处理结果通报给上书人。

正式的回复制度确立后，受理机关可能会面临“上书”太多而难以应付的局面，对此，可以通过两个办法来消解：一是制定“上书”细则，为上书设置一些必要的要件，只有在符合这些要件的前提下，该上书才能被提上审查日程；二是要加大各级人大代表和政协委员受理民间上书的力度。像美国这样的国家，虽然你给总统写信也能得到总统办公室的回复，但为什么没有大量的信件涌入白宫呢？原因之一就是在美国，向所在的州议员或联邦议员办公室反映情况是最佳的“公益上书”方式——他们是当地选民选出的，比媒体等更为专业，最适合也有热心去充当选民的代言人。我们现在已经建立了人大代表和政协委员的提案、意见反馈制度，但有的人大代表苦于几年也提不出一个议案，建议为人大代表和政协委员设立类似于西方的“议员办公

① 参见张卓明《论法规合法性审查建议权》，载《公益诉讼》（第一辑），北京：中国检察出版社，2006 年。值得注意的是，这种回复机制在国外也是存在的。2004 年我在美国遇到一位原来在社科院法学所的同事沈其之，她针对自己在从事移民律师工作中所发现的问题，就美国移民政策的不科学和不连贯给美国总统布什写了封信，很快就收到总统办公室的回信，上面有总统签名的印章，感谢她对国家政策的关心，并说会对她提出的问题进行认真思考。

室”，征集和收集包括“公益上书”在内的民情民意。

实践中，还有一种包含“公益上书”内容的形式值得重视，即各种“情况反映”“领导参阅”等。与民间借助媒体公开报道的“上书”相比，这类“上书”往往通过内部渠道不公开地进行。诚然，它们是领导决策的重要参考，但从公共政策学的角度看，也存在一个“兼听则明”的问题。因此，对这类“上书”一般不宜直接批示，而只宜将其看作一个信息源，还要进行甄别和听取多方意见。对于那些属于个案性质的上书，或者完全是现行法律框架内的事情，最好不要干预，以防给办案单位和个人带来不适当的压力①，也防止给社会造成一个错觉，好像法律规则和程序不重要，领导人的批示才重要。如果个案处理确实有问题，可以通过各级人大常委会的个案监督机制等途径来解决。

从上书者本人来看：一是应当将自己的境界尽可能地定位高一点。不可否认，当前“公益上书”中的“个人英雄主义色彩”比较浓厚，有的甚至带有炒作或作秀的成分，虽然对此我们仍然可以将其肯定为“主观为自己、客观为社会”，但为了不使人们对“公益上书”的公益性动机产生怀疑，乃至从长远来看为“公益上书”赢得更高的社会声誉和更多的社会支持，上书者需要真正从“公益”出发，采取切实有效的行动，不应刻意追求轰动效应，或

---

① 以著名的孙志刚案为例，经过领导人的批示，有关责任人员受到死刑等严惩，被认为是悲剧之后的又一个悲剧。前些年的靳如超案，连为其制造、提供爆炸物品的被告人王玉顺也被判处死刑，而在当地村民以非法制造、提供爆炸物品来赚钱简直是家常便饭，平时大不了也就罚点款，王玉顺恐怕是做梦也没有想到这次卖炸药给靳如超会招来杀身大祸。早几年还有一个案子也给我留下深刻印象，一妓院老板因领导人批示而被判处死刑，但她所处的那条街道几乎都是妓院，别的人却根本没有受到处罚。当然，这里有的案子除了领导人的批示，还有媒体的“功劳”。如何增强主体意识，使各种外界的压力尽量不致影响到突破常规的程度，这是时下中国的法院和法官所面临的一个迫切需要解决的问题。

刻意突出自我。二是应讲究策略。有论者指出，目前公益法实践应采取的总策略是：在尊重现有政治秩序的基础上，坚持利用法律途径和媒体宣传。在谈到具体策略时，该论者还指出，为了减少公众对上书者本人"新闻炒作"的质疑，可以考虑采取以公益组织的名义或集体的方式来上书，认为这样可以减少社会对上书者个人的过分关注。[①] 对于以公益组织名义上书，我认为是一个不错的设想，事实上实践中也已经出现了这样的做法，如"北京市东方公益法律援助律师事务所"致函全国人大常委会《关于请求对〈珠海经济特区道路交通安全管理条例〉进行合法性审查的建议书》，就是以公益律师事务所这样的公益组织署名的。[②] 当然，这里存在的一个问题是，目前这类公益组织还不够多，且不容易获得批准。至于以集体的方式来上书，我则认为不能一概而论。长期以来，中国社会喜欢创造一种"人多势众"的氛围，好像征集到的签名越多，自己就越有道理。但事实上，这种方式有时反而会给受理上书者造成不应有的压力，甚至反感，不利于目标的实现。因此，我主张一般情况下，实行代表制即可，可以说明共代表了多少人群，但不必去动员大家一一签名，而将重点放在上书内容的论证上。三是上书者应深谙"物以稀为贵"的真谛，对上书保持必要的克制。凡事如果太滥，就不管用了。要想使上书起到应有的作用，一般来说，应在穷尽一切其他救济手段的基础上才能进行，特别是对于一些具体问题，应树立通过诉讼途径解决问题的基本思路，绝不能将公益上书庸俗化。最后，还应看到，公益上书只是公益法运动诸多环节的一环，或者说，只有在互相紧密相连的公益法策略之链条中，它才

① 参见前引黄金荣文。

② 参见《公益诉讼》（第一辑），北京：中国检察出版社，2006 年，第 7—19 页。

能得到展示并实现其意义。①

在上书者与受理上书者之外，还存在一个第三方，即媒体和公众。几乎每一次“公益上书”，都被媒体作为新闻热点来追逐；每一次“公益上书”，也都获得公众的强烈认同。应当说，这成为一些人动辄上书的一个重要原因。它一方面说明当前中国通过法律途径来保障合法权益的障碍还非常多，以至于人们有时不得不借助社会压力来实现，另一方面，也说明我们的媒体和公众在面对此类新闻时，存在某种浮躁的倾向。我们有谁认真地问过：是否每次上书都那么神圣？怎样避免空谈？那一两千字的上书报告将问题说透彻了吗？它们究竟给我们这个社会带来了什么样的效果和影响？真正负责任的、成熟的媒体和公众是不应当人云亦云的，应当有自己的主体意识，用批判的眼光助其前行。

（原载《法学研究》2006 年第 6 期）

① 参见朱晓飞《公益游说概念》，载《公益诉讼》（第一辑），北京：中国检察出版社，2006 年。

尸体为何三年未能火化

《新京报》2006 年 11 月 10 日报道：今年 6 月北京市高级人民法院和市民政局联合推出了《解决执行难案件中困难人员生活救助问题的意见》。据此，3 年前儿子一家四口被灭门的两孤老付大妈和老伴日前获得了北京市一中院执行庭法官登门送上的 1360 元救助款。因为在此案中犯罪人已被执行死刑，而判令其赔偿死者家属 7 万元的经济损失也因犯罪人名下无可供执行的财产线索而告吹，致使付大妈老两口只能靠低保度日，其老伴还常年卧病得不到治疗。在此情形下，市一中院执行庭向房山区民政局递交了临时性社会救助申请，并得到批准。

这当然是一则令人鼓舞的消息。笔者早就提出过要借鉴国外经验，对因受犯罪侵害而陷入经济困境的犯罪被害人及其家属应给予物质补偿甚至精神抚慰制度。北京市高级法院和市民政局推出的这项措施虽然还只是将救助范围限定在执行难的案件中，但确实是开了个好头。本来，围绕此制度的完善与推广就足以写成一文，但我的注意力却被报道中的另一个细节所吸引："由于没钱交付停尸费，(付大妈的)儿子一家四口的尸体至今未能火化。"

3 年多了，一家四口，尸体至今未能火化，而其原因是没钱交停尸费。简单的一句话，却如此让人心痛。中国人有入土为安的习俗，而此案中被害人一家四口却在停尸间里一躺就是数年。可以想象，数年下来，停尸费已是一笔非常高的数字，付大妈老两口现在获得的 1360 元救助款也是不足以支付的，由此看来,待送救助款的法官走后,付大妈的儿子一家四口仍然只能继续躺在停尸间里。

本案法院判令犯罪人赔偿死者家属7万元的经济损失,如果这笔钱到了位,当然死者的父母就可以从中拿出一部分来支付当时数额尚不算高的停尸费。但我们看到,正如在许多其他刑事案件中所存在的情形,犯罪人根本拿不出这笔钱。而作为死者父母,在本案判决时四个人的尸体已停放达半年之久,由于其本来经济状况就差,因此出不起停尸费也在情理之中。至于医院,他们是按价收费,收钱放"尸",你没有交钱,医院就有理由不准你将尸体运走火化。由此看来,问题主要就出在法院了。在犯罪人被执行死刑、其名下亦查明无可供执行的财产的情况下,法院依然无动于衷,听任被害人一家四口的尸体长期停放在太平间里。为什么没有人过问?难道法院不明白如此下去,不说被害人可怜,被害人的老父老母可怜,就是这笔停尸费也在不断地增加吗?

我完全可以设想,如果法院执行机关早一点出面,以组织的形式将本案付大妈老两口的实际情况反映给停放尸体的医院,也许医院早就给面了放行了;即使此招不灵,也可以将情况反映给本单位的领导,我就不相信堂堂一个法院解决不了这点停尸费的问题;就算真的这也不行,那总可以写一个专项报告给同级人大常委会或其他领导部门,要求专项处理吧。但遗憾的是,法院并没有去主动地做这些工作中的任何一项。在上级部门出台解决执行难案件中的困难人员生活救助措施之后,本案的执行法官一方面为死者的老父老母申请到了临时性的社会救助,但另一方面却仍然没有采取措施去帮助解决处理尸体火化的问题。这反映了目前相当一部分下级司法机关及人员的一种执法状态:对于上级机关要求或交办的事情,往往行动迅速,表现积极;而对于其他一些同样甚至更加影响有关当事人的利益的事情,只要不属于上级要求或交办的范围,则行动缓慢,甚至置若罔闻。显然,这与执法为民的理念严重冲突,与建立和谐社会的宗旨根本相悖。

正义的实现不光要靠格式化的实体和程序,还要靠贯穿于整个司法中的种种细节。有时,正义恰恰就隐藏在细节中,而此种细节,又恰恰容易被我们所忽略。这是本文前述案例留给我们的启迪,也是我在本书中想要表达的一个基本思想。

(原载《新京报》2006 年 11 月 26 日)

余振东案与“刑法面前人人平等”

《新京报》2006年4月1日披露：在2004年美国政府将贪污、挪用涉案金额达4.82亿元的余振东遣送回中国时，中国政府作出如下承诺：假如余振东在中国被起诉的话，应当被判处不超过12年刑期的有期徒刑，并不得对余进行刑讯逼供和判处死刑。最近广东江门中院宣布的对余处以有期徒刑的期限恰好是“12年”。对此判决结果，有人质疑：有些贪污犯比起余振东来，数额要少得多，还是被判处死刑，而余振东却只被判处12年有期徒刑，怎么解释“对任何人犯罪，在适用法律上一律平等”的“刑法面前人人平等”原则？

可以设想，假如余振东没有从国外移送回来这一特殊背景，根据司法实践中的现实，判处其死刑应无多大疑义。但鉴于“死刑不引渡”乃当今国际社会一公认准则，为此，我国在1997年修订《刑法》时特意规定：“犯罪分子虽然不具有本法规定的减轻处罚情节，但是根据案件的特殊情况，经最高人民法院核准，也可以在法定刑以下判处刑罚。”这主要是考虑到在类似余振东这样的案件中，如果不承诺在死刑以下判刑，则无法进行司法协作。

虽然从表面看，刑法的上述规定似乎解决了对余振东这样的外逃犯减轻处罚的法律依据，但坦率地说，这样的法律依据是政治与外交渗入法典的结果，它并没有从根本上消除与“罪刑法定”“刑法面前人人平等”“罪与刑相适应”等刑法基本原则的紧张关系。无论如何，在一般犯罪分子贪污10万元以上就有可能被判处死刑的情况下，对涉案金额达数亿元的犯罪分子判处12

年有期徒刑，这不能说是“刑法面前人人平等”。但是，从刑事司法的国际协作来看，这又确实是不得已而为之，因为在是否以不适用死刑的承诺来换取对逃犯的引渡或移送上，一个最基本的功利判断就是：能够将逃犯引渡或移送回国，总比任其逍遥国外好。那么，如何解决这一矛盾呢？我的观点是：第一，这样的条款不是说在法律中就绝对不能存在，因为法律的科学性有时要受到政治和外交的制约，这是不得不正视的现实；第二，这样的条款在实践中用得越少越好，如果频繁使用，势必造成法律适用标准的混乱。考虑到现在我们的经济犯罪外逃犯比较多，需要频繁使用引渡等手段，因此我建议取消我国经济犯罪的死刑。如果说在我国要一下子取消所有犯罪的死刑还不现实的话，先取消经济犯罪的死刑，则是可行的：首先，它符合我国已经签署的《公民权利和政治权利国际公约》的基本要求；其次，它不会遇到太大的民意阻力，民意支持死刑主要体现在“杀人偿命”的暴力犯罪上，而对于非暴力的经济犯罪则并不是那么强烈。1997年新刑法废除了广大老百姓所密切关注的普通盗窃罪的死刑，但社会还是平静地接受了这一现实，这说明有时候我们所说的“人民不答应”是一个假命题。最后，它与我国强化人权保障的时代理念相吻合，生命无价，再大的经济损失也不能跟人的生命相提并论，特别是在我国经济日趋发展的形势下。

如果取消了刑法中的经济犯罪的死刑，则不仅有利于实现所有经济犯罪分子的刑罚平等，而且省去在国际刑事司法协作中围绕“死刑不引渡”而引发的烦琐谈判。否则，给人的印象就是贪官们谁能跑到国外，谁就没有死刑的危险，这样的后果无疑是消极和有害的。

顺便说一下，在余振东移送一案的谈判中，美方要求中方判处余犯的有期徒刑不得超过12年，这里边虽然有辩诉交易的因素，但也从一个侧面给我们一个提醒：相比起国外的立法和司法，目前我们在经济犯罪上的刑罚设置和处理总的来讲是偏重的，应当适当地予以轻缓化。记得几年前，在与美国驻北京大使雷德先生的一次晚餐会上，他就很不解地对我说，一个美籍华人在中国因犯“骗取国家出口退税款罪”却被判处长达十多年的有期徒刑，在他看来，判如此重的刑罚，肯定是司法腐败作祟，因而他要向最高人民法院肖扬院长写信反映。可见，差异悬殊的刑罚也会增加彼此的不信任，不利于国与国之间的合作。

（原载《学习时报》2006 年 4 月 24 日）

证据三题

一、伪证罪何须限在刑事领域

我国《刑法》第305条规定:"在刑事诉讼中,证人、鉴定人、记录人、翻译人对与案件有重要关系的情节故意作虚假证明、鉴定、记录、翻译,意图陷害他人或者隐匿罪证的,情节严重的,处三年以上七年以下的有期徒刑。"据此,伪证罪仅限于刑事诉讼中的伪证行为,而民事诉讼、行政诉讼中的伪证行为则不构成犯罪。我认为,这一规定欠科学。

伪证罪的本质特征在于其藐视法律和扰乱司法,而这一特征不仅存在于刑事诉讼中,也同样存在于民事诉讼和行政诉讼中。如果只将伪证罪限制在刑事领域里,而对民事诉讼和行政诉讼中的伪证行为网开一面,则无异于放纵伪证行为在后两个领域里的滋长和蔓延。其结果不仅会直接使司法机关的活动受到严重干扰,使有关当事人的利益遭受重大威胁和损失,久而久之还会导致法律和司法的尊严消失殆尽,整个社会的诚实信用无从谈起。正是从此意义上,西方社会对伪证罪的规定才不分刑民。无论哪种诉讼,只要你在宣誓后再说谎(当然,宣誓这种增加作证神圣性的方式也是值得我们借鉴的),就构成伪证罪。于1998年炒得沸沸扬扬的克林顿绯闻案,莱温斯基之所以最后吐露她与克林顿的关系,就是因为此前她撒谎已构成伪证罪,独立检察官答应只要她如实招来,就给予司法豁免,否则将追究其刑事责任;而克林顿之所以被推入弹劾程序,一项重要罪证就是他就与莱温斯基的关系一事在大陪审团面前撒了谎,构成伪证罪。若按我国现今的法律,他们两人的行为是无法构成伪证罪的,因为该案非但不是"在刑事诉讼中",就连民事诉讼也不是。

实际上,就我国《民事诉讼法》和《行政诉讼法》的立法本意来讲,并不主张伪证罪只限于刑事诉讼。例如,《民事诉讼法》第102条就规定:对"伪造、毁灭重要证据,妨碍人民法院审理案件的",人民法院可根据情节轻重予以罚款、拘留;构成犯罪的,依法追究刑事责任。《行政诉讼法》第49条也有类似的规定,只是由于我国刑法的立法脱节,使这里的"依法追究刑事责任"无法落实。不可否认,这一立法漏洞是目前我国民事、行政司法实践中伪证行为屡禁不止,甚至愈演愈烈的一个重要原因。因此,突破伪证罪的刑事界限,将界限推及于民事、行政诉讼中势在必行。

二、"严禁非法收集证据"为何没有下文

我国《刑事诉讼法》第43条规定:"严禁刑讯逼供和以威胁、引诱、欺骗以及其他非法的方法收集证据。"由此引出的一个问题是:非法收集的证据到底能不能在司法实践中使用?由于法律在这个问题的规定上并无下文,致使司法实践中事实上大量存在以非法收集的证据来指控犯罪和认定犯罪的情况。不仅如此,最高司法机关甚至还在司法解释中公开允许在一定程度上使用非法收集的证据,如最高人民检察院在《人民检察院实施〈中华人民共和国刑事诉讼法〉规则(试行)》第233条中就规定:"对于以非法的方法收集的实物证据,经审查核实能够证明案件真实情况的,可以作为指控犯罪的依据,但非法收集证据的手段

严重损害犯罪嫌疑人及其他有关公民合法权益的除外。”最高人民法院《关于执行〈中华人民共和国刑事诉讼法〉》第58条中也有类似的规定。这个口子一开，特别是对什么样的非法收集证据的手段才算是“严重损害犯罪嫌疑人及其他有关公民的合法权益”界定不明确，实际上就等于允许在追诉犯罪嫌疑人、被告人时不受法律的所有限制，允许犯罪嫌疑人、证人的某些应受法律保护的权益遭到侵犯。这是非常危险的。

当我就上述想法与美国哥伦比亚大学的证据学教授莱富斯通女士交换看法时，她不仅完全同意我的意见，还向我详细介绍了美国在这方面的做法。她说：在美国，所有非法收集的证据均不能用来指控犯罪和认定犯罪，这不仅是一个诉讼原则，而且是一个宪法原则。举例言之，如果警察非法进入你的房间搜查，即使发现你藏有毒品，也不能以此为证据指控你，因为前提是他违法。之所以特别强调诉讼程序的合法性，是因为此种程序的合法性对保障人权具有特别重要的意义。莱富斯通教授告诉我：“不能因小失大，因为个案的需要而破坏法治的整体原则。”

是故，我主张，既然我国法律已规定禁止以一切非法的方法收集证据，就必须明文禁止在司法实践中使用任何非法途径收集而来的证据，否则，禁止违法取证就只能是一个口号。

三、如何解决证人拒证的现象

我国《刑事诉讼法》第45条规定：“人民法院、人民检察院和公安机关，有权向有关单位和个人收集、调取证据。有关单位和个人应当如实提供证据。”第48条规定：“凡是知道案件情况的人，都有作证的义务。”《民事诉讼法》第70条规定：“凡是知道案件情况的单位和个人都有义务出庭作证。”

可是,现实中一个不容否定的事实是:证人拒证的现象非常普遍,致使许多案件诉讼难以进行下去,一些违法犯罪分子因此得以逃脱法律的制裁。分析其原因,主要有以下两种:一是对证人拒证的法律责任缺乏相应的规定。法律虽然规定证人有作证的义务,但若证人不作证却也无可奈何。二是证人作证后的人身安全和财产安全得不到有效保障。实践中打击报复证人的现象频繁发生,给证人及其家属带来沉重压力,也给社会上其他人蒙上一层心理阴影。

解决上述两个问题,仍可从其他法制较健全的国家的法律制度中得到某种启迪。就前者而言,如果你拒证,法官可以发传票传你来作证,若仍不来,则可以"藐视法庭罪"判你坐牢。就后者而言,更是有一整套保护证人的机制,如通过法官签发保证人命令,禁止那些打击报复证人的嫌疑者走近证人住家等;又如,对那些人身和财产安全遭受严重威胁的证人,警察局除了给予重点保护,必要时甚至还可以帮助他们改变身份或者移民他处。写到这,正好在网上看到国内一篇标题为《一宗杀人案引出一个沉重的司法话题——法律怎样保护证人》的文章,文章介绍了一起发生在山东莒县的犯罪分子刘桂安出狱后报复证人胡秀娟的恶性案件。该案在发生前,刘犯曾多次放言要报复胡,胡为此多次找村委会和派出所却没有得到任何保护措施,致使胡最后惨遭杀害。故事至此还没完,在后来的调查和审理刘犯杀害胡秀娟一案中,四个目击证人竟无一愿意作证,一位村民直言:"俺就是看见了,也不告诉你们,因为他要是死不了,俺就得死。"看完此文,我的心情当然也是沉重的。

(原载《北京观察》1999 年第 2 期)

刑法该如何面对民事伪证行为

——答《检察日报》记者张建升

在民事司法实践中，伪证行为是存在的，其危害也是显而易见的，《民事诉讼法》也明确规定构成犯罪的应依法追究刑事责任。但是，对于民事诉讼中的伪证行为，《刑法》仅有的规定是第307条，对以暴力、威胁、贿买等方法阻止证人作证或者指使他人作伪证的，以及帮助当事人毁灭、伪造证据，情节严重的行为追究相应的刑事责任，可以适用于民事诉讼。然而，在民事司法实践中，更多的是当事人自己伪造证据，《刑法》第307条的规定不能约束当事人，而这一点才是危害民事诉讼的"根本"。就这样，在司法实践中形成了一种民事诉讼中的伪证行为挑战现实法律的尴尬局面。

《检察日报》:伪造证据作为一种违法行为，《刑法》在《妨害司法罪》一节中对刑事诉讼中部分诉讼参与人伪造证据的行为进行了规定，这是基于一种什么样的理念?

刘仁文(以下简称"刘"):将刑事诉讼中部分诉讼参与人伪造证据的行为作为伪证罪来处罚倒不是新《刑法》的特有规定，在1979年《刑法》中就有，只不过新《刑法》对量刑幅度的设计等方面进行了部分措辞上的修改。二者对于伪证罪的主体、基本的犯罪构成并没有区别，而最大的区别表现在1979年《刑法》将这一罪名放在《侵犯公民人身权利、民主权利罪》一章当中。当时的基本考虑是，伪证罪的犯罪客体虽然是复杂客体，但主要是侵犯了公民个人的人身自由、人格名誉等人身权利，因为伪证罪的后果将可能是出入人罪，其次才是妨害司法机关的正常活动。从这一理念出发，也就不难理解1979年《刑法》为什么把伪证罪列入《侵犯公民人身权利、民主权利罪》一章中了。

但是，新《刑法》在立法理念上发生了变化，把伪造证据犯罪从《侵犯公民人身权利、民主权利罪》中移到《妨害社会管理秩序罪》一章的《妨害司法罪》一节中。这并不排除伪证罪的客体是复杂客体，但是主要客体已经发生了变化，主要是妨害了司法机关的正常活动。这一规定是比较科学的，因为按照《刑法》关于伪证罪的规定，不仅意图陷害他人的构成伪证罪，隐匿罪证的也构成伪证罪，而后者并没有侵害公民的人身权利和民主权利，但是，无论哪一种情形，都妨害了司法机关的正常活动。

所以，就注重伪造证据行为侵害司法活动这一立法理念来看，新《刑法》的规定更为科学、合理。

《检察日报》：《民事诉讼法》规定，诉讼参与人或者其他人伪造重要证据，妨碍人民法院审理案件，构成犯罪的，依法追究刑事责任，按一般的诉讼理论，诉讼参与人包括当事人在内，从刑法角度，如何理解这一规定？这是否从另一个侧面反映了民事诉讼中也存在严重妨碍司法的伪造证据行为？

刘：的确，在民事诉讼中确实存在大量的当事人伪造证据行为，而且已经比较严重，这方面我有切身体会，我自己就曾遇到过一个民事诉讼当事人伪造证据的案子：湖南某地几十位农民在广东承包荒地，植树造林。为了回家过年，他们从当地包工头那里领了8万块钱，写字据的时候，他们不懂怎么写，就只用阿拉伯数字写下了已领走8万元的字据。最后结账，这些农民说按照合同自己还应领多少钱，包工头则说，你们已经领了18万了。本来是8万，包工头在原来的字据8万元前面加了一个

“1”，笔迹鉴定也很难鉴定出来，经过一番周折，利用多种渠道才将事实真相弄清。这种行为已经严重妨害了正常的司法活动，对社会的危害也完全达到了犯罪的程度。

《民事诉讼法》对这种当事人伪造证据的行为从自身角度作出规定，认为对严重妨碍司法的伪造证据行为应当追究刑事责任。应当说这一思路是有道理的，是正确的。遗憾的是，刑法在这方面缺乏相对应的规定，致使在实践中无法将其落实。

《检察日报》：刑事诉讼和民事诉讼的进行都要求“以事实为根据，以法律为准绳”，刑法惩罚伪证行为的理念，在民事诉讼和在刑事诉讼中需要有什么不同体现吗？为什么刑法特别强调规定了刑事诉讼中的伪证罪（《刑法》第305条），而对民事诉讼中的仅以“帮助当事人毁灭、伪造证据”的内容进行规定呢，其（法律上、观念上）原因何在？

刘：正如上面所分析的，刑法之所以将伪造证据行为从侵犯公民人身权利、民主权利罪中移到妨害社会管理秩序罪中，主要是因为伪造证据罪所侵犯的主要客体不是对人身权利的侵犯，而在于对司法活动的一种蔑视，对司法秩序的妨碍和破坏。如果从这种理念出发，就不仅仅是刑事诉讼中的伪造证据行为妨害司法，民事诉讼乃至行政诉讼中的伪造证据行为同样妨碍司法，蔑视司法权威，在这一点上并没有什么本质区别。

所以，从刑法的规定来看，将伪证罪仅仅局限于刑事诉讼中，这与立法的基本理念是相冲突的，这样导致的结果是刑事诉讼中的伪证行为所受的处罚要重一些，最高可达到七年有期徒刑，而在具有普遍适用性的帮助毁灭、伪造证据罪里面最高刑只有三年。做这样的区分有什么意义呢？第一，从法律上看，给人的印象是，刑法把重点放在了打击刑事诉讼中伪证的行为，而民事诉讼中的类似行为位居其次，或者说可以打击轻一些；第二，从立法观念上看，总是认为刑事诉讼中伪造证据的行为比在民事诉讼中造成的危害后果要大一些，这与伪证罪的本质是不相符的。

《检察日报》：《最高人民法院关于适用民事诉讼法的意见》规定，依照《民事诉讼法》第102条第（一）至（五）项的规定（其一就是伪造、毁灭重要证据，妨碍人民法院审理的），应当追究有关人员的刑事责任的，依照刑事诉讼法办理。但是，刑法对刑事诉讼中被告人、犯罪嫌疑人伪造证据的行为，并没有作出规定，对民事诉讼当事人伪造证据行为也没有规定，追究从何谈起？对这种情况如何评价？

刘：这涉及一个重大的理念问题，就是关于刑事诉讼中犯罪嫌疑人、被告人毁灭伪造证据的行为是否构成犯罪。刑事诉讼中的犯罪嫌疑人、被告人面对的是国家侦查机关和公诉机关，处于一种弱势。如果把他设计成伪证罪主体的话，在诉讼过程中对他是不公平的，特别是随着控辩双方对抗性的增强，犯罪嫌疑人、被告人可能随时面临着公诉机关以伪证罪来指控他，可以对其采取强制措施，可以追究其刑事责任，从其中的利益权衡来说，是很不平等的，也是得不偿失的。而且，作为犯罪嫌疑人、被告人的供述和辩解，有时和伪证行为很难区分，如果将其设计为伪证罪的主体，无论从刑事诉讼的规律来看还是基于人权保护的考虑，都是不合适的。

然而，在民事诉讼中，诉讼主体双方是平等的，并不存在一个地位不平等的问题，不存在弱势和强势的问题。在这种情况下，如果制造伪证严重妨碍司法的，应当作为犯罪来处理，这在世界各国也是通例。而且，对于证人、鉴定人等一般诉讼参与人作伪证的处理，不分民事刑事，统一规定。

可见，刑法中没有规定刑事诉讼中犯罪嫌疑人、被告人可以成为伪证罪的主体，这是恰当的。但是，刑法本应对民事诉讼当事人的伪造证据行为作出规定，也没有给予规定。因而按照罪刑法定原则，对于民事诉讼中当事人伪造证据的严重妨害司法行为也就无法追究刑事责任。从表面上看，追究民事诉讼当事人伪造证据行为刑事责任的有关规定是一环扣一环，但最终还是落空了，实现不了，其根本原因就在于刑法缺少明确的规定，使程序操作失去了根据。

《检察日报》：依您看，刑法还是应该对民事诉讼中当事人伪造证据行为作出明确规定吗？那么，又该如何判断衡量民事诉讼当事人伪造证据行为的刑事责任呢？

刘：正如前面的分析，刑法的确应当对民事诉讼中当事人伪造证据的严重行为，明确作出规定，追究相应的刑事责任。从必要性上看，如果这种行为已经成为一种普遍的现象，刑法就应该及时作出反应，来制约这种行为，以达到遏制的效果，而时下民事诉讼中当事人伪造证据的行为已经十分严重，严重扰乱了民事司法活动，应予以追究刑事责任。

另外，从国外的立法例来看，国外众多立法并没有把证人、鉴定人、记录人、翻译人等的伪证行为特别区分为刑事诉讼中的伪证罪和民事诉讼中的伪证罪，而是统一的伪证罪罪名和量刑幅度，而对民事诉讼中的当事人伪证行为均作出特别规定。我国刑法存在的问题是，将没有必要区分的给区分了(《刑法》第305条的伪证罪特指“在刑事诉讼中”，而将民事诉讼中的此类伪证行为规定到第307条的“帮助毁灭、伪造证据罪”中)，该区分的没有区分(刑事诉讼中的犯罪嫌疑人、被告人和民事诉讼中的当事人均不构成伪证罪的主体)，应该作出特别规定的民事诉讼的当事人伪造证据行为没有作出规定。比如，《俄罗斯联邦刑法》第303条规定，民事案件参加人或其代理人制造伪证的，处数额为最低劳动报酬500倍至800倍或被判刑人5个月至8个月的工资或者其他收入的罚金，或处1年以上2年以下的劳动改造，或处2个月以上4个月以下的拘役。《瑞士联邦刑法典》第306条规定，经法官的警告和指出作不实举证将受刑罚处罚后，民事诉讼中的当事人仍作不实举证的，处3年以下监禁刑或罚金，等等。

至于如何判断衡量民事诉讼当事人伪证罪的定罪标准，这个问题尚需深入研究。由于我国刑法采取的是“二元犯罪观”，即区分违法和犯罪，一般的违法行为用《治安管理处罚条例》来处理，严重的违法行为才用刑法来处理，因而在进行立法设计时，要有一定的后果或者情节区别。应该采取一些细化的标准来对民事诉讼中当事人伪造证据行为的危害性进行衡量、评价，如伪造对定案有关键性影响的证据，经法官的事先警告或提示后仍不如实举证，等等。此外，恐怕还应与整个诉讼制度的完善与健全结合起来，如借鉴国外的证人宣誓制度，使证人真正把作证看作一件神圣的事情；树立司法机关的高度权威，使诉讼参与者真正意识到扰乱司法机关活动秩序的严重性。

（原载《检察日报》2001年4月26日）

技术侦查获得的材料应提交法庭质证

我国2012年修改的新《刑诉法》增加了《技术侦查措施》一节，将一直处于秘密状态的技术侦查措施法定化，使公安机关、国家安全机关和检察机关在实践中采用的各种技术侦查措施有了法律依据。但是，新《刑诉法》实施以来，技术侦查措施在司法实践中的运用也出现了一些问题，突出的一点就是在很多案件中，侦查机关通过技术侦查获得的材料不提交法庭质证，因而不能作为定案证据使用。

在司法实践中，侦查机关侦查卷内通过技术侦查收集的材料一般都会以"可能危及有关人员的人身安全，或者可能产生其他严重后果"为由，不随案移送，更谈不上法庭质证，仅将采取技术侦查措施的决定书附卷。不过，这仅是问题的一个方面，深层次的原因则是某些侦查人员怕麻烦，或者取证工作粗糙，达不到证据收集的程序要求甚至合法性要求。而如果技术侦查部门曲解内部规章并以此为挡箭牌，不愿意提交通过技术侦查获得的材料，那么就会造成大量辛苦获得的证据材料的浪费，也不利于运用这些证据材料来指控犯罪。

我认为，采取技术侦查获得的材料应当提交法庭，其必要性在于这是保护公民权利和遵守国际公约的需要，同时也是法律和司法解释的强制性要求，关键是能够避免冤案错案。

那么，应如何将技术侦查措施收集的材料提交法庭？

首先，要将技术侦查措施收集的材料随案移送、提交法庭，非审判机关自身所能解决，甚至也不是审判机关和检察机关两个部门所能解决的。我建议由中央政法委出面协调，以最高人民法院、最高人民检察院和公安部、国家安全部联合发文的形式，要求侦查机关提高侦查水平，依法实施技术侦查措施，将现在属于侦查卷的通过技术侦查措施收集的材料移送公诉机关，公诉机关自然也应将上述材料随案移送给法庭，由审判机关对相关材料进行证据调查、组织控辩双方进行质证，并最终由审判人员进行认证。

其次，隐匿身份侦查和控制下交付收集的材料提交法庭时，可能危及有关人员的人身安全，或者可能产生其他严重后果的，法庭需要采取不暴露有关人员身份、技术方法等保护措施而在庭外核实的，应当注意保证实体真实和程序公正透明。被告人及其法定代理人、辩护人如对上述材料有异议，可以要求对该材料进行质证，质证应当在不公开审判的形式下进行。如果仍然可能危及有关人员的人身安全，在这种情况下，则只能由辩护律师参加质证。辩护律师应当签署保密协议，在庭外对证据材料进行质证，质证时控辩双方均应在场。如果辩护律师违反保密协议，暴露有关人员身份、技术方法等，可依泄露国家秘密罪追究其刑事责任。被告人没有聘请辩护律师又对证据提出异议的，法庭应当要求其聘请律师，被告人因经济困难等原因无法聘请律师的，法庭应当为其指定律师。

最后，通过秘密搜查、邮件检查获取的材料可以作为物证、书证使用。秘密搜查、邮件检查获取的材料提交法庭时，直接适用新《刑诉法》和《最高法院新刑诉法解释》关于物证、书证审查核实的规定即可。通过秘密监听、密拍密录所获取的录音录像可以作为视听资料使用，通过电子监控（网络专业技术）手段获取的电子数据可以作为电子证据使用。上述材料提交法庭时，直接适用《最高法院新刑诉法解释》关于视听资料和电子证据审查核实的规定即可。

（原载《新京报》2015年4月28日）

如何强化证人出庭作证

证人出庭率极低，这是当前我国刑事诉讼中存在的一个突出问题，它使控辩双方失去了对对方证人进行质询的机会，因而不利于查明真相，对确保案件质量十分有害。正因此，世界上的法治先进国家都规定证人必须出庭作证，除非存在法定的例外情形(如证人重病正在住院)，否则，仅简单提供一个书证，法庭将不予采纳。

提高证人的出庭率，已经成为我国法学界的一个共识。为此，需要做好以下几方面的工作：

首先，要端正认识。一切证人都有作证的义务，不管位有多高，权有多大，都应就自己知道的案情到庭作证。国外不用说办案警官，就是连国家总统，都要在必要的情况下应法庭的要求出庭作证。我们现在一些有权有名的人往往借口自己工作忙，不愿意去法庭作证，至于办案警察(包括检察机关自侦案件中的办案检察人员)更是不习惯以普通证人的身份出庭。其实，法律面前人人平等，任何人都应该就自己所知道的案情向法庭作证。

其次，要完善有关证人作证的法律。一方面，要对那些经法庭通知而无故不到庭作证的，追究其相应的法律责任；另一方面，应切实解决证人的实际困难，如证人的交通费、住宿费和误工费等，应由法院统一支付(相关预算也应跟上)。

再次，要强化对证人的保护，使证人安心作证。证人不依法作证是其不履行公民义务的表现，应受到惩处，但若国家不能有效地保证证人的人身安全，则是国家失职的体现。司法实践中证人受到报复的现象频繁发生，挫伤了证人作证的积极性，国家不能等到犯罪分子实施报复行为之后才介入，而应采取一些事先的预防措施，如国外一些案件中法官在作出判决时都附加有这样的条件：犯罪分子释放后不能靠近证人（包括作证的受害人）的住宅等，否则即构成新的犯罪。

最后，要加强相关的培训和规则建设工作。证人出庭后，控辩双方将对证人实行交叉询问，双方的证人按照什么顺序来出庭接受质询，控辩双方按照什么顺序来进行发问，法官如何主持和驾驭，公诉人如何在此种情形下做好自己的公诉工作，不至于使追诉犯罪的力度因此减弱，这都是需要予以考虑的。境外的经验告诉我们，在全面推行这样的制度之前，对检察官进行适当的培训是必要的。

（原载《检察日报》2005年3月9日）

从现场观摩看证人出庭工作的不足

前段时间，有一个省的检察院邀请我去观摩一个证人出庭的案件，这是个好事，以审判为中心势必推进证人的出庭，这本来似乎更应该是法院的事情，但是该省的检察院为了把工作做好，希望邀请几个专家学者和高检的同志去观摩一下。这是一个真实的案例，我和北大的汪建成教授作为专家观摩了这个案件的审理，开完庭有一个内部的讨论，让我和汪教授就这个案子的现场观摩做个点评。我们知道作为省检察院组织现场观摩会，邀请了上级部门的领导和法学专家，肯定是进行了精心的准备，下了很多功夫，但是从专家学者的角度看完以后，还是觉得有些缺憾。关于案件的实体部分在这里就不说了，本文着重讲讲程序问题。

我在当时涉及程序部分的发言中谈了三点看法：

第一，无论是出庭作证的警察，还是视频作证的警察，以及出庭的其他证人，全是控方的，没有辩方的，这样首先就不是控辩平等的了。事实上，我觉得辩方是可以申请某些证人出庭的，这是我当时提出的第一个感到不完美的地方。

第二，以审判为中心的诉讼制度改革，检察机关也一直在考虑怎么加强公诉人将来出庭的能力。我们深感下一步检察机关公诉队伍在这个改革中会遇到挑战，因为律师是越老越有经验，越知名的律师越在大案要案中出庭，那么公诉队伍呢？干了几年比较出色的检察官就提升、晋职了，处在一线的办案人员都是年轻的检察官。但在这个案子的现场观摩中我感觉律师很弱，以至于我想问他们是不是为了现场观摩而做了律师工作，他们说绝对没有。我看那律师在庭上的表现真是替他着急，法官每次问他对证人有什么提问没有，他都说没有。以审判为中心，归根到底要控辩双方辩起来，这样真相才能愈辩愈明。如果辩论的程度不激烈，对抗不起来，法官怎么发现真相。

第三，法官在主持证人出庭，只问检察官和律师有什么问题要问，完全没有问被告，每次都要等作证的办案民警离场以后才问被告，刚才他说的对不对，结果被告说不对，他在撒谎，但已经失去了对质的机会了。对于这个问题好像我们与会的专家学者也有不同意见，汪教授认为法官这个做法是对的。我虽然不是诉讼法方面的专家，但从直觉来说，我觉得不太符合发现真相的司法规律的要求，律师是被告雇来替他服务的，有些情况被告本身是最清楚的，为什么要失去这样一个发现真相的机会呢?

我由这个问题得到一个启发，刚才几位主题发言人也讲到，现在控辩平等方面在推进，如要过安检就得检察官和律师都过，要么就都不过。律师的主体作用发挥得越来越好，这是好事。但是有个问题，我觉得我们的刑事诉讼还是更多地把被告作为一个客体来对待，包括法庭的设计。现在虽有了一些进步，被告可以不穿囚服受审，但是还把被告放在一个远离律师的囚笼里。联合国前南法庭(前南斯拉夫问题国际刑事法庭，简称“前南法庭”)审理米洛舍维奇和台湾地区审理陈水扁的法庭我都去听过，也不止一次参访过美国、德国的一些法庭，被告一定是跟自己的律师坐在一起，与检察官平起平坐的。律师本来是被告聘请、给被告提供服务的，现在被告完全处于客体的地位，法官为什么只问检察官和律师，而不问被告？我觉得现在要改变这样的法庭设计，将来要发挥被告人本身的主体作用，因为好多事情他最清楚。如果完全把他作为一个受审的客体看待，这不利于发现案件真相，也不符合司法规律的要求。

（本文为作者在 2015 年 10 月 17 日由南开大学法学院和北京市尚权律师事务所共同主办的“第九届尚权刑辩论坛”上的发言）

《刑法修正案(九)》的感悟与思考

《刑法修正案(九)》的内容非常广泛,共52条,相当于一部小的法律。而按照立法机关的立法说明,其主要内容涵盖了七大部分。

第一部分是落实十八届三中全会关于逐步减少死刑适用罪名的精神。《刑法修正案(九)》继续缩减死刑,除了废除9个死刑罪名,还对如绑架罪等罪刑由绝对死刑改为相对死刑,可以在无期徒刑和死刑之间选择;另对"在死缓考验期内有故意犯罪的改为死刑立即执行"的条件作了限定——情节不严重的,即使有故意犯罪,也不执行死刑,而是继续进行死缓的考验。从《刑法修正案(八)》废止13个死刑罪名,到这次废止9个,无不昭示死刑的改革已经走上了一条不可逆转的道路。我们甚至已经在讨论,过几年后《刑法修正案(十)》可将哪些罪行列入考虑删减死刑的清单。

第二部分是由于国内外恐怖主义犯罪、极端主义犯罪的严峻挑战,这次《刑法修正案(九)》给予了高度关注,基本的态势就是严打。如果《刑法修正案(九)》条款贯彻了"死刑从宽"的话,那么在反恐领域里就是"从严"。这就是立法机关所说的贯彻宽严相济的刑事政策,该宽则宽、该严则严、宽严相济。

当然,在立法机关内部的多次讨论中,我们有过反复的纠结,在反恐与保障人权之间如何取得一个最大公约数的平衡,是一个特别大的挑战。尽管立法机关做了很多努力,也完善了不少内容,但现在大家对一些条款仍不乏担心,比如说所谓利用极端主义破坏国家社会管理制度，这个将来怎么把握？所以说一方面打击恐怖主义犯罪特别必要，刑法应该突破一些传统思维；另一方面如何确保公民的人权，也是令人无法忽视的问题。

关于恐怖主义、极端主义的定义在《刑法修正案（九）》中没有明确，《中华人民共和国反恐怖主义法》（以下简称“反恐法”）最近召开了立法评估会，我和另外几位专家也参与其中，与一审二审稿相比进步很大，但有些内容仍然需要慎重考虑。如在立法讨论过程中，统战部门、宗教界人士的顾虑会多一些。法律应该发挥打击极少数、团结大多数的作用，不能把信教的群众推向反面。《刑法修正案（九）》已经生效了，但关于恐怖主义、极端主义的定义，恐怕尚有待《反恐法》与其衔接。而根据《反恐法》公开的文本，目前关于恐怖主义、极端主义的定义还有待完善。我的基本观点是回到《上海公约》，此公约对恐怖主义、极端主义强调了“暴力行为”，如此可确保刑法打击的是暴力行为，而非思想和言论——当然，传播某一种主张或者言论，可以被解释为一种行为。

第三个部分是网络犯罪。网络现在已成了一种生活方式，网络犯罪问题无可回避，向传统理论提出许多挑战。在反恐领域里我们把很多的预备犯罪作为独立的犯罪规定下来，有的行为严格意义上说甚至连预备都还没有达到。按照刑法总则规定，预备犯罪是为犯罪创造条件、准备工具，可一旦发生恐怖主义事件，后果将无法挽回，所以刑法做一定的提前介入有其合理性。但这毕竟是一个例外，如何使例外受到严格限制，我们需要慎重考虑。这种需要慎重考虑的情况在网络犯罪里同样存在，为了降低指控成本、便于侦破犯罪，或者为了控制网络飞速传播造成的社会危害，我们的立法政策在网络犯罪上也表现出了刑法提前介入或者从严打击的态度。

一般而言，只要没有预先共谋，没有共同犯罪，那么原则上就可被刑法解释为中立行为。但这次立法者对待网络世界不一样。首先，网络服务商若明知他人利用你这个网络平台犯罪，还提供技术服务，即作为犯罪处理，哪怕并无彼此勾结。其次，我们也将网络犯罪中的共犯正犯化，将帮助犯作为独立的犯罪来规定；再次，只要以违法犯罪为目的开设网站，即使实际上是虚假网站，一样要处罚。

第四部分是加强对公民人身权利的保护。这次对虐待罪从家庭成员扩大到养老院等弱势群体。当初设定自诉罪的本意是家庭内部矛盾尽量少干预，但若当事人无能力自诉，立法便应当及时介入。还有，废除嫖宿幼女罪，把猥亵妇女罪改为猥亵他人罪，对收买儿童妇女加大打击力度等，都是对公民人身权利加大保护力度的表现。在这方面有很多话题可以展开，比如把猥亵妇女罪改为猥亵他人罪，启动了对性别的平等保护，将来包括强奸罪在内也应采取男女平等规制，因为对女性的过度保护本身其实也是一种歧视。另外，跨性别的变性人在人格上也应受到同等保护。

第五部分是强化反腐败。我们加大了对行贿犯罪的打击力度，增设了向有影响力的人行贿罪，对重大贪污受贿采取终身监禁，把单纯的数额改为数额加情景，内容非常丰富。大家最关注的是终身监禁，觉得不仅是立法程序上在最后阶段加进去，与立法法的要求相悖，而且对非暴力犯罪设立不得减刑、假释的终身监禁，从学理上也不妥。现在大家倾向于法律通过以后，对它的适用只能作为一种死刑的替代措施恐怕才有一定的合理性。否则，严重的暴力犯罪都没有设定这样的制度，而非暴力犯罪却来了这么一招，难怪招致批评。

第六部分是妨害社会管理秩序。《刑法修正案（九）》针对废除劳动教养制度后留下的一些空档或漏洞作了一些修改，包括抢夺罪增加多次抢夺即使数额不大也构成犯罪、区别情形分别降低和提高利用邪教破坏法律实施罪的刑罚、聚众犯罪去掉“聚众”等。

第七部分是立法机关想发挥刑法在引领社会主义核心价值观方面的独特作用。《刑法修正案（九）》增加组织考试作弊罪、请人代考罪，把伪造、使用、买卖能证明身份的多种证件等行为纳入刑法，足见维护社会诚信的意图。有人担心说刑法要谦抑，刑法应作为别的法的保障法；在别的法都没有到位的情况下刑法介入，是不是违反了刑法谦抑性的选择？但是出于各方面的考虑，特别是受到 2011 年《刑法修正案（八）》危险驾驶罪的实际效果较好的影响，立法机关觉得刑法有其独特的作用。

其余罪名的加减、纠结，也是见仁见智。

《刑法修正案（九）》引出一些值得思考的问题，例如，如何在打击犯罪和保障人权中取得平衡？大家知道刑法一定要明确化，但《刑法修正案（九）》多次使用了“数额较大”“情节严重”这样的条文，所以如何确保打击犯罪与保障人权的平衡，是一大挑战。像扰乱法庭秩序罪，多方博弈后去掉了最后一个“其他”的兜底条款，个人是持肯定态度的。但其他不少条文仍然保留了这种兜底条款，是个遗憾。

又如，刑法如何保持谦抑？这次我们把大量的行为刑法干预前置化，如预备行为独立化，共犯行为正犯化，以及刑法在引领社会主义核心价值观方面也表现活跃，但刑法要谦抑，在其他法没有办法保障的情况下作为最后一道社会防线干预才比较好。刑法过于越位，甚至动辄用刑法来倒逼某项行政管理制度的出台，这个问题目前看来也很值得研究和检讨。

与前述相关的一个问题，怎么实现刑法和行政法以及相关社会管理制度的有机协调？像这次大量出现“违反国家有关规定”，而在“有关规定”还没有出来的情况下，刑法该怎么进一步适用？我们应当实现刑法和行政法及有关行业协会自治等社会管理制度的有机配合和协调，如对律师、媒体的规制，应先将更多的注意力着眼于其行业自治，迫不得已时才动用刑法，这样才能发挥最佳效益。

再如，《刑法修正案（八）》和《刑法修正案（九）》使得“轻罪”范围在大幅扩容，这种趋势加剧了刑法结构的调整。我们恐怕也要研究一下国外轻罪和重罪分类的方法，轻罪走更加简易的程序，重罪则走复杂程序，所谓“简者更简、繁者更繁”。不然，现有的司法资源没法满足。

我还有几点感受想跟大家分享：

一是我们的刑法对一些重要的条款，没有经过一审、二审，临时到最后阶段捆绑通过是否合适？有些学者认为这是违反立法法的，我个人认为拿下旧条文可以，而如果是加上新条文就必须多轮研究。应靠程序达成共识，如果程序有瑕疵，法律的尊严会打折扣。

二是关于扰乱法庭罪、袭警罪等，实际上立法有时候就是妥协。立法不是实验室里做实验的产物，而是社会上多种力量的博弈，借助公平、合法的程序通过，最后大家都遵守。立法是一项公共决策，现在我们的立法机关进步很大，会公开征求社会意见，请专家多次讨论。但从公共政策学和立法民主化的角度来看，还可以进一步改善一些做法。有些问题就是需要兼听则明，反复权衡，比如扰庭罪，我在立法机关听到的和在律师界听到的就很不一样。

三是刑法学界要开阔视野。如拐卖妇女罪为何不改成拐卖人口罪，强奸罪男女都可以成为受害人，许多刑法学者为何反对废除嫖宿幼女罪……我觉得不过分受到民意的干扰是对的，但不能说所有的民意都是不理性的。立法一定要考虑各方面的因素，不然容易造成刑法学界与社会的撕裂。刑法学者应当更加具备公共政策、性别、国际公约等多重视角。

以嫖宿幼女罪为例，一些人大代表和媒体认为，该罪名本身即在纵容犯罪，这个说法是不科学的。1997 年设立这个罪，就是考虑到在执法过程中有的司法机关对卖淫嫖娼的场所没有进行有力的打击，所以把它独立出来，以加强对幼女的保护力度。从最高法院各种司法途径看，这个罪没有造成对犯罪所谓的放纵。不过，这个罪名有损中国刑法的社会形象、国际形象，卖淫、嫖娼的字眼出现在刑法上，实属世界罕见，对受害人更是二次伤害。

再说暴力袭警罪，最初是公安机关要求增加独立的罪名，那城管呢，是不是也要增加暴力袭击城管罪？最后没有办法，多方协调，就在妨害公务罪里面适当考虑一下他们的感情。

曾经还有过一种讨论，即是否要增加一个冒充律师职业罪，或冒充律师执业以招摇撞骗罪来处理，但经过慎重评估，最后没有采纳。总之，立法就是一种博弈。立法机关如何在不同意见之间取得最大的公约数，需要靠科学的程序。法律一旦通过，就应当有尊严、被遵守，当然也需要科学、善意地去解释。作为法律职业共同体，公检法司无高低贵贱之分，只有角色不同而已，我们应力争以专业的精神，在各自的环节为法律适用的正面社会效应最大化而努力。

通过本届论坛，我感受到法律职业共同体的很多言谈举止是相通的。善待律师就是善待法治，以审判为中心是最重要的司法改革，这个改革多大程度上能够成功，取决于法庭上律师和公诉人能否真正实现控辩平等，把真相愈辩愈明。如果一方太弱，真相就没有办法发现。如果因为我们的法律造成律师在法庭上不敢说话，跟检察官没有办法对抗起来，其实是难以实现以审判为中心这一目标的。所以我们说，检察官与律师要对抗而不对立，交锋而不交恶。

总之，立法是公共决策，应生成“最大公约数”——法律经科学的程序而通过，然后大家遵守，善意解释。法律职业共同体齐心协力，良性博弈，按照公开、透明的程序取得判决的结果，才是具有公信力的、值得尊重的结果。

（本文为作者2015年11月7日在“第六届博和法律论坛”上的发言）

如何理解和推进“以审判为中心”

大家知道，现在中央提出司法改革的一个重要方面就是要以审判为中心，我就如何理解和推进“以审判为中心”这个司法改革的问题，从以下几方面来展开谈谈自己的看法。

第一，现在我们从实体到程序，很多地方没有法院的司法审查，所以，“以审判为中心”首先要关注的是，在一个社会中当公民和国家发生冲突的时候，司法应当是不偏不倚的居中裁判者。但是现实中，公安机关、包括检察机关的自侦案件、纪检部门的“双规”等，在很多限制和剥夺人权自由的措施上没有经过法院的司法审查，所以我觉得要司法化。

再者，现在各种行政机关的行政处罚权力很大。昨天晚上我的一个在深圳某基层国家机关当部门领导同学来看我，他问我能不能像国外一样，对我们的行政处罚不服就直接去法院告，免得把我们推向第一线。我觉得这个观念非常好，现在行政机关的处罚权力太大。所以我觉得从实体到程序，“以审判为中心”，前提是司法机关要有这样的机会，如果这些东西都在别的部门处理、终极裁决了，这个就不好。这是我的第一个看法，就是要把许许多多在司法之外的东西给老百姓一个可诉到司法机关的机会。比方说现在一些行政罚款，尽管老百姓也可以去法院提起行政诉讼，但是他已经被处罚过了。应当像国外一样，由他自己选择，如果各方面事实清楚、证据确凿，就去交罚款好了，但是如果不服的话就不能强制交罚款，应该去法院裁决。

第二，我们说“以审判为中心”，提倡社会上的各种矛盾、社会关系都应当司法化、可诉化，并不意味着所有的东西都要到法院去，因为那样的话司法将不堪重负，老百姓有时候也不堪重负。那怎么办呢？这里面要贯彻一个自愿性的原则来分流。就像我刚才所说的，如果有些东西事实很清楚、证据也很简单、确凿、他本人也认可了，这不违背自己的意志，在一些环节做一些分流，比如当事人之间的刑事和解，检察机关的暂缓起诉、不起诉，甚至将来还可考虑检察官做一些类似处罚令的制度，只要是当事人同意、没有意见的，就在前面一些环节做一些分流；当事人如果不同意就一定要给他机会到法院去讨说法。

第三，到法院也不意味着每一个案件不分情节、不分性质都要走同一个程序，我们现在说的就叫简者更简、繁者更繁。什么意思呢？有的认罪了或者各方面比较简单的事情，这样的案子程序可以简易化。我们经常看到国外有的法院处理案件速度非常快，十几分钟处理一个案子，当然这些案件的前提是案情很简单，或者被告人已经认罪。还有一种案件性质比较复杂，他自己也不认罪，那么这种情况我们一定要实行在法庭上所有的证人、专家、鉴定人在有必要的时候都要出庭作证，通过一个非常完善的刑事诉讼的程序来确保他的各项权益，确保真相大白。这样就意味着要真正实现以审判为中心，以后法院的案件要根据不同的情况作一些繁简区别对待。简易的就很快，复杂的案件就要有一个非常细节化的庭审程序。台湾地区前几年司法改革，我到台湾地区访问时看到很多相关的书介绍如何培训检察官和律师在法庭上进行交互质问，谁先发问、怎么去反驳，谁再发问、又怎么去反驳，这里面都有很多规则。我们现在如果不注重这些具体的细节，那么法庭开庭就容易走过场。

第四，要强化对于侦查机关的监督。现在我们有很多冤假错案，教训就是在案件最初的阶段犯罪嫌疑人被刑讯逼供，导致最后“生米煮成熟饭”。要解决这个问题，我觉得最重要的一点就是要确立犯罪嫌疑人接受讯问时应有律师在场的权利。现在录音录像虽然较之过去是一大进步，但由于没有律师在场监督，还是避免不了刑讯逼供，警察刑讯逼供的时候就不录，想录的时候的时候就录，然后有的时候又找借口说录音设备坏掉了。最好的做法就是保证任何犯罪嫌疑人在被讯问的时候有律师在场，如果没有律师在场，这个证据就无效，在法庭上不能作为定罪的依据。

第五，检察院在起诉环节的标准跟法院在定罪的标准应当有所区别，我们现在的标准都是一样，要证据确凿、事实清楚。检察机关和法院应当有区分。现在我们一些检察机关把法院最后定嫌犯是有罪还是无罪作为考量检察机关公诉人办案对错的标准，我认为这是违反司法规律的。否则，还要检察院、法院不同的角色干什么？就是检察院阶段起诉到法院，根据他的判断，很有可能被定罪就可以了，但是非得说最后法院判决无罪，那这个检察官办案有问题，这样不符合司法规律。因为不同的角色、不同的行业，他一定会对一些问题有不同的看法；如果完全一致，这里面反而是有问题的。所以，我认为要取消以无罪率来考核公诉人的做法。

第六，对于不认罪的案件必须以发现真相为目标，证人要出庭、鉴定人要出庭、专家要出庭，接受双方的质询，这就需要刚才我说的一套详细的刑事诉讼的规则。过两天我要到天津连开三天的会议，讨论认罪认罚从宽处理的制度设计，看看被告人如果认罪了，这些案件怎么从宽处理。这个问题其实就是在用分流的方式来实现刑事诉讼的过滤效应。这方面我想也要作一些非常详细的规定，要区分不同情况，如有的是被告人真心认罪，那就要给予相应的奖励，不能坦白从宽反而牢底坐穿；有的是控辩双方都对到法院的结果没把握，进行类似控辩协商，互相让步一点；还有的是为了确保对共同犯罪和有组织犯罪的首犯有足够的定罪量刑证据，对一些从犯实行污点证人从宽制度，这其实牵扯到证据适用的规则。而且要特别注意，实行的所有的这些从宽、简易制度，都不能损害当事人的诉讼权利和司法的公平公正，即都要建立在自觉自愿的基础上。

第七，以审判为中心，法官要独立、审判要独立。现在看来，我觉得审判委员会这种集体负责制，以及合议庭这种集体负责制有时候反而不如独任制效果好，独任制自己要对这个案件负责，这种合议制或者审判委员会集体决策制从心理学上有了责任的分担，好像谁也觉得不是自己完全负责，所以我觉得将来还是要提倡审案件的法官以审判为中心直接决断案件，这样的话他的责任和权力、义务各方面融于一体，就比较符合司法规律。

第八，我觉得不能动辄追究司法责任。国际上有关司法的准则，只要他没有腐败，他的责任应当在一定意义上是要豁免的。我们现在为了打击司法腐败有点走极端了，就是说对于检察官、法官办理错案要终身追责，关键是这里的错案还不好界定。我们说刑法上犯罪还有一个追诉的时效，若终身追责，而且追责的标准不明确，反而让法官、检察官下不了手，不敢去果断地行使自己应有的权力去判案，我觉得这个问题恐怕也是要慎重的。按照国际通行做法，除非能够证明他故意徇私枉法，或者至少也有特别重大的过错，否则即使这个案件错了，那么从被冤枉的人来说，国家当然应当给他赔偿。但不是每个案件都要去追究办案人员的责任，则要放在历史条件下，看他有没有重大的过错甚至司法腐败，如果没有的话，有的案件我们即使完全公平公正，最后可能判一个案子的结果也不一致，那能说谁对谁错？所以我觉得对于司法追责要区别对待。当然，对于徇私枉法、有司法腐败的，毫无疑问要严肃处理。

第九，要实现以审判为中心，最关键的是在法庭上控辩双方要真正地辩起来，要加大他们彼此对抗的程度，如果任何一方太弱，辩不起来，法官就无法从法庭得到真相。我最近分别在几个地方看推进证人出庭的现场会，非常有感触。有的案子律师花了当事人的钱但专业水平不行，他不敢问，也不会问。另一方面，有的公诉人过去长期以来也习惯了自己比律师高人一等，所以公诉人和律师如果不能真正平等、双方不能够展示一流的专业技能，那法庭上就做不到真理愈辩愈明。

第十，以审判为中心还要发挥被告人的主体作用。现在在中国的法庭上，被告人还戴脚镣手铐，坐在一个类似囚笼的椅子里，这实在是有损我国的形象。我的中心意思是：律师是被告人请的，律师是要为他服务的，被告人应当平等地跟律师坐在一起，跟检察官平等地对立，这样控辩双方完全平等，真正是把被告人作为一个主体看待，许多事情他在第一现场，他是最熟悉案件的人。而我们现在把他铐起来，关在笼子里，他不敢说，也没有机会说出事实的真相。所以要真正实现以审判为中心，恐怕控辩双方要完全平等，而且辩方一定要包括真正的被告人本人，不能只把他作为一个审判的客体来对待。

（本文为作者于2015年11月14日在深圳“第二届大梅沙中国创新论坛”上的发言）

何为司法规律

现在我们经常讲要按司法规律办事，司法改革要尊重司法规律。但到底何为司法规律？我感觉要说清楚何为司法规律不容易，但可以确立一些基本思路，并且可以列举一些东西，说明它们不符合司法规律。

基本思路有三：一是要贯彻落实我国宪法规定的“人民法院依照法律规定独立行使审判权，不受行政机关、社会团体和个人的干涉”和“人民检察院依照法律规定独立行使检察权，不受行政机关、社会团体和个人的干涉”。为什么宪法要规定人民法院独立行使审判权、人民检察院独立行使检察权？这是司法规律所决定的，也是实现司法公正的前提和基础。二是要正视司法的亲历性。为什么我们的司法改革要朝着以审判为中心的方向前进？为什么现在要强调办案法官、办案检察官直接对案件负责？就是为了克服以往“审者不判、判者不审”的弊端，让一切都呈现在法庭上，所有的证人都出庭接受控辩双方的质证，“让审理者裁判，由裁判者负责”。从此出发，也要求我们对审判委员会的工作机制、司法机关办案的内部请示制度等作出相应的改革。三是运动员和裁判员的角色要分开。劳动教养制度为什么要废除？新刑事诉讼法为什么要将强制医疗的决定权从公安转移到法院？就是因为以往在这些制度设计中，公安机关既做运动员又做裁判员，导致权力角色出现混乱。最近最高法和最高检推动的“申诉异地审查”制度之所以受到关注和好评，就是因为过去实践中申诉受理机关往往是原审法院或原来提起公诉的检察机关,你要求它自己去纠正自己,其效果自然可想而知。

在这些基本思路的导引下,我们可以进一步思考一些细节问题。

首先,我们研究司法规律,是不是可以回到一个原点,即公权力部门也应当像要求个人一样,己所不欲,勿施于人。我们有的办案机关缺乏应有的恻隐之心,比如一些公判大会。尽管有国外学者曾用历史上小偷一边看公判大会一边偷旁边人的钱包来试图说明这类公判大会并没有震慑犯罪的作用,但我宁愿相信,总的来说,公判大会对震慑犯罪还是有用的。即便如此,一个公认的事实是,这些东西在发达国家已经绝迹了,为什么?因为它不符合人性,犯罪的人也应该有人格尊严。这就是为什么联合国的《囚犯待遇最低限度标准规则》要求囚犯"不受任何形式的侮辱、好奇的注视或宣传"。现在被告人出庭受审不穿囚服了,这是一大进步,但是还要戴手铐,还要坐在一个类似囚笼的受审席里。对那些没有任何危险性的被告人,其实完全没必要给他戴手铐,前述联合国关于囚犯待遇的规则曾提出过"非绝对必要不得使用"的原则,即除非被告人有严重的人身危险,不使用戒具会造成对他人的危害,否则不得使用戒具,以免对他造成有罪推定的歧视。从心理学角度看,坐在哪个位置受审不仅会使法官和陪审员对被告人产生有罪或无罪的先入为主的印象,而且也会对被告人的人格尊严产生影响。现在这样的法庭设置事实上使被告人成为受审的客体,而不是参与诉讼的主体。法官和陪审员很容易对他产生有罪推定的印象,他自己也容易产生自卑和焦虑的心理。从国际通行的做法来看,我们应当改革刑事法庭的设置方式,让被告人与自己的律师坐一起,与检察官正面相对,这样既方便被告人与律师之间的交流,也有利于实现控辩平等。因此,我们讨论司法规律要从最基本的人性出发。

立法也好，司法也罢，只有符合人性，才能赢得民心，并最终形成一种好的职业伦理和法律文化。

其次，现在讨论一些做法时能不能树立这样一个观念，即一切有利于发现事实真相、实现司法公正的，都要在法治的精神和法律的原则指引下，积极地从每一个细节上去推动，而不能借口法律没有规定，或者说长期以来我们就是这样做的。如果树立了这样一种思路，很多问题就好解决了。比如，我们现在法庭在审理一些疑难案件或专业性很强的案件中，会请一些相关领域的专家或专业人士出庭说明情况，这完全符合查明真相或帮助法官了解情况的需要，但在过去很长一个时期，这一制度竟然一直空白，理由可能很简单，就是传统的刑事诉讼中我们一直没有为这类专家或专业人士设立一个适当的出庭角色。又比如现在经常有那种团伙作案、共同犯罪的，这个人在这里审理，另外一个人在别的地方审理。共同作案有利害关系，当庭要作证。分开处理，异地管辖，彼此不对质，对于发现事实的真相就不利。另外，我们现在有的共同犯罪案件，在别的共犯还没有抓获或审判完的时候，就把其中的某个被告判处死刑并执行死刑，这也是不科学的，因为很可能别的被告受审时需要这名被告的证言，你把他杀了，等于断了证言。

实践中还经常有这种做法，一个共同犯罪的团伙成员，把他们抓了分别关在看守所里面，其中一个跟律师说，你找某某可以证明这一点，而某某被关在里面，但看守所的人对律师说，你不是他的律师，你不能见。但他作为证人对发现事实真相有用啊，不能说他被抓了，就律师取证也不让见了。类似情况很多，感觉各个部门久而久之形成这样那样的规则，长期就这么做了。要改变这些做法，有些可以通过修改法律达成，有些完全可以在现有的法律原则范围内，根据司法规律的要求，直接做出改进，这样既不会伤害到被害人，也完全符合实现司法公正的需要，为什么不改进呢？

再举一个例子，长期以来，律师从法院、检察院复印来的案件资料是不能给被告人看的，早几年重庆李庄案中李庄的一个罪状就是他在会见自己的当事人时把复印的卷宗材料透露给了被告人。但我们仔细想一想就会发现，这个禁止规定完全不符合司法规律，律师要与自己的当事人共同商量辩护对策，这个如果不告诉他，怎么去商量呢？况且卷宗里别的证人怎么说，符不符合事实，律师也需要向被告人核实啊。

这些年我们慢慢在司法实践中推行办案警察要出庭作证，审判时如果有必要可以请有关专家作为辅助证人出庭，鉴定人也要到庭就其鉴定结论接受法庭的调查，等等，都是符合司法规律的做法，因为它们有利于查明事实真相。

再次，刑事司法不能因小失大，也不能因噎废食。以刑讯逼供为例，它可能确实有助于侦破某些个案，但为什么法律要禁止？就是因为它得不偿失。近年来相继爆出的许多冤假错案，一个共同的罪魁祸首就是刑讯逼供。这也说明，虽然我们从原则上已经禁止了刑讯逼供，但由于一些具体制度没有跟上，如没有确立犯罪嫌疑人和被告人被讯问时的律师在场权等，刑讯逼供仍然屡禁不止。又如，过去我们要求被告人的近亲属也必须作证，后来大家说“亲亲相隐”是我国的一项传统法律文化，所以修改了《刑事诉讼法》，规定被告人的配偶、父母、子女不需要强制到庭作证。但这一修改并不彻底，实践中变成虽然不要求近亲属强制到庭作证，却可以通过录像等来作证。这样虽然避免了面对面的尴尬，但仍然是亲人之间互相指证，而且还变相剥夺了被告人当面对质的权利。"亲亲相隐"为什么重要？因为家庭是社会的细胞，亲情是社会伦理的基石。我们只要想想"文革"期间鼓励夫妻之间、父母与子女之间互相揭发所带来的社会恶果，就不难明白法律制度在这一问题上所应采的价值取向。所以我们一些制度的设计，不能因为小的目标而牺牲大的目标，不能为了取得小的效果而损害了大的效果。

再比如，有的犯罪团伙利用孕妇从事贩毒等犯罪活动，这些孕妇被抓后，看守所说这些人不能关，就又放出来了，导致她们更加大胆地去犯罪。不能因为她是孕妇就不关甚至就让其逃脱法律的制裁呀，可以从人道主义出发，将涉嫌犯罪的孕妇关到一个人性化的场所，以免影响婴儿发育。同理，现在一些看守所和监狱，对有严重的疾病的甚至是艾滋病的，就不接受。不能因为他是艾滋病人或者有其他病就让他逃脱法律的制裁呀！只能说为这些人设置特殊的监所，比如说要有条件对他们进行治疗等。

最后，作为代表国家的公权力部门，或者司法体制改革的顶层设计者，我们还是要从司法规律出发，多些制度性的对抗和容忍。司法追求的目标，决定了在法庭这样的剧场，检察官和律师就是一对天然的冤家，真理只有愈辩才能愈明。如果你非要把律师打压下去，就无法发现真相。还是要相信一点，就是权力必须要有制约，没有制约法治就实现不了。要允许有强大的对手，只要在法律规定的范围内运作，就要允许他发挥到极致。

司法规律要求当局在法庭这样的剧场内，要容得下不同意见，允许有强大的对手。甚至对死磕派律师也要辩证地看待，突破法律的死磕我们当然不赞成，但只要在法律范围内，我们就要允许他们把辩护的职能发挥到极致。细想一下，有些案件，如果没有他们的死磕，还不一定有今天平反昭雪的结果呢。当然，我们要反思我们今天所面临的法律职业共同体的撕裂，采取切实措施推动形成彼此尊重、良性互动的工作机制，真正做到对抗而不对立、交锋而不交恶。大家要真正从内心认同彼此只有职业分工的不同，没有高低贵贱之分，正如柏拉图说："各司其职是为正义。"当前更主要的还是公检法等公权力部门要更加平等地对待律师，要认识到律师在防范冤假错案、实现司法公正方面所起到的不可替代的作用，他们提出的意见具有重要的作用，从这个意义上来讲，律师的工作是从另一方面帮助我们的办案机关提高办案质量。

（本文为作者 2016 年 11 月 4 日在深圳"第三届大梅沙中国创新论坛"上的发言整理稿，原载《同舟共进》2017 年第 5 期）

肆　思未来之良法

人身伤亡的精神损害赔偿

精神损害赔偿，就是民事主体因其人身权利受到不法侵害，使其人格利益和身份利益受到损害或者遭受精神痛苦，要求侵权人通过财产赔偿，进行救济和保护的民事法律制度。它分为人格精神损害赔偿和人身精神损害赔偿两类。我国《民法通则》第120条对人格精神损害赔偿作了基本规定，即："公民的姓名权、肖像权、名誉权、荣誉权受到侵害的，有权要求停止侵害，恢复名誉，消除影响，赔礼道歉，并可以要求赔偿损失。""法人的名称权、名誉权、荣誉权受到侵害的，适用前款规定。"尽管该条规定还存在不完善之处(如保护范围过窄，没有将隐私权、人身自由权、信用权等包括在内)，但比较而言，人身精神损害赔偿的立法更为滞后，亟待完善。

目前，我国对人身精神损害赔偿的一般立法尚处于空白状态。《民法通则》第119条规定，侵害公民身体造成伤害的，应赔偿医疗费、因误工减少的收入、残疾者的生活补助费等费用。造成死亡的，还应当支付丧葬费、死者生前抚养的人必要的生活费等费用。长期以来，在司法实践中，法官对于致死致残者的精神损害赔偿请求一律以缺乏法律依据为由，不予支持。直至近年，一些法院的法官才根据《民法通则》的基本精神和通过对第119条的"等"字作扩大解释，在一些人身损害赔偿的案件中逐步确立起精神损害赔偿的原则。如1997年3月，北京海淀区人民法院在对"女中学生贾国宇诉北京国际气雾剂公司和春海餐厅赔偿案"一案的判决中，判决生产卡式炉燃气罐的厂家赔偿被毁容的贾国宇物质损失和精神损失共27万元(其中精神损失10万元)。尽管如此,由于缺乏法律的明确规定,在人身损害的精神赔偿中,各地法院和各级法院对于是否支持精神赔偿以及精神赔偿的标准和数额都存在很大的差异。同一类型的案件,甲地法院可以判有,乙地法院却可以判无,判有的说有法律依据,判无的说无法律依据。即使是同一个案件,一审法院可以判很高或者很低,二审法院却可以改判很低或者很高,如上海大学生钱小涵状告上海屈臣氏侵权一案,一审法院判决商家赔偿原告精神损失费25万元,二审法院则改判赔偿1万元。据悉,正在起草的《民法典》将对人身伤害的精神赔偿作出明文规定,但目前起草小组仅将精神赔偿的范围限于直接精神损害赔偿,即针对受害者本人的精神损害赔偿,而对间接精神损害赔偿,即受害者本人以外的人的精神损害赔偿,则持否定态度,主要理由是精神损害赔偿的范围不宜过宽,以免在实践中难以掌握。笔者认为,对间接精神损害赔偿也不能简单地加以排斥,具体而言,对于造成受害者死亡的,其第一顺序的法定继承人即配偶、子女和父母,应有权对受害者死亡所造成的精神痛苦请求赔偿。[①] 应当看到,此种情况下受害者的死亡给有关当事人所带来的精神痛苦是不容低估的,有时甚至比本人被害致残还要痛苦。举例言之,笔者就曾接触过这样一个案子:一对夫妇的独生子被某电管站的漏电水龙头电击致死,夫妇俩为此痛不欲生,诉至法院,要

① 有的学者从抚慰金(精神痛苦赔偿)不可以继承的角度来否定死者亲属的要求赔偿权,认为受害人所受的痛苦随其死亡而消逝,因而针对受害人的抚慰金也不得继承。参见王英兰《抚慰金刍议》,载《湖南省政法管理干部学院学报》,1999年第4期。笔者认为,这只是看到问题的一个方面,却没有看到因被害人的死亡给其亲人所造成的实际精神痛苦,而后者正是本文所主张的间接精神损害赔偿之法理基础。

求赔偿精神损失费和支付抚养费、丧葬费 10 万元，但法院最后仅判决被告支付抚养费和丧葬费 8000 余元，对精神损失费则不予支持。对于此类判决的不合理性，曾有人一针见血地指出："把人弄伤不如把人弄死。"（因为在伤残案件中，受害者本人至少还可以得到一笔生活补助费）"一条人命不如一个人名。"（指在某些侵犯名人的姓名权、肖像权等案件中，其精神损失赔偿常常要大大高于受害者死亡案件中的支付费用）

对间接精神损害赔偿，在国外的立法和司法中是广泛得到认可的。例如，英国 1976 年制定的《人身事故法》第一节 A 款规定：若死者为其配偶，或者为其 18 岁以下尚未结婚的子女，则当事人可以就其失去亲人的痛苦请求赔偿。在后一种情形下，如果死者系私生，则赔偿仅限于母亲；如果父母双方都提出赔偿请求，则平分所判之赔偿。1990 年，英国上院议长又通过颁布《失去亲人赔偿令》，将赔偿数额由原来实践中的 3500 镑提高到现在的 7500 镑。又如，瑞士《债务法》第 47 条规定："对于致死或伤害，法院得斟酌特殊情事，许给被害人或死者之遗族，以相当金额之赔偿。"再如，美国《世界日报》1999 年 3 月 31 日曾报道过这样一个案例："俄勒冈州波特兰市的梅欧拉·威廉斯及其女儿琼安 30 日获法院判决胜诉，赢得历来烟草公司赔偿金额最大的一桩个人控诉案。威廉斯的丈夫生前抽了四十多年的万宝路香烟，因患肺癌去世。威廉斯母女获得 8100 万元赔偿金。"（详见该报当日第 3 版的报道）这里的"赔偿金"显然也是指精神损害赔偿。

其实，对于间接精神损害赔偿，我国也不是一点都找不到法律支持，如《道路交通事故处理办法》第 36、37 条规定，对交通事故致死者，责任者应赔偿死亡补偿费，《消费者权益保护法》第 42 条也规定了死亡赔偿金。这两个特别法的规定值得在制定统一的民法典时加以推广，可以有效缓解民法体系内侵害生命权的精神赔偿不一的局面。

还需要指出的是，我国《刑法》第 36 条对刑事附带民事诉讼作了如下规定："由于犯罪行为而使被害人遭受经济损失的，对犯罪分子除依法给予刑事处罚外，并应根据情况判处赔偿经济损失。"这里，将刑事附带民事赔偿仅限于"经济损失"，显然是与过去不承认精神损失赔偿的思路联系在一起的，现在既然民事精神损害赔偿已是大势所趋，那么相应地确立起刑事被害人的精神抚慰制度，也就不仅是刑法进一步科学化的要求，还是维护刑民内在逻辑统一的必要之举。否则，民事被害能得到精神损害赔偿，刑事被害反而得不到精神损害赔偿，于情于理都说不过去。

（原载《检察日报》2000 年 10 月 5 日）

我眼中的刑事政策变迁

通过一些带有标签性的语词来考察一门学科的知识变迁，是一个有意思的视角。

在刑事领域，新中国成立后，先是“专政”，后是“严打”，再到如今的“宽严相济”，它们反映了不同时期的知识形态。

新中国成立后，明令废除了国民党的《六法全书》，并先后制定了一些应急性的单行刑事法规，如1951年颁布的《中华人民共和国惩治反革命条例》。法律之外，更多的是依靠政策，来打击各种反革命。1958年，中国人民大学法律系刑法教研室编写的《中华人民共和国刑法是无产阶级专政的工具》一书中，在关于怎样认定犯罪的论述中，就强调要区分两类不同性质的矛盾。1976年，北京大学法律系刑法教研室编写了一本《刑事政策讲义》，指出在认定犯罪的时候要以阶级斗争为纲，用阶级斗争的观点和阶级分析的方法来分析问题和处理问题，要查明被告人的出身、成分和一贯的政治表现等。

由于历史的惯性，1979年颁布的我国第一部《刑法典》仍然带有较强的专政色彩，如分则第一章中的“反革命罪”，之所以要用这么一个政治色彩浓厚的名称，是因为“在法律上明确规定什么是反革命罪，以便划清反革命罪与非反革命罪的界限，这是我国人民民主法制的一个传统做法”。

但是，随着整个国家的改革开放和重心转入经济建设，这种“大词”哲学开始慢慢褪去，取而代之的是一个个具体的现实问题：犯罪领域的新情况和新特点促使立法机关和司法机关作出反应，而对这种反应的理论准备和理论论证乃至理论评析又成为学界不可回避的问题。如经济犯罪的日趋严重使得全国人大常委会于1982年通过了《关于严惩严重破坏经济的罪犯的决定》，以及《关于惩治走私罪的补充规定》（1988年）、《关于惩治生产、销售伪劣商品犯罪的决定》（1993年）等一系列打击经济犯罪的单行刑法；社会治安的恶化使得全国人大常委会于1981年通过了《关于死刑案件核准问题的决定》，该《决定》规定：在1981年至1983年内对杀人、抢劫等犯罪分子判处死刑的，不必报最高人民法院核准，当时本来只是一种非常时期的权宜之计，但后来形势的发展超出了预计。1983年，全国人大常委会通过了《关于修改〈中华人民共和国人民法院组织法〉的决定》，规定最高人民法院在必要的时候，可以授权高级人民法院行使部分死刑的核准权。至此，死刑核准权的下放正式成为一项制度。直到2007年1月1日，最高人民法院才最终收回所有死刑案件的核准权。1983年又通过了《关于严惩严重危害社会治安的犯罪分子的决定》《关于迅速审判严重危害社会治安的犯罪分子的程序的决定》；腐败犯罪的加剧使得全国人大常委会于1988年通过了《关于惩治贪污贿赂罪的补充规定》；等等。

1979年的《刑法典》，反革命罪的死罪占到所有死罪的一半以上，这反映了当时立法者十分重视“严惩各种反革命活动”；但事实上，随着国家的主要任务从“以阶级斗争为纲”转入“以经济建设为中心”，反革命罪的发案率越来越低，实践中被以反革命罪定罪判刑的越来越少。1993年，中央电视台播放了当时的司法部长肖扬答记者问：截至当年10月，我国在押的全部犯人为120余万，其中反革命犯只占0.32%，即3840人。可见，刑法的主要锋芒已经从对阶级敌人的专政转向对普通刑事犯罪的打击，包括经济犯罪、腐败犯罪和严重危害社会治安的犯罪等。在对严重危害社会治安的犯罪的打击中，一个新的词语诞生了，这就是“严打”。

1983年，在改革开放全面展开、刑事犯罪大幅上升的形势下，邓小平亲自发动了第一次全国性的大规模“严打”斗争。他在接见公安部的负责人时指出：“刑事案件、恶性案件大幅度增加，这种情况很不得人心。几年了，这股风不但没有压下去，反而发展了。原因在哪里？主要是下不了手，对犯罪分子打击不严、不快，判得很轻。对经济犯罪活动是这样，对抢劫、杀人等犯罪活动也是这样。……现在是非常状态，必须依法从重从快集中打击，严才能治住。”这次谈话后，中共中央迅速作出了在全国开展从重从快严厉打击刑事犯罪活动斗争的决策。此次“严打”到1987年1月底结束，历时3年5个月。它在打击犯罪、维护社会治安方面取得了较好的效果，但在某些方面与法治存在的紧张关系也引发了学界对如何改进“严打”的关注。

原本以为通过一次“严打”就能尽早恢复到50年代末、60年代前期的那种良好的社会治安状况，但事实证明，这是一种对社会转型及其带来的社会治安压力缺乏足够准备的认识。从1983年“严打”后，1996年中央发动了第二次“严打”，2001年又发动了第三次“严打”。除去这三次大规模、全方位的全国性“严打”，还有各种名义、各种规模的“专项斗争”、季度“严打”。

“问题是时代的格言”，无论是“专政”的退场，还是“严打”的登台，以及在经过二十多年的“严打”之后，2004年“宽严相济”刑事政策的提出，都折射着特定历史时期的社会背景。如何对这种变迁作出合理的解读，并提出建设性的意见，当是身处这块土地和这个时代的中国学人的担当。

（原载《检察日报》2008年5月15日）

以“宽”济“严”是宽严相济的时代内容

围绕构建社会主义和谐社会这一主题，党中央在许多领域进行了工作思路的调整，表现在刑事司法领域，就是提出了“宽严相济”的刑事政策。“宽严相济”，不是传统的“惩办与宽大相结合”的简单重复，因为后者是“惩办”在先，“宽大”在后，体现了刑事立法和刑事司法在惩办基础上再宽大的逻辑；而前者是“宽”在先，“严”在后，反映了我们党对过去二十多年的“严打”政策的反思，突出了用“宽”来济“严”的时代背景。

如何用“宽”来济“严”？我认为，当前要在强调“以审判为中心”的司法思维中，着力做好以下几个方面的工作：

首先，在审前阶段，必须大幅度降低羁押率，适当降低起诉率。《公民权利和政治权利国际公约》从“无罪推定”出发，明确规定：“等待审判的人受监禁不应作为一般原则，但可规定释放时应保证在司法程序的任何阶段出席审判，并在必要时报到听候执行判决。”据此，许多国家都确立了“保释为原则，羁押为例外”的审前模式。如英国，对犯罪嫌疑人的保释率达到90%以上。但我国却相反，对犯罪嫌疑人实行的是以拘留、逮捕等羁押措施为原则，取保候审、监视居住等非羁押措施为例外的模式，办案机关和人员不习惯将取保候审等视为犯罪嫌疑人的一项权利，而更习惯将其视为自己手中的一项权力，其工作思路又是能捕的尽量捕，而不是能取保的尽量取保。并且在实践中，一旦逮捕就要尽量起诉，一旦起诉则很少出现无罪。可见在我国逮捕环节是以“宽”济“严”的一个重要环节。对此，应当考虑做一些制度性的调整和改革。如，将保证人和保证金并用，以进一步增强保证人的责任心；将批捕的检察官相对独立，淡化其指控犯罪的职能，强化其中立色彩；批捕时，检察官必须面见犯罪嫌疑人，而不是书面审批；应允许被捕的人向法院申诉，法院有权撤销不当逮捕。除了逮捕环节，起诉环节也有以“宽”济“严”的巨大空间。这方面，现行《刑事诉讼法》第 142 条第 2 款“相对不起诉”的规定给检察机关提供了适当扩大不起诉范围的权力资源，我所关心的是要在扩大这种酌定不起诉范围的同时，加强对权力行使的监督，防止此环节的司法腐败。另外，目前实践中有检察机关尝试使用“缓起诉”的做法并取得了很好的效果，这也是以“宽”济“严”的表现，可考虑在此次《刑事诉讼法》修改时赋予其法律地位。

其次，在审判阶段，要用足用好法官手中的自由裁量权，在刑罚总量处于高位状态的情况下，实现刑罚的相对轻缓化。应当承认，目前我国刑法在总体上重刑色彩比较浓厚，而以“宽”济“严”又必须在法律的幅度内，因而这种“戴着脚镣跳舞”对审判人员提出了更高的要求，它需要法官对法律的精神有透彻的把握，在深厚专业功底的支撑下，用良知、勇气和技巧来编织权力之网，以实现政策的目的。例如，如何运用我国《刑法》第 13 条但书“情节显著轻微危害不大的，不认为是犯罪”来实现“出罪化”处理；如何运用第 37 条“对于犯罪情节轻微不需要判处刑罚的，可以免予刑事处罚” 来实现“免刑”处理；如何运用第 72 条，适当扩大缓刑的适用比例，将那些符合缓刑条件的人，特别是偶犯、初犯、过失犯、少年犯等尽量不收监；都考验着作为法律和政策执行主体的法官的综合素质。当然，在通过这些途径来实现刑罚轻缓化的同时，同样存在一个防止以“宽”为名行腐败之实的问题，还存在对“免刑”处理的人如何落实民事、行政处罚或行政处分的问题，以及对犯罪被害人一方的感情的兼顾。关于后者，目前正在许多地方试点的刑事和解制度值得重视，也为以“宽”济“严”开拓了新的视野，即只要案情中有和解因素，被害方与被告方实现和解，被告方以认罪、赔偿、道歉等形式承担责任后，经被害方请求从宽处理的，人民法院可以从轻处罚。刑事和解与西方的“恢复性司法”存在相通之处，它本来还可以走得更远一些，如不只是从轻处罚，还可以在某些情况下减轻甚至免除处罚，不过这需要《刑事诉讼法》在修改时给予其相应的法律地位。

最后，在审后阶段，要扩大假释的适用，推进社区矫正。减刑、假释都符合“宽”的特征，但假释相比减刑而言，在过渡性等方面具有更大的优势，正因此，国外有学者指出：“假释是矫正系统最成功的故事。”但我国目前的实践中普遍存在减刑适用率高而假释适用率低的不正常现象，如北京市 2004 年的减刑率在 30％至 35％之间，而假释率仅为 2％。（见《新京报》2005 年 8 月 27 日）这种局面应当扭转，应借鉴许多发达国家的经验，在行刑制度中实行以假释为主、减刑为辅的做法。此外，自从 2003 年《关于开展社区矫正试点工作的通知》下达以来，我国一些地方的经验表明，社区矫正在克服监禁刑的弊端、利用社会力量来改造罪犯、使犯人不脱离社会等方面具有积极的效果，也体现了刑罚宽容轻缓的一面，应考虑在健全立法的基础上推进该项制度的全面实施。

（原载《检察日报》2006 年 11 月 29 日）

立法不要回避现实问题

2005年全国人大常委会通过了新的《治安管理处罚法》，其中第76条规定了“强制性教育措施”这样一种处罚方式。乍一看，不甚明白，何为“强制性教育措施”？经过查阅和咨询，才得知这里的“强制性教育措施”在原来的草案中表述为“劳动教养”，后来在常委会审议过程中，依据部分常委会委员的意见，将“劳动教养”改称“强制性教育措施”。无独有偶，2007年全国人大常委会通过的《禁毒法》也使用了“强制性教育措施”的措辞，据前者推断，这里的“强制性教育措施”也应是指“劳动教养”。为什么要这么改？也许是担心现在国内外对我们的“劳动教养”制度批评和指责较多。

但这种立法方式在我看来却并不可取，因为在劳动教养制度还没有废除或变更名称之前，又使用另一个名称，容易使人产生误会，不符合法律明确性的要求，毕竟“强制性教育措施”的解释空间比劳动教养要大。

值得注意的是，这种因为出于某种担心或顾虑而采取一些用心良苦的立法方式在其他法律中也不鲜见。如我国《刑法》(分则)第一章“危害国家安全罪”中对各罪名的最高刑均为无期徒刑，但在最后一条中却又来了一个总括式的规定：本章上述危害国家安全罪行中，除某几个罪外，其他均可以判处死刑。为什么要这么规定？可能是因为担心如果每个条文后面直接挂死刑，容易让人看出我国刑法中的死刑太多。但这样一来，就破坏了法的逻辑性，而且终究也瞒不住那些想要统计我们死刑条款的外国人或组织。

再如,《刑法》中的“国家工作人员”,依据《刑法》第 93 条的规定,是指“国家机关中从事公务的人员”。根据《宪法》,“国家机关”是指各级国家权力机关、行政机关、审判机关、检察机关和军事机关,并不包括中国共产党的各级机关、各民主党派机关、中国人民政治协商会议的各级机关。为什么不将“国家工作人员”这一重要概念界定清楚,将其具体包含哪几类人详细列举出来呢?须知它关系到《刑法》中的贪污贿赂和渎职等犯罪的主体认定!

立法首要的是明确,不明确的法就会造成误会和费解,不足以昭示和警醒人们,也不方便法的适用。立法要注意参照别国经验,向国际标准看齐,但决不能机械化和简单化。比如,我国的工会、共青团和妇联,对外交流时其身份是非政府组织,但在我国的语境里,其实它们都是“吃皇粮”的,有关人员都享有相应的行政级别,若简单地因它们是非政府组织就将其排除在国家工作人员之外,因而不构成某些以国家工作人员为主体的犯罪,显然有悖法律的公平和正义,也不符合我国司法实践中的一贯做法。

中国的法律要解决中国的问题,不能削足适履,只要是国情所需,就应当大大方方地反映在法律条文里,而不要遮遮掩掩,甚至采取回避的态度。遮遮掩掩和回避的做法是缺乏自信的表现,也无益于问题的解决。有的问题,像劳动教养,尽管现在受到的批评和指责比较多,但作为一项实施了几十年而且现在还在继续适用的国家制度,是回避不了的,即使用“强制性教育措施”来取代“劳动教养”的表达,实践中仍然是劳动教养,反而给有关法律适用机关增加了困惑。

当然,我们一方面要正视这些带有国情性质的问题,另一方面也不妨碍我们该进行改革的就要改革。如，劳动教养制度，立法机关其实已经在起草《违法行为矫治法》，准备用来取代该制度，而且笔者一直在呼吁，针对劳动教养制度改革的《违法行为矫治法》应当尽快出台。但在正式改革出台之前，我们没有必要回避这些问题。

（原载《东方早报》2012年8月10日）

“法庭之友”:司法吸纳民意的制度化

一、“法庭之友”的基本内涵与发展

“法庭之友”来源于拉丁文 Amicus Curiae,其英文名称为 Friend of the Court,意指“法庭的朋友”。其基本内涵是指法院在审理案件的过程中,为了帮助法院解决疑难问题、作出公正的判决,允许当事人以外的与案件无直接利害关系的人或组织,应邀请或者经法院允许,就与案件有关的事实及法律问题进行论证并提交书面陈述,向法官提供尚未知悉的证据事实或法律适用意见。

“法庭之友”起源于古罗马的专家咨询制度,距今已有一千多年的历史。英国是最早将“法庭之友”制度引入诉讼的国家,目的是为法庭提供一些尚未掌握的信息。1823 年,美国联邦最高法院在 Green V.Biddle 一案中通过判例方式确立了“法庭之友”制度。20 世纪初以后,随着美国政治和经济形势的巨大变化,特别是利益集团的兴起,“法庭之友”得到了蓬勃的发展,成为美国法院制度的重要组成部分,对美国宪法和环境法等领域的发展产生了重要的影响。

随着实践的发展,“法庭之友”的主体范围变得越来越广泛。最初,“法庭之友”是独立于当事人双方的中立者;如今,“法庭之友”一般不再要求具有中立性,也可以是“当事人的朋友”,在纠纷中支持其中一方的立场。在美国,政府、个人、社会组织、利益集团或外国政府都可以作为“法庭之友”，其中以非政府组织和利益集团作为“法庭之友”的情形较为常见。例如在美国微软公司的诉讼案件中，法院接收了多个“法庭之友”的陈述：既有支持政府立场的美国在线、计算机通信协会、软件信息工业协会、数字竞争创新工程，也有支持微软公司一方的技术竞争协会和计算机技术工业协会，还有不支持任何一方的大学计算机教授。有研究表明，向美国联邦最高法院提交的“法庭之友”陈述中，大约一半以上都是由商业团体、工会、大公司、专业团体提交的，一小半是由公共利益群体、消费者团体、宗教团体或劳工组织提交的。“法庭之友”在美国扮演着不可或缺的角色。据统计，近50年来，联邦上诉法院85%以上的案件都有“法庭之友”参与。提交“法庭之友”陈述有三条途径：一是应法院要求而提交，法院可以就审理案件过程中遇到的专业或法律问题寻求有关专业团体的观点；二是当事人主动联系相关人士或组织，请求他们向法院提交陈述，以支持自己的立场；三是一些非营利性组织、公司、法学院教授或知名人士等对正在诉讼的案件感兴趣，主动要求法院允许其提交陈述。

自20世纪90年代以来，“法庭之友”通过参与众多的国际司法程序，发挥了提供事实方面的信息、提供法律等专业协助、加强程序公正、正确及时地解决国际争端、促进国际法发展等积极的作用。国际法院、国际海洋法法庭、欧洲共同体法院、美洲人权法院、国际刑事法院等众多的国际司法机构，都在一定程度上允许“法庭之友”进入司法程序，也允许具有不同观点的“法庭之友”提交陈述。WTO争端解决机制的法律中，虽然并无关于“法庭之友”的专门规定，但实践中专家组和上诉机构不断地通过实践在WTO争端解决中充实和适用“法庭之友”。未来我国要想在WTO争端解决中使国家利益得到最大程度的保护，接受并积极学习和应用“法庭之友”规则将是一项重要举措。

二、“法庭之友”的制度价值

“法庭之友”发展到今日，虽然也出现了一些值得注意的问题。如，“法庭之友”身份不再中立，而是与一定的利益集团相联系；“法庭之友”陈述书质量参差不齐，加重法院的负担；增加诉讼费用等。但总的来说，它仍然具有重要的制度价值。

首先，“法庭之友”具有吸纳民意、促进司法民主的价值。“法庭之友”通过为司法审判提供所需的证据事实和法律意见，凝练了富有代表性的民意并将其表达于法庭，拉近了司法和民众的距离。法院引用“法庭之友”陈述的内容或适度吸纳主流民意，有利于社会情绪在法律框架内及时得到疏通，起到引导社会价值观和道德观的作用，也更容易使司法获得民众的支持和认同。可以说，“法庭之友”是将民主精神引入司法程序的有效机制。以美国的西蒙斯案为例。1993 年美国密苏里州年仅 17 岁的西蒙斯和同伙实施了一起绑架谋杀案，该案于 2004 年上诉至美国联邦最高法院。因为美国允许对不满 18 岁的未成年人执行死刑，因此该案受到了各国及国际人权组织的广泛关注。法院在审理中允许多个“法庭之友”参与诉讼，有州政府、美国药品协会等社会组织、社会知名人士、欧洲联盟等国际组织。最终，联邦最高法院采纳了众多“法庭之友”反对对未成年人适用死刑的意见，推翻了对未成年人实施死刑的先例，判处西蒙斯终身监禁。法官在判决理由中公开声明是因为美国民意已经不再支持对未成年人执行死刑。

其次，“法庭之友”具有弥补法官知识缺陷、避免司法不公的价值。从实质方面来看，“法庭之友”参与诉讼的目的是要解决法庭疑难和疏漏问题，确保法院全面、客观地认识案件事实和证据，实现实体上的公正。在形式方面，"法庭之友"参与诉讼的形式必须遵循一定的程序，也体现了形式公平的要求。"法庭之友"往往在其擅长的领域内对特定的案件事实或法律问题有独到的见解，这在一定程度上有助于避免法官视野局限造成的不公平。在对抗制的诉讼模式下，由于利益驱使，当事人很可能隐瞒对自己不利的证据，也可能由于举证能力所限对证据的收集残缺不全。"法庭之友"的陈述主要集中在当事人论述未涉及的部分，可能提供不同于当事人的意见、补充性事实和论据以及被当事人隐瞒或忽略的事实和依据，无疑可以弥补对抗制诉讼的一些内在缺陷。

最后，"法庭之友"也不断推动着法律的发展。正是在"法庭之友"的帮助下，美国法院在民权、安乐死、托拉斯以及药品管理等高度专业的领域形成了许多有影响的判例。例如，在1961年的Mapp V.Ohio一案中，美国联邦最高法院法官采纳了美国民权联盟作为"法庭之友"的意见，宣告州法院不得接受警察非法收集到的证据。该判决促使美国在联邦和各州全面确立了"非法证据排除规则"，对美国乃至世界的证据法理论产生了广泛而又深远的影响。

三、我国应引入"法庭之友"制度

我国应否引入"法庭之友"制度？我的回答是肯定的。

首先，将"法庭之友"引入我国司法程序中，与司法体制的改革目标相一致。当代中国面临着社会转型的巨大冲击和变革，法院不但要扮演化解纠纷的传统角色，还需要通过应对民众的权利诉求，满足公众对公平、正义的渴求，承担推动法律制度变革和发展的新职责。在任何一个国家，民意对司法判决都不可能没有一点影响，重要的是民意必须按照法律渠道、法律程序，以“法律参与”的形式进入司法程序。设置合理的制度使民意有序、有度的介入，从而避免权力者恣意擅断，让民众不至于在信息不透明的情况下愤怒地围观。

其次，“法庭之友”是公民行使宪法权利的良好途径。公民享有言论自由的权利，任何人都有权利表达自己对司法裁判所涉案件的观点和意见。我国宪法赋予了公民对任何国家机关和国家工作人员有提出批评和建议的权利。“法庭之友”给予公民合法表达的机会，让他们通过法律程序行使批评和建议的权利，有利于公众监督司法行为，抑制法官的恣意妄为和徇私枉法，增强司法公信力。随着我国市场经济的发展，公益诉讼的数量逐步上升，由于公益诉讼涉及公共和群众整体利益，允许案外人在公益诉讼中以“法庭之友”的身份参与到与切身利益相关的审判活动中来，明确地向法院表达相关的信息或利益诉求，是公民关心社会事务、行使权利的良好途径。

再次，“法庭之友”有利于弥补我国现行相关制度的不足。我国的司法鉴定、专家辅助人和支持起诉制度，都在不同程度上体现着“法庭之友”制度的精神，其与“法庭之友”的异曲同工之处在于都由案外人帮助法官澄清案件事实及相关问题，促进法官作出公正的裁判。但是，鉴定人和专家辅助人制度与“法庭之友”制度在适用主体资格要求、进入诉讼的途径、利益趋向、是否参加庭审等方面仍然存在着很大的差异。采用“法庭之友”可以突破鉴定人和专家辅助人制度的局限性，让广泛且富有责任感的社会主体参与诉讼；能够丰富支持起诉原则的内容，将支持起诉原则具体化，为更多的社团组织提供发挥作用的平台，推动公益诉讼的发展。

“法庭之友”还有利于我国司法实践中的各种尝试走向规范化和制度化。我国司法实践中已有一些司法机关开展了与“法庭之友”类似的“专家咨询”。咨询专家的目的是就一些重大或疑难案件中的问题，利用各领域专业人员的技术和经验为法庭提供思考问题的方法和思路，供法官在裁判中作参考。另一个与“法庭之友”相似的现象是司法实践中频繁出现的“专家法律意见书”。在一些具有重大社会影响力的个案中，当事人或律师会自筹经费聘请知名法学专家，对诉讼中的某些法律问题召开论证会并出具提交法庭的法律意见书。专家咨询及专家法律意见书在诉讼目的、诉讼功能价值上与“法庭之友”存在着相似之处，都可以帮助法院集思广益，解决诉讼中的疑难复杂问题；都是考虑民意、体现司法民主开放的形式。但是，由于我国立法没有明确的规定，实践运用中不同案件差异很大，使得专家咨询及专家法律意见书实际处于一种无序状态，导致了很多质疑和批判。确立“法庭之友”制度，可以从立法上对其主体、内容、效力、程序等方面加以规范，使其名正言顺、有法可依。

“法庭之友”也有利于防止领导干部干预司法活动和插手具体案件的处理。十八届四中全会《公报》提出要建立领导干部干预司法活动、插手具体案件处理的记录、通报和责任追究制。领导干部完全可以光明正大地以“法庭之友”的身份向司法机关出具意见，让司法活动的细节通过“法庭之友”置于公众视线之下，让证据的采信理由得到充分阐释，真正规范司法者、执法者的行为，防止司法暗箱操作可能导致的司法冤案和腐败。

（原载《北京日报》2015 年 3 月 23 日，与陈妍茹合撰）

剥夺人身自由的处罚都应纳入刑法

美国学者博登海默曾经指出："人们赋予自由的那种价值为这样一个事实所证实，即监禁在任何地方都是作为一种刑事制裁手段加以使用的。"但在我国，刑法之外还有众多的剥夺人身自由措施。比如，我国的治安拘留，可剥夺人身自由长达15日之久（合并执行的可达20日）；劳动教养更不用说，可剥夺人身自由1—3年，必要时还可延长1年；保安处分中也有许多涉及剥夺人身自由的措施，如对精神病人的强制医疗、对未达到刑事责任年龄者的收容教养、对吸毒者的强制戒毒、对卖淫嫖娼者的收容教育等。这些处罚性措施不管给它们贴上什么标签，其严厉性程度都是一种"刑事制裁"，都必须受到《公民权利和政治权利国际公约》第9条第1款的约束，即："任何人不得加以任意逮捕或拘禁。除非依照法律所确定的根据和程序，任何人不得被剥夺自由。"联合国人权事务委员会已经指出：本款适用于对人身自由各种性质的剥夺，无论是刑事案件或者其他案件，例如精神疾病、流浪、吸毒、教育目的、移民管理等。

所谓"依照法律所确定的根据和程序"，是指"任何受影响的人有权根据《公民权利和政治权利国际公约》第14条的规定，由一个依法设立的、合格的、独立的和无偏倚的法庭来裁判"。可见，将这几块涉及剥夺人身自由的处罚和处分措施统一纳入刑法视野，有利于我们按照国际人权公约的精神，对各项剥夺或限制人身自由的措施进行梳理，使被处罚或处分对象的程序权利得到保障。

从国际上看，重罪、轻罪和违警罪的范围大抵是当今世界各国刑法的涵盖范围，而保安处分被系统纳入刑法典也是许多国家的做法。与之相对比，我国的刑法典大约只包括了西方刑法典的重罪部分，而缺少违警罪、轻罪和保安处分这三块内容。在我国，刑法中的犯罪由于大都在定性之外还有定量(如要求数额较大、情节严重等)，因此刑法之外尚有治安管理处罚和劳动教养两大块；另外，保安处分措施尚没有在我国刑法中得到比较系统的体现。

从长远看，实现刑法结构的统一化应是我国刑法未来发展的一个方向。也就是说，将治安处罚、劳动教养连同其他保安处分措施一并纳入刑法，分别组成违警罪、轻罪、重罪和保安处分等几块内容，都由法院来判处(但可以在法庭组成方式和审判程序上有繁简之分)，这样就能理顺各块内容之间的关系，防止一个行为受多个机关的不同方式的追诉。

有人担心上述改造的结果会扩大犯罪圈，造成更多的人被贴上“犯罪人”的标签，我认为这种担心完全可以通过相应的制度设计来消除。如，法律直接规定：对适用违警罪、部分轻罪的人不保留犯罪记录，不影响其升学、就业和获得某种资格等(不保留犯罪记录指不在其本人档案中保留记录，但公安机关基于内部掌握仍然可以保留此种记录)；对其他犯罪则由法律根据罪行轻重分别设立长短不一的前科消灭期，期限一过就不再保存犯罪记录，其有关权利也自动恢复，如律师法规定“受过刑事处罚的”(过失犯罪除外)，不予颁发律师执业证书，确立了前科消灭制度后，就可以将此改成前科消灭后，可以颁发律师执业证书。

另外可能还会有人担心，目前司法机关已不堪重负，如再将治安拘留甚至所有的治安处罚、劳动教养和保安处分纳入刑法，岂不更加难以承受？对此，我的设想是：第一，治安处罚纳入刑法后，大部分行为可归属违警罪，处罚仅为警告、罚款(也可增加诸如在交通违章案件中的吊销驾驶证等非剥夺或限制人身自由的措施)，仍可由警方负责处理，只不过允许被处罚人在有异议时提交法院裁决。由于这类案件案情简单、证据清楚，只要警方是公正执法，当事人从时间、精力等方面考虑往往会直接接受警方的处理，真正不服而要提交到法院去处理的很少(如交通罚款，要真是超速或违章，自己也知道提交法院没用)；因此这部分只是对警方的权力形成一种制度上的制约，并不会给法院增加大量的负荷。第二，还可通过改良我国现有的刑事追诉程序和审判制度来大量地实现非罪化和轻刑化。例如，德国现在有超过50%的刑事案件是通过非正式的“转处”途径来处理的，真正通过正式刑罚途径来处理的只有一小半。另据有关资料显示，德国1997年通过检察机关裁量起诉的方式，在起诉阶段分流掉了大约三分之一的案件，而且分流案件的方式也较多，如附条件不起诉、依刑事处罚令程序处理等。

所谓“刑事处罚令程序”，是一种代替正式审判的书面定罪程序，其目的是处理大量的证据确凿而且被告人一般都会认罪的轻罪案件。根据这个程序定罪后所判处的刑罚包括罚金、保留处罚的警告、禁止驾驶、追缴、没收、以在不超过两年的时间内禁止颁发驾驶执照的形式剥夺驾驶权利、一年以下的监禁缓期执行等。通常由检察官起草处罚令文书，写明案件事实，并提出具体的处理方案，连同案卷材料一并移送法院。法官可以通过三种方式来处理：如果他确信被告人有罪，就按检察官提出的草案签发处罚令(绝大多数案件都是这样)；如果他认为存在足够的怀疑，可以拒绝签发处罚令并对案件进行审判；如果他发现没有足够的理由要求被告人接受审判，可以直接驳回检察官的申请(此种情形下检察官可以向地区法院提出立即抗告)。被告人如果不服,可以在收到处罚令的两个星期内向初级法院提出异议书并要求进行审判,此时刑事处罚令就失去了法律效力而只能在将要进行的审判中充当起诉书。由于刑事处罚令“不仅节省了司法系统的时间和精力,而且由于它避免了公开审判所引起的麻烦和影响名誉的后果,而吸引了许多被告人”,现在,该程序已成为德国法律制度中处理轻微案件不可缺少的途径,实践中检察官提出适用刑事处罚令的申请已多于提起公诉。

相比之下,我国目前刑事追诉过程中的“转处”途径还很有限,案件一旦进入追诉程序,除非通过“关系”等不正当的“分流”手段,真正光明正大的分流手段很少,如我国法律对“酌定不起诉”的范围限制太严(一方面是限制范围太严,另一方面在作出不起诉的决定时又缺乏公开听证等“阳光”措施,致使公信力不足),对刑事被害人—加害人的调解仅限于部分自诉案件,而且要到法庭审理阶段,而暂缓起诉制度则根本没有规定。

我们应当看到刑事实体法与刑事程序法在犯罪圈的扩张与收缩方面的互动作用和效果,即通过实体法将犯罪圈扩大到可以涵盖劳动教养和治安处罚的行为,使理论上盗窃 1 万元和盗窃 1 元、把人打成重伤和仅仅打人一拳的行为都具有刑事可罚性,而通过程序法发挥过滤作用,使绝大多数盗窃 1 元和打人一拳的行为都不进入最终的刑事惩罚,除非该人通过其行为表现出特别大的主观恶性和人身危险性。

(原载《法制日报》2010 年 11 月 27 日)

废止劳教的具体办法及其后续措施

《中共中央关于全面深化改革若干重大问题的决定》明确宣布废止劳动教养制度，标志着我国又将搬走一块巨大的人治自留地，对树立我国的法治国家形象有着极为重要的意义。

由于劳动教养在实践中早已远离教养的初衷、沦为“二劳改”，且剥夺人身自由的时间长达1—3年，必要时还可延长1年，致使其处罚力度明显超出轻微违法犯罪行为所应得的处罚，违背了比例性原则；加上公安既做运动员又做裁判员，容易导致对不该劳教者也处以劳教，对人权保障极为不利，无法满足法治的正当程序要求，因此对于这样一种制度必须予以废除。

一、废止劳教的各方面条件已经成熟

2012年重庆任建宇案、方洪案、黄成城案、彭洪案等一系列劳教案件的相继平反，以及2013年湖南“上访妈妈”唐慧案的最后彻底胜诉，都说明劳动教养现在已经很不得人心，社会形象很差。重庆系列“以言治罪”的劳教案说明劳教事实上由公安说了算，权力不受制约很可怕；而唐慧案的尴尬则说明劳教这种执法界限不清或者说违背民意的制度在道义上已经明显处于劣势，无法满足法治社会的良法善治要求。

劳教的特点是方便、管用，这不符合把权力锁进笼子的法治思维。法治社会的一个特点是行为的可预期性，而劳教恰恰使公民无法预期自己行为的后果，因为它的规定太笼统、太富有弹性了，这也反过来为某些在彼时被官方认为劳教有据的案子在此时却基于民意的压力被平反甚至被民意认为很荒唐的现象提供了可能。这种不确定性是法治社会的大忌。

与历史上相比，劳教人数已经大幅度下降，这也为废止劳教创造了条件。据统计，1999 年全国的劳教人员是 31 万多人，2008 年是 16 万多人，2012 年只有 5 万多人（另有强制隔离戒毒人员 20 多万）。

2013 年全国政法工作电视电话会议后，各地相继停止使用劳教手段。近一年来，社会治安保持平稳的态势，各方面的工作并没因此遇到大的障碍。到 2013 年底，绝大部分在教人员也都将期满释放。各方面条件都表明，废止劳教的时机已经成熟。

二、废止劳教的具体方式

对于年初全国政法工作电视电话会议传出的年内将停止使用劳教的消息，社会上有不同的解读和担心：是暂时停止使用？还是永久废除？甚或只是改个名、换个“马甲”？这次《中共中央关于全面深化改革若干重大问题的决定》明确了这个问题，那就是劳动教养制度被彻底废止，而不是暂时停用，也不是改头换面。

由于现在宣布废止劳教的还只是党内文件，正式生效还须转化为法律形式。因此，我建议在 2013 年 12 月份召开的全国人大常委会上通过一个正式废除劳教制度的法律文件。具体设想是：由全国人大常委会专门通过一个《关于废止劳动教养制度的决定》，这个决定的内容大体如下：“经全国人大常委会研究决定，自即日起，不再使用劳动教养制度。1957 年的《关于劳动教养问题的决定》和 1979 年的《关于劳动教养的补充规定》以及 1982 年的《劳动教养试行办法》等有关规定劳动教养制度的法律法规同时失效。”

之所以建议采取这样一种简单明了的办法，是因为这样可以给国内外一种彻底废除劳动教养制度的印象，至于其他法律制度的完善，可以在废除劳动教养制度后再行研究。因为如前所述，即使现在没有修改任何法律，实践中已经停用劳动教养制度的地方也没有遇到不能克服的障碍，现行的《治安管理处罚法》和《刑法》等法律基本可以有效地维护社会治安。

在公布这个决定的同时，还可由中央政法委内部下发两个文件：一个是针对劳教系统的，要肯定广大劳教干警的付出，给他们吃定心丸，即劳教干警不会“失业”（现有劳教场所除继续收容强制隔离戒毒人员外，还可成为强制医疗、收容教养、收容教育场所和轻刑犯服刑场所，相应地，劳教工作人员也应根据新的工作对象进行培训），而且要采取切实措施，确保他们的待遇不致因此降低；另一个是针对公安机关和检察院、法院的，在说明废除劳动教养的必要性的同时，要提醒公安机关和检察院、法院，用好《治安管理处罚法》和《刑法》，确保劳教被废除后社会治安不出现波动。

还有一个问题，那就是废止劳教后对在教人员应该如何处理。近年来对劳教的审批期限一般控制在一年至一年半，因此如前所述，到今年底绝大部分在教的劳教人员都应当到期。这样，继续留在劳教所的狭义上的劳教人员就剩下很少了（不包括强制隔离戒毒人员）。对于这部分人，可以在他们劳教期限届满时再释放，因为离届满时间已经很短，而且对他们的处理是根据过去有效的法律法规决定的。当然，也可以考虑在全国人大常委会通过前述《关于废止劳动教养制度的决定》时，一并将这些剩下的为数不多的在教人员直接以“特赦”的方式提前释放。

三、《违法行为矫治法》没必要再出台

早几年关于劳动教养改革方案的设计一直是朝着制定一部《违法行为矫治法》的思路进行的。之所以迟迟未能出台，主要是对决定权要否从公安转移到法院存在分歧。应当看到，《违法行为矫治法》的前提是保留劳动教养制度。现在既然已经决定要废除劳动教养制度，那么当初针对劳动教养制度改革而设计的《违法行为矫治法》也就失去了依托。由于在《治安管理处罚法》和《刑法》之间，没有劳动教养制度的存在空间，因而即便把决定权从公安转移到法院，仍然理不顺法律的内在逻辑。至于将来在《治安管理处罚法》和《刑法》之外，把有关强制医疗、强制戒毒、收容教养、收容教育等另行规定到一部新的带有保安处分性质的《矫治法》之中，倒是可以考虑的，但这与《违法行为矫治法》的思路和内容完全不同。

四、在《社区矫正法》中增设废除劳动教养后的有关制度

国家有关部门正在制定《社区矫正法》。目前实践中社区矫正只针对被判处管制、被宣告缓刑、被暂予监外执行、被裁定假释、被剥夺政治权利并在社会上服刑的5种人。建议在《社区矫正法》中增加类似“行为监督”的干预手段，即对那些所谓屡教不改的轻微违法犯罪人员，如果经过专家小组评估后认为其极有可能继续实施危害公共安全和他人安全的行为的，在判处治安处罚或刑罚的同时，附加由法院判处一定期间的“行为监督”（初

步设想为 1—6 个月），对其行为习惯和心理进行矫正和治疗。由于“行为监督”是一种在社区中执行的保安处分措施，因此相比起传统的劳动教养来，其严厉性要大大降低。

（原载《学习时报》2013 年 12 月 16 日）

后劳教时代的法治再出发

2013 年 12 月 28 日，全国人大常委会通过《关于废止有关劳动教养法律规定的决定》，宣布废止劳动教养制度，同时还宣布对正在被依法执行劳教的人员解除劳教，剩余期限不再执行。至此，在中国实施了近 60 年、广受关注和争议的劳教制度终于被干净、彻底地画上句号。这是中国法治建设中具有划时代意义的一件大事。

不过，在“小劳教”之外，还有一个“大劳教”问题存在，那就是其他众多的剥夺人身自由的行政拘禁制度，包括收容教育制度、收容教养制度、强制戒毒制度、强制医疗制度等等。与“小劳教”一样，其根源在于强调秩序而忽略自由，强调安全而忽略人权，强调效率而忽略制约，它们都是后劳教时代应当关注并逐步解决的问题。

从立足改革到彻底废除

对劳教制度改革的探讨，至少在 20 世纪 90 年代就已成为法学界的一个热门话题。1997 年修改《刑法》时，刑法学家、北京大学储槐植教授就指出，此次修改的一个重要任务是要解决劳教问题。但由于当年修法比较仓促，要想解决这一问题又涉及一系列复杂的问题，因此决定此次修法暂不涉及劳教，这个问题单独解决。

此后，劳教改革的步伐并没有停下。1999年，全国人大法工委与司法部劳教局就曾在北京大兴的一个劳教所里联合召开了一次关于劳教立法的会议。会上传达了中央主要负责人对劳教改革问题的关心。有与会专家提出，最好在新世纪到来之前把劳教制度的改革完成，以便为早日批准《公民权利和政治权利国际公约》（中国1998年签署）扫清障碍。在这次会上，也有分歧。来自公安部的与会代表就以当时的社会治安形势不容乐观为由，主张对改革不能操之过急。

到2005年，针对劳教制度改革的《违法行为矫治法》被列入全国人大常委会的立法计划。2008年12月，第十一届全国人大常委会第六次会议通过的报告即说明："按照将劳动教养制度改革为违法行为教育矫治制度的要求，拟制定《违法行为矫治法》。法制工作委员会已与中央政法委、最高人民法院、最高人民检察院、公安部、监察部等有关部门多次交换意见，还在进一步研究。"

2009年3月，部分全国人大代表再提关于制定《违法行为矫治法》的议案。当年的全国人大的有关报告指出："中央部署进行的司法体制和工作机制改革已明确提出'将劳动教养制度改革为违法行为教育矫治制度'。"还称将做好法律草案的起草工作。随后2010年全国人大方面也多次表态，将加快《违法行为矫治法》的立法速度。

不过，虽然针对改革劳教制度的《违法行为矫治法》先后被十届、十一届全国人大常委会列入立法规划，但进展一直缓慢，为什么？主要还是在一些重大的问题上存在分歧，比如要否将决定权从公安移交到法院，学界和立法机关都持肯定意见，但由于公安部反对，因此迟迟形不成成熟的方案。

公安部并非没有意识到劳教制度所面临的挑战，他们也在采取一些改革措施。2002年公安部发布《公安机关办理劳动教养案件规定》，规定拟对违法犯罪嫌疑人决定劳教2年以上、应当对未成年违法犯罪嫌疑人决定劳教等案件，可以组织聆询。2005年，公安部又发布《关于进一步加强和改进劳动教养审批工作的实施意见》，进一步扩大了劳教案件的聆询范围，缩短了劳教期限（一般不超过2年），扩大了所外执行的范围，并规定律师可以代理劳教案件。

这些改革取得了一些成绩，但总的来看，由于是审批部门自己组织聆询，公安机关仍然既当运动员又当裁判员，且程序带有相当的封闭性和可控性，因而即使纳入聆询的案件，也往往流于形式。例如，曾经被错误劳教的重庆青年黄成城在看守所申请聆询时，很多一起的在押人员都对此不抱希望，说："从来没有听说过因为申请聆询，就不会被劳教。"在他提出要请律师参加聆询并且没有得到满足的情况下，公安方面就在看守所为他组织了聆询。他的反对意见也无效。整个聆询过程仅15—20分钟。

在一些特殊情况下，这种体内监督式的改革更是局限明显。王立军任公安局长时期的重庆就是一例。重庆市高级法院行政庭一位审理过劳教案件的法官曾告诉我，王立军对他领导下的公安机关有要求：劳教案件凡有领导批示的，按批示办。这里的"领导"主要指他自己。

其间还有一些改革试点。从2011年起，根据最高法院等十部委《关于印发违法行为教育矫治委员会试点工作方案的通知》，甘肃、山东、江苏、河南等地开始试点劳教制度改革，如南京市发布了《关于成立南京市违法行为教育矫治委员会试点工作领导小组的通知》。不过，根据我对部分试点城市的调研，这一改革并未带来根本性的变化。

拐点出现在2012年11月，中共十八大强调要运用法治思维和法治方法来治理社会。2013 年初,在全国政法工作电视电话会议上,中央政法委书记孟建柱宣布,中央已研究,报请全国人大常委会批准后,年内将停止使用劳教制度。孟建柱还表示,在全国人大常委会批准之前,严格控制使用劳教手段;对缠访、闹访等三类对象,不采取劳教措施。

这也是在之前几年劳教问题引发强烈关注和诟病后,比较果敢和直接的决定。

随后 2013 年 11 月,十八届三中全会通过的《中共中央关于全面深化改革若干重大问题的决定》明确指出:废止劳教制度,完善对违法犯罪行为的惩治和矫正法律,健全社区矫正制度。

一个多月后,2013 年 12 月 28 日,全国人大常委会通过《关于废止有关劳动教养法律规定的决定》,正式废止劳教。

从原来的立足改革到彻底废除劳教,在我看来,首先,此前一系列被错误劳教的案件所带来的恶劣社会影响,使废除劳教制度成为新一届中央领导集体在法制领域的首选。因为随着法制建设的进步,像劳教这样针对所有人特别是草根阶层的、成块的“人治自留地”确实不多了,改革这样一种制度,无疑有利于赢得民心。

其次,多年来社会上对劳教制度的批评,以及公安部等采取的改革措施(如缩短劳教期限等),加上劳教制度的部分功能逐渐被相关法律制度所替代(如社区矫正),使得劳教的人数逐年减少:从全国最多时的 30 余万人,到 2012 年底只有 5 万多人劳教人员(另有约 20 万强制隔离戒毒人员)。2013 年初全国政法工作会议后,各地相继停止使用劳教手段。到年底宣布废止劳教制度时,大部分人已经到期,继续关押的劳教人员已经不多了,这就使得国家在社会治理中对劳教制度的依赖已经大大降低。

与此同时,过渡的近一年间,社会治安形势基本平稳,也说明弃用劳教不会给社会带来不可克服的压力。

"变形记"与制度安排

劳教废止后,首先引发关注的是在河南多地出现的"非正常上访人员训诫中心",以及其他地方相继出现的形形色色的"法制教育基地""法制培训班"等。人们有理由担心,这类没有法律依据的"训诫中心""法制教育基地""法制培训班"会不会作为一出"变形记",让劳教制度借尸还魂?

根据《立法法》规定,对限制人身自由的强制措施和处罚,只能由全国人大及其常委会通过制定法律来规定。因此,各地无权擅自设立这样的机构和措施,这一点必须明确。

另一个值得注意的现象是,劳教废止后,最高法院、最高检察院先后出台了诸多降低犯罪门槛、扩大犯罪圈的司法解释,如《关于办理盗窃刑事案件适用法律若干问题的解释》《关于办理敲诈勒索刑事案件适用法律若干问题的解释》《关于办理寻衅滋事刑事案件适用法律若干问题的解释》《关于办理抢夺刑事案件适用法律若干问题的解释》等。

在我看来,这也不够严肃,涉嫌司法权对立法权的侵犯。如果确实需要动用《刑法》,也应当通过修改《刑法》来实现;否则,在修法之前,只能就低不就高,按照《治安管理处罚法》来处理。

劳教废除后,原有的治安管理处罚、劳动教养、刑法"三足鼎立"的模式转化成治安管理处罚和刑法处罚的二元模式。原有的劳教对象一部分不能再处罚,如对上访者的违法劳教,因办案期限所限而对犯罪嫌疑人采取"以教代侦"等,其余则要分别归入《治安管理处罚法》和《刑法》的规制范围。

由于中国传统刑法强调犯罪行为要危害后果严重,废除劳教后，对于那些危害后果虽然不足够严重但屡教不改、有较大主观恶性的行为，可以在经过充分论证的基础上修改《刑法》，适当扩大犯罪圈。当然，《治安管理处罚法》和《刑法》本身也有一个无缝衔接的问题，比如，可以考虑将《刑法》上的拘役刑起点由 1 个月下调至 15 天——因为治安拘留的最长期限为 15 天。

目前，立法机关正在准备制定《社区矫正法》，这是废止劳教后一项重要的配套措施。在实践中，社区矫正只针对被判处管制、被宣告缓刑、被暂予监外执行、被裁定假释、被剥夺政治权利并在社会上服刑的 5 种人。有必要进一步加大社区矫正的适用范围，如过失犯、短期拘役犯等，从而减少监狱关押人员。

类似“行为监督”的干预手段，可以考虑增加在《社区矫正法》中，例如对那些屡教不改的轻微违法犯罪人员，如果经过专家小组评估后，认为其有可能继续实施危害公共安全和他人安全的行为的，在判处治安处罚或刑罚的同时，附加由法院判处一定时间的“行为监督”（初步设想为 1—6 个月），对其行为习惯和心理进行矫正和治疗。由于这是一种在社区中执行的保安处分措施，相比起传统的劳教，严厉性要大大降低。

在矫正实践中，各地纷纷设立了“中途之家”“社区矫正中心”等专门场所，为那些“无家可归、无业可就、无亲可投”的社区服刑人员提供过渡性、临时性食宿服务，取得了一些好的效果，但发展很不平衡，亦有待改进。有的地方人员和财物都严重不足，需要从财政和编制上予以保证。另外，还要配备社区矫正机构的警察，以保证对社区服刑人员的交付接收、组织宣告、提请执行变更、解除社区矫正、实施电子监控等。当然，特别需要注意的是，在设计社区矫正相关制度时，要防止异化成“二劳教”。

劳教制度废止后，依照《禁毒法》和《戒毒条例》的规定，原劳教场所职能由原来的劳教和强制隔离戒毒双重职能，转型为执行强制隔离戒毒的单一职能。强制隔离戒毒工作由公安和司法分段执行，一般在公安经过 3—6 个月的急性脱毒期后，转送到司法行政的戒毒场所（即原劳教场所）执行。

据了解，中编办已批复同意司法部劳教局更名为司法部戒毒管理局，原有各省劳教局于近两年陆续加挂戒毒局门牌，目前正在走更名程序。另外，也有劳教局更名为教育矫治局。其实，名称在很大程度上取决于转型后的功能，如果只承担强制戒毒这一项，那么叫戒毒管理局合适；如果还要承担其他职能，如负责接纳收容教养、收容教育甚至强制医疗等人员，那就叫教育矫治局更合适一些。

由于戒毒人数近年来持续增长，因而绝大多数原劳教场所干警的工作内容比较饱和，工作和思想状态稳定。但也有的地区出现场所和警力富余的情况，特别是那些毒品形势相对不那么严峻的地区。这些地方尝试了其他职能的拓展，如改造成轻刑监狱等。

实行了数十年的劳教制度有一套规范化的做法，相比而言，强制戒毒还较新，除了《禁毒法》《戒毒条例》以及司法部的戒毒工作规定，强制戒毒的管理、教育、戒治等各项具体业务均有待进一步规范。

与此同时，还有一些问题有待解决。比如，劳教制度废止后，劳教警察身份有待进一步确认，可考虑改为强制戒毒干警和社区矫正机构干警；检察监督有待进一步明确。由于原劳教所设有检察监督室，但现行法律没有明确规定强制隔离戒毒场所的检察监督，目前有的场所驻所检察室已按最高检有关规定撤离。检察监督的缺位不利于执法工作，特别是不利于场所一些非正常事件的处理。

（原载《财经》2014 年第 14 期）

劳教废止助推“大刑法”格局的形成

劳教制度的废除，是在新一届中央领导集体上台后，面对过去一些年来众多劳教个案引发社会对该制度的强烈诟病后所作出的“壮士断腕”式的果敢决定。在此之前，劳教制度一直是立足改革的，学界对彻底废除劳动教养制度应当说也缺乏必要的准备，当时一种流行的说法是我国《刑法》由于既定性又定量，若完全取消劳动教养制度将存在一种结构性缺陷，由此决定了劳动教养只能改革而不能彻底取消。正因此，劳动教养制度虽然已经废止，但遗留下来的问题依然复杂。

劳教废止后的遗留问题

劳动教养制度废止后，我国维护社会治安的制度由原来的治安管理处罚、劳动教养和刑法“三驾马车”变成了治安管理处罚和刑法“两驾马车”。虽然不再管理原来的一些劳教行为和对象（如对上访人员和“以教代侦”者等），但有些确实危害社会治安的行为仍然要分别纳入治安管理处罚和刑法范围之内。由于从劳教到治安处罚系由重到轻，而从劳教到刑法系由轻到重，因此当前最引人关注的问题是后者。

早在劳教废止前，最高人民法院就要求“各级法院要积极配合劳教制度改革”。与之相适应，最高人民法院、最高人民检察院在劳教废止前后相继出台了一系列的司法解释，如关于《关于办理盗窃刑事案件适用法律若干问题的解释》和《关于办理寻衅滋事刑事案件适用法律若干问题的解释》分别降低了盗窃罪和寻衅滋事罪的“数额较大”或“情节恶劣”的入罪门槛。但通过司法解释来扩大犯罪圈，是否存在不够严肃甚至有司法权侵犯立法权的问题，需要认真对待。如前述关于盗窃罪的司法解释，规定曾因盗窃罪受过刑事处罚或者1年内曾因盗窃受过行政处罚等八种情形的“数额较大”标准可以降低50%，也就是说，在这八种情形下，本来不够“数额较大”的犯罪门槛，也要升格为犯罪来处理，这其实已经突破了司法解释就法律适用中的问题进行解释的范围。我主张，对于这类不当扩大犯罪圈的司法解释，应当在必要的时候上升为立法，至少要上升为立法解释。

2014年10月，全国人大常委会公布了《刑法修正案(九)》拟定的草案全文。此前在向全国人大常委会作草案说明时，法制工作委员会主任李适时说到此次《刑法》修改要解决的问题之一就是“做好劳动教养制度废除后法律上的衔接”。从草案文本可知，这方面的内容还是比较丰富的。如，修改了抢夺罪，将多次抢夺的行为规定为犯罪(现行《刑法》规定抢夺公私财物要数额较大才构成犯罪，修改之后，对于多次抢夺的，即使没有达到数额较大，也构成犯罪)。又如，将多次扰乱国家机关工作秩序，经处罚后仍不改正，造成严重后果的行为和多次组织、资助他人非法聚集，扰乱社会秩序，情节严重的行为规定犯罪(现行《刑法》强调“聚众”，草案去掉了“聚众”，这意味着以后单个人也可以构成扰乱国家机关工作秩序罪)。对扰乱社会秩序罪的这种修改，社会上有一种担心，即会不会将来成为打压上访者的一种工具，就像过去劳教被用来对付上访者一样。我曾应邀参加过《刑法修正案(九)》拟定草案的一些前期工作，在赞成与反对之间，确实纠结，双方都有一定道理，这再次证明保障秩序与保障人权是《刑法》的一个永恒难题。

刑法格局发生改变

随着《刑法修正案(八)》对醉驾、扒窃等行为的独立入罪,以及这次《刑法修正案(九)》拟对抢夺罪等进一步去数额化,我国《刑法》在一定程度上正在改变重罪重刑的"小刑法"局面。《刑法修正案(九)》(草案)表明,劳教制度的废止,进一步推动了我国"大刑法"格局的形成,即犯罪圈扩大、与轻罪相适应的轻刑增多。鉴于废止劳教后犯罪圈扩大这一无可回避的事实,有必要探讨我国《刑法》中的轻罪重罪之分类,对轻罪实行经过一定的考验期限之后即可宣告前科消灭的制度,以弥补犯罪标签化所带来的消极效应。

"小劳教"的废止还带来强制戒毒、收容教育、收容教养等"大劳教"措施的完善问题,甚至治安拘留也将面临司法化的压力。我国强制医疗制度已经实现司法化,这昭示了未来这些较长时间剥夺人身自由的行政处罚和措施也一定会朝司法化的改革方向迈进。经过司法化的改造后,像治安拘留这类警察罚就可转化为轻罪的法律后果,而强制戒毒、强制医疗、收容教育、收容教养等则可成为与刑罚相并列的保安处分措施。

总之,我国未来的刑法结构应当是在犯罪的分类上,实现轻罪与重罪的二元化,二者在是否作为犯罪记录、是否设立前科消灭期、刑事诉讼的程序繁简等方面均可以作区别化的制度设计。如前所述,将来轻罪还要吸收我国治安管理处罚中后果为治安拘留的那部分行为,也就是说,未来的《治安管理处罚法》不能有剥夺人身自由的警察罚,所有剥夺人身自由的处罚都应由法院来作出。

无论轻罪还是重罪，针对的都是对自己行为负责的具有刑事责任能力的人，刑罚不管轻重，都是对他们的应得惩罚。但对于那些未达到刑事责任年龄的人（收容教养）、没有刑事责任能力的人（强制医疗）、社会的病人（强制戒毒、收容教育等针对的对象），则需要采取保安处分的措施，这不仅是刑法防卫社会的任务所要求，也是为了保障这些人的人权的考虑（因为他们是病人或缺乏刑罚感知的人，所以不能简单地去惩罚，而应教育、治疗和矫正）。隔离他们是为了保卫社会，但如果把这种隔离变成变相的惩罚，那就是不人道的。正是基于这一理念，德国宪法法院要求德国的那些保安监禁场所必须加大各种教育、治疗和矫正设施的投入，以切实与监狱区别开来。而之所以像这类剥夺人身自由的保安处分必须纳入刑法视野，是因为它们也必须受到“罪刑法定”“正当程序”等法治基本原则的约束。

（本文为作者主编的《废止劳教后的刑法结构完善》一书的后记，原载《法制日报》2015年1月28日）

类似劳教的制度也有待改革

《中共中央关于全面深化改革若干重大问题的决定》明确宣布废止劳动教养制度，标志着我国又将搬走一块巨大的“人治自留地”，是革命法制向建设法制转型的又一重要步骤，对树立我国法治国家的形象有着重要意义。

但必须注意的是，我们现在所说的废止劳动教养制度，针对的其实是“小劳教”，也就是1957年全国人大常委会批准、国务院公布的《关于劳动教养问题的决定》和1979年全国人大常委会批准、国务院公布的《关于劳动教养问题的补充规定》以及1982年国务院转发、公安部发布的《劳动教养试行办法》所确定下来的劳动教养制度，其对象主要是指那些“大错不犯、小错不断、气死公安、难倒法院”的屡教不改的轻微违法犯罪人员。由于劳动教养在实践中早已远离教养的初衷、沦为“二劳改”，且剥夺人身自由的时间长达1—3年，必要时还可延长1年，致使其处罚力度明显超出轻微违法犯罪行为所应得的处罚，违背了比例性原则；加上公安机关既做运动员又做裁判员，容易导致对不该劳教者也处以劳教，对人权保障极为不利，无法满足法治的正当程序要求，因此对于这样一种制度必须予以废除。至于劳教制度废除后，如果确实造成了某些制度漏洞，则可以通过完善社区矫正、治安管理处罚和刑法的相关制度来加以弥补。这些问题现在应当都已研究出比较成熟的方案，在12月份的全国人大常委会上可见分晓。

在“小劳教”之外，我们还有一个“大劳教”，也就是其他众多的剥夺人身自由的行政拘禁制度和相关制度。例如，针对卖淫嫖娼人员的收容教育制度。根据 1993 年国务院发布的《卖淫嫖娼人员收容教育办法》，对卖淫、嫖娼人员由县级公安机关决定实行收容教育，期限为 6 个月至 2 年。由于该制度也存在公安机关既做运动员又做裁判员等弊端，加上立法层级低，暴露出来的问题也不少，被指“比劳教更随意”。卖淫嫖娼在我国并不是刑法上的犯罪，而只是治安违法行为，但现在的剥夺人身自由期限过长，甚至比刑法上的某些犯罪处罚还严厉，而且就如劳动教养最后蜕变为强制劳动一样，收容教育在实践中也成了变相的强制劳动。

又如，针对未达到刑事责任年龄者的收容教养制度。根据 1982 年公安部下发的《关于少年犯管教所收押收容范围的通知》，公安机关可对被处收容教养的少年剥夺长达 1—3 年的人身自由。这个立法层级更低，公安机关同样是既做运动员又做裁判员。广受社会关注的李某某强奸案发后，许多人质疑李某某之前被处收容教养的效果，引起大家对这个制度现行设计的反思。如，有人提出应先评估家庭的教养能力，只有在家庭不能或不愿教养时才送专门的收容教养场所，而这种场所必须在软硬件方面都适合对少年的教养和矫正，而不是一关了之，甚至造成交叉感染。与此相关的一个制度是工读学校，目前工读学校在各地的发展也很不平衡、很不规范，需要作出跟踪研究。

再如，针对吸毒成瘾者的强制戒毒制度。目前，强制隔离戒毒决定、（提前）解除强制隔离戒毒和延长戒毒期限等，均由公安机关单方面作出，由于缺乏监督和制约，导致实践中强制隔离戒毒决定及其变更的随意性较大。据统计，2012 年全国劳教场所关押的“小劳教”人员已经大幅度降至 5 万多人，而关押的强制隔离戒毒这一类“大劳教”人员就有 20 多万，所以实际中劳教场所关押的人员其实已经绝大部分是强制隔离戒毒这一类“大劳教”人员，对他们的合法权益给予足够重视是下一步所无法回避的一个议题。

还有针对精神病人的强制医疗制度。这方面去年修订的《刑事诉讼法》将依法不负刑事责任的精神病人的强制医疗程序司法化，即将强制医疗的决定权从公安转移到法院。这无疑是一个进步，但目前该制度的实施尚处摸索阶段，许多工作仍有待推进和规范化。如，强制医疗机构应当多长时间对被强制医疗的人进行诊断评估，以防不需要继续强制医疗的人长期被限制在强制医疗机构内。这方面还有一个更大的问题需要引起重视，那就是去年通过的《精神卫生法》对于严重精神障碍患者的强制住院治疗，仍然没有实现决定权的司法化，“被精神病”的风险在这里还是存在的。

“小劳教”废除后，我国《治安管理处罚法》中的治安拘留也将成为一个问题。过去在劳教1—3年剥夺人身自由的遮蔽下，15天或合并执行的20天治安拘留似乎并不是一个突出的问题。但劳动教养制度废除后，治安拘留的合法性拷问就会浮出水面。因为公安机关自行决定剥夺一个人15天甚至20天的人身自由，从人权保障的角度审视，仍然有足够的理由担心这样一种不受制约的权力容易被滥用。

此外，还有公安机关过长的刑事拘留权、留置权，甚至“双规”“双指”等等。如此众多的涉及剥夺人身自由的处罚和措施，都是后劳教时代应当加以关注并逐步解决的问题。这些“大劳教”与“小劳教”一样，根源在于强调秩序而忽略自由，强调安全而忽略人权，强调效率而忽略制约。因此它们的改革方向与“小劳教”应当是一致的，那就是凡剥夺人身自由的措施，都要按照我国《立法法》的要求，由全国人大或全国人大常委会以立法的方式来作出规定，低于这个层级的行政法规甚至部门规章无权规定这些内容。而且，正如不能把劳动教养升格为全国人大或全国人大常委会的立法就解决了其合法性问题一样，我们必须按照我国已经签署的《公民权利和政治权利国际公约》的要求和我国宪法关于国家尊重和保障人权的精神，将剥夺人身自由的决定权赋予一个不偏不倚的中立的法庭来行使。从新的《刑事诉讼法》对强制医疗程序的司法化可以看出，我国对各种"大劳教"措施的司法化改革是未来法治发展的必然趋势。

（原载《南方周末》2013 年 11 月 21 日）

取保候审公开听证好

领风气之先的深圳市近日又创造出了一个全国第一：该市罗湖区人民法院首次就一起被告人申请取保候审案举行公开听证，法庭在听取了被告人及其辩护人的取保理由后，宣布三天内决定是否批准被告人的取保候审。（见《深圳法制报》2004年1月16日报道）

按照我国《刑事诉讼法》，公安机关、检察机关和人民法院根据案件情况，认为对犯罪嫌疑人、被告人采取取保候审、监视居住等非羁押措施不致发生社会危险的，经犯罪嫌疑人、被告人及其法定代理人、近亲属申请，可以在侦查、起诉、审理的任何一个阶段向办案机关申请取保候审。但这一原则规定缺乏具体的程序保障，因而在实践中极容易发生暗箱操作，造成四个方面的消极后果。一、本来可以申请取保候审的没有机会申请。有的犯罪嫌疑人、被告人一被关押，就与外面断绝了联系，没有办法通知家人，也没有途径请到律师，自己也不懂还有申请取保候审的权利。二、本来应当批准取保候审的不批准。一些办案机关和办案人员往往从保证办案安全甚至方便省事出发，将取保候审的适用面作不适当的限制，对当事人取保候审的申请及其理由不进行认真审查，就简单地予以拒绝。三、不该取保候审的反而取保候审。由于取保候审的程序不公开，监督和制约不力，导致司法腐败，使一些不符合取保候审条件的也被取保候审。四、有的办案机关和人员将取保候审视为自己的一项特权和对犯罪嫌疑人和被告人的一项恩赐，而不是犯罪嫌疑人和被告人的一项法定权利，因而往往在决定取保候审时增加额外条件和随意性，如不“配合”办案就不批准其取保候审，谁的律师有“能耐”就能办成取保候审。

深圳市罗湖区人民法院此次率先对取保候审实行听证制度，有利于取保候审程序的公开化和决定的科学化，也有利于增强司法机关的公信力。有人认为，法律并没有要求取保候审要实行听证，罗湖法院的做法是多此一举。这类观点是笔者所不能苟同的。在人权保障大踏步前进、司法公正日益受到关注的今日之中国，面对不完美的法律，司法机关应当而且可能通过发挥自己的能动性，弥补法律的漏洞和不足，使那些“口惠而实不至”的规定落到实处。

值得注意的是，本案的听证对象只是到了人民法院审判阶段的被告人，但按照我国已经签署的《公民权利和政治权利国际公约》第九条之要求，“任何因刑事指控被逮捕或拘禁的人，应被迅速带见审判官或其他经法律授权行使司法权力的官员”，因此，对于公安机关侦查阶段和检察机关审查起诉阶段的犯罪嫌疑人，也应确立其申请取保候审的听证权，由“中立的”“不偏不倚的”法官来决定对其是否有必要进行审前羁押。

西谚云：不论我是有罪还是无罪，请给我一个公开申辩的机会。同样，我们可以说：不论我是该取保候审还是不该取保候审，请给我一个公开申辩的机会。

（原载《新京报》2004 年 1 月 17 日）

刑法应平等保护公有和非公有经济

《中共中央关于全面深化改革若干重大问题的决定》(以下简称《决定》)进一步明确了公有制财产和非公有制财产的同等地位,提出要保证各种所有制经济同等受到法律保护。为落实《决定》的这一精神,刑法在平等保护公有和非公有经济方面的一些制度设计上需要完善。

一、刑法对非公有经济从不保护到有限度的保护

1979 年新中国第一部《刑法》颁布时,为适应当时计划经济的要求,只强调保护公有财产,而没有关注对非公有财产的保护。如,对利用职务之便在国有、集体公司或企业非法占有本单位财物、收受他人财物的行为,分别以贪污罪、受贿罪论处;把破坏国有、集体公司或企业正常生产秩序的行为规定为破坏集体生产罪。这一思路到 1988 年《关于惩治贪污罪、贿赂罪的补充规定》仍然没有改变,如针对侵犯公款使用权的行为规定了挪用公款罪,而对侵犯非国有公司、企业利益的同类行为却没有作出规定。

随着社会主义市场经济的发展,这种局面开始逐步得到改变。1995 年《关于惩治违反公司法的犯罪的决定》,确立了商业受贿罪、侵占罪和挪用资金罪等旨在打击侵犯非国有公司、企业利益的罪名。这是刑法首次保护非国有公司、企业的利益,尽管它还没有实现与国有公司、企业利益的平等保护(如对侵犯非国

有公司、企业利益的法定刑要比侵犯国有公司、企业利益的法定刑轻)。

1997 年修订的新《刑法》在平等保护不同所有制经济主体方面更前进了一步,如将 1979 年《刑法》中的破坏集体生产罪改为破坏生产经营罪,对破坏企业生产经营的,不论该企业是否公有,都要追究刑事责任。

但总的看,目前我国刑法对不同所有制经济主体的保护仍然是不平等的,重点保护公有财产的思维还很明显。

二、现行刑法不平等保护公有和非公有经济的主要表现

(一)因所有制性质不同,同质的行为罪名不同、法定刑也不同。例如,同样是在公司、企业中从业的人员利用职务之便非法占有本公司、企业的财物的,仅仅因公司、企业的所有制性质不同,非国有公司、企业的人员构成刑法中的"职务侵占罪",最高刑为 15 年;国有公司、企业的人员,或者国有公司、企业委派到非国有公司、企业的人员构成刑法中的"贪污罪",最高刑为死刑。又如,非国有公司、企业的人员受贿的,构成刑法中的"非国家工作人员受贿罪",最高刑为 15 年;国有公司、企业的人员,或者国有公司、企业委派到非国有公司、企业的人员受贿的,构成刑法中的"受贿罪",最高刑为死刑。相应地,对非国有公司、企业的人员行贿的,构成刑法中的"对非国家工作人员行贿罪",最高刑为 10 年;对国有公司、企业人员行贿的,则构成刑法中的"(对国家工作人员)行贿罪",最高刑为无期徒刑。再如,非国有公司、企业的人员挪用本单位资金的,构成刑法中的"挪用资金罪",最高刑为 10 年;国有公司、企业的人员挪用公款的,构成刑

法中的“挪用公款罪”，最高刑为无期徒刑。

（二）因所有制性质不同，同质的行为存在罪与非罪的本质区别。例如，《刑法》第 165 条至 169 条专门针对国有公司、企业的人员设立了“非法经营同类营业罪”“为亲友非法牟利罪”“签订、履行合同失职被骗罪”“国有公司、企业人员失职罪和滥用职权罪”“徇私舞弊低价折股、出售国有资产罪”等罪名。这些犯罪都要求犯罪主体为国有公司、企业的人员，且其行为使国有公司、企业的利益遭受了相应的损失，也就是说，如果非国有公司、企业的人员的同样行为，使非国有公司、企业的利益遭受了同样的损失，则由于刑法没有规定，不能作为犯罪来处理。

三、刑法不平等保护公有和非公有经济的弊端

（一）不利于对非公有经济的保护。平等保护公有和非公有经济是我国宪法和物权法都确立的一项基本原则，但我国刑法至今对公有和非公有经济实行区别对待。由于刑法对非国有公司、企业的保护力度明显低于国有公司、企业，这等于公开承认我国刑法优先保护国有财产，其观念又会影响到具体的执法，对树立我国刑法平等保护不同所有制的社会形象、实现良好的法律效果都会产生消极作用。

（二）不利于激发国有公司、企业的积极性。除了前述刑法对非国有公司、企业的财产保护力度有不够的一面，另外，也应看到我们对国有公司、企业的财产在某些方面可能存在一个过度保护的问题。“签订、履行合同失职被骗”“不负责任造成公司、企业严重损失”等与企业正常的经营活动在界限较难划清时，国企高管往往会倾向于避险、免责，企业家最需要的创新、试错被挤到一边，这也是影响国企焕发活力、提高效率的一个重要

原因。

（三）人为地增加司法的难度。随着经济领域混合制经济呈现日趋多样化的趋势，对公司、企业如何区分国有和非国有的性质，对公司、企业人员如何认定其是否国有公司、企业委派到非国有公司、企业中从事公务的人员，成为司法实务中的一大难题。同样的行为，有时仅仅因为身份认定的不同，最后的结果有天壤之别，这对于树立法律的权威性无疑是很不利的。

（四）容易在国际贸易中授人以柄。我国刑法把国有公司、企业中从事公务的人员以及国有公司、企业委派到非国有公司、企业中从事公务的人员“以国家工作人员论”；最高人民法院和最高人民检察院的有关司法解释又进一步把部分国有公司、企业中从事公务的人员解释为“国家机关工作人员”，如《关于办理渎职刑事案件适用法律若干问题的解释（一）》将依法或者受委托行使国家行政管理职权的公司、企业工作人员视为国家机关工作人员，作为渎职罪的主体来对待。这就很可能成为美、欧等WTO成员将我国国有企业视为“公共机构”的国内法证据，对我国政府以及企业应对反补贴等国际贸易案件带来不利影响。因为根据WTO《补贴与反补贴协定》（SCM协定）的规定，在一定条件下，政府以外的“任何公共机构”均可成为补贴的主体，而是否被政府所控制则是一个企业或组织被认定为“公共机构”的重要标准。正是基于这样的标准，WTO上诉机构认定中国的国有银行为“公共机构”，其发放的贷款可被视为“补贴”，接受贷款的企业将被征收高额“反补贴税”。

四、刑法平等保护公有和非公有经济的对策建议

（一）从长远来看，我国必须取消国有公司和企业行使行政

管理职权的职能，废除国有公司和企业工作人员享受行政干部级别的做法，对国有公司和企业的工作人员不再“以国家工作人员论”。这既是我国按照WTO规则争取市场经济地位的必要之举，也符合《决定》所提出的国有公司和企业“必须适应市场化、国际化新形势”的要求。如果眼下还不能完全达到这一要求，则要对国有公司和企业的工作人员“以国家工作人员论”的范围作出严格限定，由全国人大常委会协商国务院后，明确依法或者受委托行使国家行政管理职权的国有公司、企业的范围，并对外公布这些国有公司、企业的名称，以避免在国际贸易中授人以柄，殃及其他绝大多数作为市场经济主体的国有公司和企业。

（二）在作上述例外处理后，其他所有的国有公司、企业一律和非国有公司、企业同等规制，不再分别“定制”罪名。如原来专门针对国有公司、企业人员的《刑法》第165条至169条，可将各条款中的“国有公司、企业”改为“公司、企业”，“国有资产”改为“公司资产”，“国家利益”改为“公司、企业利益”。又如，把国有公司、企业人员的贪污罪合并到非国有公司、企业人员的“职务侵占罪”中，把国有公司、企业人员的“受贿罪”合并到“非国家工作人员受贿罪”中，把对国有公司、企业人员行贿和对非国有公司、企业人员行贿合并到“对非国家工作人员行贿罪”中，把国有公司、企业人员的“挪用公款罪”合并到非国有公司、企业人员的“挪用资金罪”中。

（原载《中国改革》2014年第3期）

刑法解释不应一概溯及既往

基于人权保障的考虑，现代法治国家无不将“罪刑法定”作为刑法的一项基本原则加以规定。我国1997年修订《刑法》时，也将该原则作为刑法的三大基本原则之首在刑法典中作了规定（第3条），并废止了与该原则相悖的类推制度。作为“罪刑法定”原则的一个重要派生原则，刑事立法在时间效力上坚持“从旧兼从轻”，即法不溯及既往，除非依照新法对被告人更有利，这也是没有疑义的，我国《刑法》第12条对此也作了明文规定。本文要探讨的是刑法解释的时间效力问题。

刑法解释，包括立法解释和司法解释，是否有溯及既往的效力，在理论界缺乏应有的关注。从实践看，实际上是有溯及既往的效力的。先看立法解释，虽然立法机关并没有明确规定刑事立法解释能否溯及既往，但实际上是可以的。如全国人大常委会2000年4月29日对《刑法》第93条第2款的解释，即将一定条件下的村民委员会等农村基层组织人员纳入“国家工作人员”之范畴，因而可以成为贪污罪、挪用公款罪和受贿罪的主体，该解释没有关于时间效力的规定，其结果是实践中可以溯及既往。再看司法解释，最高人民法院、最高人民检察院于2001年12月7日颁布的《关于适用刑事司法解释时间效力问题的规定》第2条规定：“对于司法解释实施前发生的行为，行为时没有相关司法解释，司法解释施行后尚未处理或者正在处理的案件，依照司法解释的规定办理。”这里，明确规定了刑事司法解释有溯及既往的效力。然而，从彻底贯彻“罪刑法定”原则出发，此种做法并不妥当。我认为，对于刑事立法解释和刑事司法解释，不能一律可以溯及既往，对那些明显作了扩大解释的，原则上应当只对其施行之后的行为有评价功能，除非适用裁判时的解释比适用行为时的法律或解释更有利于犯罪嫌疑人和被告人。基本理由如下：

首先，“解释在某种特定的意义上就是再创造”（伽达默尔语），通过这种再创造，或者使原来含混不清的地方得以澄清（如前述的农村基层组织人员是否属于“国家工作人员”），或者使原来没有包含的内容包含进去（如最高人民法院2001年3月29日通过的将传销或者变相传销行为归入非法经营罪的范围之司法解释），无论哪种情形，都不能用事后造的这种“法”去套行为人当时的行为，否则对于他就是不公平的。试想，如果连立法者和执法者都不明白某种行为是否构成犯罪，又怎能要求普通百姓去遵守这种模糊不清的法呢？如果连常人都认为根据当时的法律条文某种行为不构成犯罪，但由于刑事政策或其他社会利益的需要，立法者或司法者通过“再创造”将该种行为扩大解释为可以构成犯罪，又怎能要求行为人有如此先见之明呢？

其次，有些刑事立法解释实际上是另一种形式的立法活动，它通过对原条文作出扩大解释，既可补充有关立法内容，又可维持条文的稳定，因而不失为一种完善刑法典的方式。但这样的立法活动，如果对其时间效力不加以限制，那就无异于以追求形式的完美来牺牲实质的正义。因此，笔者主张对于此种刑事立法解释，应当遵循普通刑事立法所要求的“从旧兼从轻”原则，否则就与“罪刑法定”的内在要求相违背。而关于刑事司法解释，一个不可不承认的现实是，在目前我国的法律解释体制中，到底立法解释和司法解释的界限在哪里。这个问题并没有得到很好的解决，更为严重的是，即使对于那些明显侵犯立法权的司法解释，也无可奈何，只能听之任之。如1998年8月28日最高人民法院作出的《关于审理骗购外汇、非法买卖外汇刑事案件若干问题的解释》，将该行为解释为“非法经营罪”的内容，而到1998年12月29日，全国人大常委会又通过了《关于惩治骗购外汇、逃汇和非法买卖外汇犯罪的决定》，将该内容吸收到立法中，这说明司法解释确实是侵犯了立法权。在此种司法解释体制下，如果不对其时间效力加以关注，一概允许其溯及既往，无疑是对法治社会的可预期性原则的破坏。

再次，废止类推曾被我们欢呼为1997年新刑法在人权保障上的重大进步，但如果仔细考察一下，就会发现，若法律解释的溯及力问题不得到妥善解决，则废止类推的成果不会得到很好的巩固。例如，原来的类推制度要求类推案件须经最高人民法院核准，那么现在类推虽然废止了，同样可以由最高人民法院以司法解释之名来行类推之实。因此，对于那些已经超出常规解释范畴、直接关涉公民过去的某一行为是否构成犯罪或者是否构成更严重的犯罪的解释，必须确立起“从旧兼从轻”这样的“有利被告”原则，否则就不可能从根本上与可以溯及既往的类推制度彻底决裂。

基于以上考虑，建议全国人大常委会和最高人民法院、最高人民检察院在出台有关刑事立法解释和刑事司法解释时，根据其解释内容对时间效力分别予以明确化：对于那些属于常规状态下的解释或有利被告的解释，可以溯及既往；对于那些不属于常规状态下的解释或不利被告的解释，应当明文规定此解释只适用于颁布后的行为。这样做，既是从根深蒂固的以社会保护为本位的传统观念迈入以人权保障为本位的现代观念的需要，也是刑罚目的从立足惩罚和报应转向威慑和预防的必然要求。

（原载《检察日报》2002年4月23日）

贿赂犯罪中的“财物”应改为“不正当好处”

我国刑法在规定贿赂犯罪中的“贿赂”时，采用的是“财物”这一表述。根据2007年最高人民法院、最高人民检察院《关于办理受贿刑事案件适用法律若干问题的意见》的规定，“财物”的范围包括可以直接用货币计算的“财产性利益”。2008年最高人民法院、最高人民检察院《关于办理商业贿赂刑事案件适用法律若干问题的意见》明确指出：“商业贿赂中的财物，既包括金钱和实物，也包括可以用金钱计算数额的财产性利益。”虽然这些规定将“财物”的范围扩大到了“财产性利益”，但仍包含不了“非财产性利益”，并且这些规定只限于司法解释，没有上升至法律层面。

2014年，立法机关正在准备出台《刑法修正案（九）》，我们认为，可以借鉴我国已经加入的《联合国反腐败公约》的规定，将我国贿赂犯罪中的“财物”改为“不正当好处”，使其能把“财产性利益”和“非财产性利益”都涵盖进去。这不仅出于与《联合国反腐败公约》相衔接的考虑，还基于以下理由：

第一，以“非财产性利益”为内容的贿赂行为具有严重的社会危害性，却难以被“财物”的范围所涵盖。如给予招工指标、帮助迁移户口、安排子女等特定关系人就业或者帮其提职晋级、性贿赂等，其危害不亚于财物，甚至有过之而无不及，但按照现有法律规定，很难追究行为人的刑事责任。有人认为，由于非财产性利益不易量化，将其纳入贿赂范畴可能会产生取证及认定上的困难，导致司法上的混乱，因而不宜将其纳入贿赂范围。不可否认，与其他贿赂形式相比，以非财产性利益为内容的贿赂行为的确具有更强的隐秘性。但是，这一问题在其他犯罪中同样存在，如强奸罪也存在取证及认定困难的问题，却从未有人主张将其非犯罪化。当前的问题是，已被证实的案件却因受制于“财物”规定的限制而难以处理。如“原铁道部部长刘志军案”，虽然有关部门曾通报，刘志军在豪华酒店、高消费娱乐场所与丁某某出资安排的多名女性嫖宿，但检方囿于现有法律的规定而未对其接受性贿赂这部分完全可以得到证实的事实提出指控。因此，取证及认定困难不应成为阻碍非财产性利益纳入贿赂内容的理由。长期以来，我国在贿赂犯罪的认定上坚持“数字化思维”，不论是定罪还是量刑，犯罪数额几乎成了唯一标准。然而，应当明确的是，衡量某种行为是否构成犯罪的真正标尺，是该行为对社会的危害性。种种事实表明，以非财产性利益为内容的贿赂行为和以财产性利益为内容的贿赂行为在对国家工作人员职务行为廉洁性的侵害上并没有本质的不同，因此，在贿赂犯罪的立法上，我们应当改变原有的“数字化思维”，以行为是否具有严重的社会危害性为标准来判断应否将某一行为入罪。

第二，将“财物”修改为“不正当好处”，有利于克服目前司法实践中一些勉为其难的做法。以“性贿赂”为例，鉴于其严重的社会危害性，司法实践已经采取了一些处理方式。如 2002 年 8 月，南京市秦淮区人民法院对南京商人徐某先后三次用送“小姐”上门的方式向李某行贿一案，以介绍卖淫罪判处徐某有期徒刑 1 年。又如 2006 年 12 月，浙江省丽水市景宁县人民检察院以受贿罪对温某提起公诉，将温某收受丁某的 9500 元嫖娼费计入受贿额，法院认可这一做法，最后以受贿罪对温某定罪判刑。这里，第一种处理方式以其他罪名惩处行为人显得牵强，第二种处理方式则无法适应复杂的“性贿赂”方式，如请托人自己或者利用亲戚朋友，或者请托方的工作人员为受请托人提供性服务的行为，就无法以嫖娼费用的形式计入受贿额。从根本上说，这两种处理方式都忽视了“性贿赂”的本质，是在现行法律框架内寻求权宜之计的做法。

第三，我国的非刑事法律对贿赂的界定早已超出了“财物”甚至“财产性利益”的范围。例如，1998 年的《执业医师法》将贿赂界定为财物或者其他不正当利益，1999 年的《招标投标法》将贿赂表述为财物或者其他好处，2002 年的《政府采购法》则使用贿赂或者其他不正当利益的表述。可见，将贿赂标的由“财物”修改为“不正当好处”，将有利于我国刑法与其他法律的协调，共同发挥社会治理作用。

第四，从其他国家或地区的立法与司法来看，任何可以满足受贿者需求或欲望的“财产性利益”和“非财产性利益”，均被包括在贿赂范围之内。例如，《德国刑法》将贿赂的标的规定为“利益”；《意大利刑法》将贿赂表述为“钱款或其他利益”；《日本刑法》采用“贿赂”一词，司法实践中，贿赂的标的不限于财物，也不问有形还是无形，可包括满足人的需要和欲望的一切利益，异性之间的肉体关系亦属贿赂之列。如 1998 年，前大藏省官员井坂武彦因接受野村证券公司价值 258 万日元的“行贿性招待”而被定罪。

（原载《人民法院报》2014 年 6 月 4 日，与黄云波合撰）

法庭会见应从“破例”走向常态

从国内出发时带了一张3月26日的《法制日报》，因为上面一篇题为《一次特殊的会见》的文章引起了我的注意。文章大意是：被告人小郭的哥哥千里迢迢赶来旁听弟弟的开庭，并请求会见弟弟，“由于案发时小郭还未满18周岁，本案主审法官考虑到小郭是未成年人，割不掉的骨肉亲情和亲人的劝诫是挽救迷途浪子的良好方式，加之小郭犯罪情节较轻，家庭情况又极其特殊，就破例安排了此次会见”。

从上述引文可以看出，这是一次附加了诸多前提条件的“破例安排”，也就是说，目前实践中绝大多数被告人是不能在法庭上会见其亲人的。然而，我将对该项司法潜规则的合理性提出如下质疑：

首先，关于被告人可否在法庭上会见亲人，法律规定处于空白状态，留待司法实务解决。过去我们对被告人实行说“不”的政策，但如今提倡司法以人为本，应当改变这一做法。因为在我国当前条件下，被告人出庭前大多处于与亲人隔绝的羁押状态，而且亲人是不能在看守所会见被告人的（这同样不合理），如此隔绝短则数月，长则数年，好不容易在法庭上相见（有的亲人还是千里迢迢赶来），却不能名正言顺地交谈，被告人只能偷偷地在旁听人群中搜索自己的亲人，而亲人也只能远远地看着在被告席上的被告人，纵有千言万语也无法说与他听，此种人性折磨实与司法人道相排斥。

其次，允许被告人在法庭上会见亲人不必存有顾虑，相反，只有好处。由于此时案件已进入开庭阶段，不存在走漏案情、毁灭证据等干扰办案的情形，加上法庭上有法警，所以也不存在安全问题。而让被告人有合适的机会接触自己的亲人，有时还可达到帮助被告人悔罪的效果，就像前述案例，弟弟与哥哥相拥而泣："我对不起亲人，今后再也不干这种傻事了。"此外，也可防止被告人自暴自弃，以健康的心态参加开庭，对于确实冤枉者可以起到鼓舞他洗清罪名的作用。

再次，我在国外旁听一些案子时，发现法庭每开庭一段时间，就要休息一会，这时被告人往往可以大方地走到旁听席上去与自己的亲人交谈，或者亲人大方地走到被告人身边来问寒问暖。有的案件开庭结束后，法官或陪审员要到里边的评议室去评议，此时被告人也可以和其亲人作进一步的交谈。受此启发，我们可以将被告人会见亲人的时间安排在法庭休息或庭审结束后的案件评议期间，这样既不耽误开庭时间，又可满足其亲情需要。当然，这里的前提是我们的法庭应实行每开庭一段时间就休息一会，以及案件当庭宣判的制度。即使在目前情况下，不少法庭还没有实行中间休息或做不到当庭宣判案件，也可在开完庭后让被告人与其亲属有短暂的会谈时间。由于法庭主要还是审判场所，因此对于时间相对较久甚至还要给钱给物的会见，最好安排在看守所，而对于目前看守所不允许被羁押人会见亲属的做法同样需要进行改革。总的方向应是允许他们会见，而且允许将法律许可的钱物直接交给本人而无须看守所转交，并可考虑由警方在场对其会见给予必要的监视和提醒，如不能在案件侦查结束前交流有可能干扰办案的信息等。

（原载《新京报》2007 年 6 月 2 日）

陈久霖何以当庭才收监

在美国法学院听课时，新加坡法律曾被归入“野蛮”一类，因为美国人接受不了“鞭刑”这类“不人道”的刑罚。但近日中航油新加坡公司原总裁陈久霖受审一案让我看到了这个国家法律的另一面，那就是：虽然在实体上对某种行为是否构成犯罪、处何种刑罚主要基于本国的国情，但在程序上对犯罪嫌疑人和被告人在审前采取保释的做法却更多地借鉴了国际通行做法。

从媒体的图文报道中我看到：陈久霖虽然早在 2004 年 12 月即被新加坡警方拘捕，但随后很快就被保释，在一年多的时间里，陈严格遵守保释条件，即使在 2005 年 6 月其母病重的时候，他也从医院赶往法庭接受法官的聆讯。陈还说，从他承认 6 宗罪起，他自己心里就很清楚肯定要坐牢了。果然，3 月 21 日法院就以隐瞒公司巨额亏损等罪名判处其 4 年 3 个月的有期徒刑、并处 33.5 万新元的罚金，西装革履的陈久霖当庭取下手表等随身零用物品交给妻子后，挥手向亲友告别。随后他被戴上手铐，由狱警将其带离法庭。

按说，陈久霖一案应属重大经济犯罪案件，但新加坡警方并没有因此就在审判前将其一关了之，而是允许其保释候审；并且陈久霖既已“很清楚肯定要坐牢”，却也并没有在保释期间逃跑，而是认真配合司法机关的调查，直到自己被定罪收监。这两者都值得我们深思。

对未决犯实行“保释为原则、羁押为例外”是“无罪推定”思想的必然要求。从“无罪推定”思想出发，一个犯罪嫌疑人在被法院定罪之前，还只是一个受到怀疑的公民，应有权利维护自己的人身自由，除非出现以下两种情形：一是不对他实行羁押就会造成更大的社会危害，特别是对那些从事恐怖等暴力犯罪活动的人；二是被保释的人不遵守保释条件，妨碍了司法的正常进行。

事实上，被誉为联合国人权两大宪章之一的《公民权利和政治权利国际公约》就明确规定："等候受审判的人受监禁不应作为一般原则，但可规定释放时应保证在司法程序的任何其他阶段出席审判，并在必要时报到听候执行判决。"我国已经签署该公约，并早在 1996 年修订《刑事诉讼法》时就增设了财产保的内容，从而在理论上确立了对不致发生社会危险的犯罪嫌疑人和被告人可以采取提出保证人或交纳保证金的方式来取保候审的制度。但实践中一个人所共知的事实是，我们对绝大多数犯罪嫌疑人和被告人，不管其人身危险性大小、犯罪性质的轻重，都是"以羁押为原则、以取保为例外"，有时甚至变成了办案机关的一项恩惠或一项不正之风：某些有钱有势有关系的才能申请到取保，一般人根本不可能。另外，有些地方还规定：只有在犯罪人可以被判缓刑的情况下才可以考虑适用取保，如果将判实刑，则不考虑取保。实际上，判不判实刑，与取保不应有必然联系，像前述陈久霖案，不一样执行实刑吗？

这种"以羁押为原则、以取保为例外"的审前模式，不仅不利于未决犯的人权保障，不利于减轻国家羁押未决犯的经济负担，更重要的是，还会带来其他一系列消极后果。例如，不少办案机关一旦将人抓起来，就没有台阶下，只能极力往有罪上靠，否则，就是关错人，要负国家赔偿等责任。这给办案机关和办案人员造成被动，致使许多本该无罪释放的人最后不得不被带上尾巴，如判一个恰好已被关押的刑期，这样你也可以出去，我也不能说错；或者至少要给你一个劳动教养之类的处罚，以免你出去反过来告我。又如，现在超期羁押很严重，这里面确实有一些客观原因，办案机关有时面对一些复杂案件，要在法定期限内结案，压力很大，怎么办？要么草率结案，要么加班加点，要么超期办案。试想，如果我们对绝大多数的犯罪嫌疑人都采取不羁押的做法，那么，就可以在结案时更坦荡些，有罪就是有罪，无罪就是无罪，无罪也没有给当事人造成剥夺人身自由的创伤，也就谈不上赔偿；万一有些案子在短期内结不了案，也可以在符合诉讼规律的前提下，允许适当延长办案期限和审理期限，这样做既不会对当事人的工作和家庭生活造成大的妨碍，也能更好地保证办案质量。

当然，推广取保等非羁押性强制措施，不仅涉及观念的改变，还涉及一些具体制度的设计。如，要用相关的措施来增强被取保人和保证人的责任心，一旦出现违反取保规定或违背保证人义务的情况，就要受到严格的追究。又如，国外专门设有这样的组织，为那些无钱者提供保释金贷款，在它们之间成立一种民事借贷关系，这样既可保证那些经济条件差的人也能交得起保释金，又可以增加此类组织对被保释人的监督；还有，为形成办案机关与犯罪嫌疑人的良性互动，保释金在最后结案时必须如实返还给被保释人，否则，“老虎借猪，有去无回”，又怎么能让被保释人树立起对办案机关和办案人员的必要的尊敬呢？

（原载《新京报》2006年3月25日）

“两个基本”不宜继续使用

20 世纪 80 年代初，为了遏制刑事犯罪的高发势头，党中央确立了“严打”的刑事政策。为确保“严打”效果，避免案件因部分尚未查清的事实或尚未收集到的证据造成拖延，“两个基本”应运而生。“两个基本”是“基本事实清楚，基本证据确凿”的简称，是“严打”时期办理刑事案件的指导原则和程序要求。

随着时代的发展，现在我们对办理刑事案件的事实认定和证据裁判提出了更高的要求。虽然在中央和最高司法机关层面已经很少使用“两个基本”的提法，但由于这一政策适用了三十多年，而且至今没有被明令废止过，加上一些地方政法机关的领导和工作人员深受过去思想和观念的束缚，“两个基本”在一些地方、一些部门还很有市场。

我认为，在全面推进依法治国的新形势下，各级政法部门应停止使用“两个基本”的提法，并以此为契机，推动办案理念的转变。

一、停止使用“两个基本”是预防冤假错案的要求

“两个基本”意味着在“基本”之外的一些“非基本”案件事实、情节尚不清楚，证据材料尚不确实、充分或存有疑问时，仍然可以诉、可以判，这样的“带病起诉”“带病裁判”无疑给案件质量埋下了隐患，也与“疑罪从无”的原则背道而驰。疑罪从有或疑

罪从轻，可能会使真正有罪但证据不足的被告人获得法律制裁，但也可能使本来无罪却有部分证据或可疑证据的人受到错误追究，并容易导致司法人员形成“宁可错判、不可错放”的错误观念。

近年来陆续发现的一些冤假错案，很多正是由于对“两个基本”的误用，司法机关忽视或放弃对一些基本事实、证据之外的瑕疵、疑点或矛盾的进一步调查和核实，选择疑罪从有或疑罪从轻判处造成的。如 2014 年浙江张氏叔侄奸杀冤案中的张辉，以及五青年杀人冤案中的陈建阳、田伟冬、王建平都在一审时被判死刑，二审又改判死缓，疑罪从有、疑罪从轻是这两起冤案的共同成因。

二、停止使用“两个基本”是全面推进依法治国的要求

首先，“两个基本”的提法容易带来消极影响。“两个基本”是“严打”特定形势下提出来的，由于立法上并没有明确界定“基本事实清楚，基本证据确凿”的具体含义，造成了理论上的模糊和司法判断上较大的主观随意性。《现代汉语词典》对“基本”的解释之一，即为“大体上”。很多司法人员把“基本事实清楚、基本证据确凿”等同于“事实基本（大体上）清楚，证据基本（大体上）充分”，这种认识上的误区，使得司法实践中容易对一些尚未掌握的事实和证据不予查证就草率地提起公诉或作出判决。

其次，“两个基本”不利于侦查机关、侦查监督机关和公诉机关正确、全面地履行职责。“两个基本”强调从严、从重惩治犯罪，容易使侦查机关对犯罪嫌疑人动辄适用拘留、逮捕等严厉的强制措施，使侦查监督机关和公诉机关对不符合法定条件的案件批准逮捕和提起公诉，这既不符合人权保障的精神，也不利于

贯彻落实“宽严相济”的刑事政策。同时,“两个基本”也容易误使侦查、公诉机关以追求被告人定罪为唯一目的和使命,只注重收集和提交有利于控诉犯罪的事实和证据,忽视或抵触去调查、收集或提交那些有利于犯罪嫌疑人、被告人的事实和证据。在张氏叔侄奸杀冤案中,正因为杭州警方忽略调查导致张氏叔侄有重大嫌疑的“时间误差”事实,一审检方也未将对张氏叔侄极为有利的DNA鉴定报告作为证据提交法庭,导致了原本可以避免的冤案。

三、“两个基本”不利于审判机关树立司法权威

司法权威要求法院的审判流程、证据采信、定罪量刑完全经得起律师、当事人、利害关系人、社会公众等在法律层面上的推敲与质疑;判决书必须详尽阐明判决的理由,体现司法的公开和公正。如果法官在关乎被告人生命、人身和财产重大利益的判决书中使用“基本事实清楚、基本证据确凿”作为判决理由,既不能体现审理、裁判的慎重和严肃,更无法让当事人和社会公众信服。

四、停止使用“两个基本”是严格依法办案的要求

“两个基本”中的“基本事实”属于证明对象,是司法机关在办案过程中需要运用证据加以证明的案件事实。完整的证明对象包括与犯罪有关的全部案件事实,“基本事实”缩小了证明对象范围。被缩小的待证事实主要包括:查不清的次要罪行的事实(主要指同种数罪的案件),查不清的次要罪名的犯罪事实(主要指不同种数罪),在逃同案犯的有关犯罪事实,次要情节的事

实等。根据2012年新修订的《刑事诉讼法》，"犯罪事实清楚，证据确实、充分"是侦查终结移送审查起诉、提起公诉和法院作出有罪判决都必须遵守的证明标准，它要求：定罪量刑的事实都有证据证明，据以定案的证据均经法定程序查证属实，综合全案证据、对所认定事实已经排除合理怀疑。检察机关提起的公诉，在法庭上要接受辩护方的质证，法庭的审查重点就是辩方对于控诉的质疑是否合理。法官不一定非要确信被告清白无辜，只要控诉证据具有破绽和疑点，即使有证据或迹象表明被告涉嫌犯罪，仍然可以判决被告无罪。"两个基本"使提起公诉更容易，却是一个较低的证明标准，达不到"排除合理怀疑"的证明高度，难以应对现行刑事诉讼模式下辩护方对"非基本事实、证据"的交叉询问和盘诘。刑事案件涉及公民的重大利益乃至生死，当控诉方不能对辩护方的质疑作出清晰合理的解释时，即使案件主要的事实、证据齐备，只要仍然存在着无法解释的疑点，哪怕其导致错误判决的概率是极小的，也必将面临得不到法院支持进而败诉的风险。

（原载《人民法院报》2015年7月29日，与陈妍茹合撰）

司法常态化与刑法完善

近期以来，一些刑事案件成为社会关注的热点。耐人寻味的是，这些案件中，办案机关对《刑法》的适用却招致社会舆论的质疑。

这其中最典型的例子便是各地陆续披露的一些地方官员同幼女性交易的案件，公诉机关以涉嫌嫖宿幼女罪起诉相关官员或富商，但公众舆论则将罪名指向奸淫幼女罪。而近日曝光的四川宜宾一国税局长嫖宿幼女仅被“双开”未被追究刑事责任一事，更是极大刺激了公众的神经，质疑声此起彼伏。

显然，这些案件都涉及司法与民意的冲突。究其深刻缘由，公众质疑的不仅仅是法律规定本身，更是对执法者的不信任，以及对所谓“身份特殊”的犯罪者的仇视心理。

要解决上述问题，单纯依靠《刑法》，一味加大刑罚力度，显然是不切实际的。而且司法一旦被舆论所左右，往往破坏其自身固有的常态，左右摇摆的司法，最终只会彻底丧失其权威性。

正是在这个意义上，当贵州习水案暴露于聚光灯下，习水县检察院的检察长却对外解释称，以嫖宿幼女罪起诉是为了“更严厉打击犯罪”，因为其起刑点高于强奸罪。这种表面上看起来讨好舆论的解释，最终起到的效果只是火上浇油，更增大外界的质疑之声。因为《刑法》中强奸罪的最高刑是死刑，而嫖宿幼女罪的最高刑只是 15 年有期徒刑。

事实上，以嫖宿幼女罪追究同幼女性交易者的刑事责任，是目前司法的常态，也是现有法律框架内的合法性选择(尽管未必完全合理)。因此,在具体个案的处理上,司法机关如果正大光明,并不需要惧怕舆论的质疑,毕竟在中国的权力架构中,司法部门只是执行法律的机构,至于法律的不合理,应该由立法机关来解决,在法律没有改变的情况下,检察官、法官能做的只是秉公执法、公正透明而已。

当然,维护司法的常态化,并不意味着就可以对法律中明显的不合理之处视而不见。具体结合贵州习水案等诸多案例的现实,我国刑事法律显然迫切需要修改,以完善对幼女的保护,加强对性侵害行为的打击。

其一,有必要对奸淫幼女罪实行过错推定,即将主观方面的全部或部分举证责任由控方转移给被告方。最高法院在2003年发布的《关于行为人不明知是不满14周岁的幼女双方自愿发生性关系是否构成强奸罪的批复》中规定:“行为人确实不知道对方是不满14周岁的幼女,双方自愿发生性关系,未造成严重后果,情节显著轻微的,不认为是犯罪。”这个“批复”之所以受到社会上的批评,关键是它的潜在消极后果:容易让那些奸淫幼女者以“确实不知道对方是不满14周岁的幼女”为借口,进而逃脱法律制裁。

在这方面,我国台湾地区的“司法解释”值得借鉴:“不以行为人明知被害人未满14岁为必要,具有奸淫未满14岁女子之不确定故意者,亦应成立本罪。”这里的“不确定故意”相当于内地刑法中的“间接故意”。如果前述最高法院的“批复”也采取此种思路,即从正面去警告当事人间接故意就可以构成奸淫幼女犯罪,而不是从反面去强调“不认为是犯罪”的情形,可能其政策导引效果就不一样。

其二,完善现有的奸淫幼女罪条款。现有的奸淫幼女罪,仅一句“奸淫不满14周岁的幼女的,以强奸论,从重处罚”,这不仅过于粗线条，而且没有区分一些应当区分的界限。因此，可以考虑作如下修订。1.将奸淫幼女罪从强奸罪中独立出来，这不仅因为“强奸”与“奸淫”在客观方面表现不同，而且也可突出对幼女的特殊保护。2.提高幼女的年龄界限，并将奸淫幼女罪分两个年龄段来设计：一个是13岁以下，法律要明确规定此种情况下原则上被告人不能以对被害人的年龄认识错误为辩护理由，除非其采取了一切合理步骤来确定对方的年龄；另一个是13岁到16岁，此种情况下只要被告人合理地相信对方已满16岁，那么在双方自愿发生性关系的情形下就可免责。显然，第一种情形下被告人需要尽更多的注意义务。3.要区分幼女同意与不同意的情形下的刑罚轻重。虽然幼女同意发生性关系不能作为免罪的理由，但此种情形下对幼女造成的身心伤害毕竟不像在幼女不同意的情形下对其强奸所造成的严重，因此刑罚应轻于后者。4.将教师奸淫未成年女生、长辈奸淫幼女的，单独列举出来，以突出对这些人的警示。5.对青少年互相之间自愿发生性关系，且双方年龄不超过三岁的，作除罪化处理。

其三，也是最为关键的，废除嫖宿幼女罪，把它作为奸淫幼女罪的一种量刑情节。为什么被害人同意还构成奸淫幼女罪？这其中的法理依据主要是基于幼女尚不能正确认识自己行为的性质和后果，因而被法律推定为无决定自己行为的能力。既然幼女尚不能正确认识自己行为的性质和后果，就如其同意发生性关系不具法律效力一样，其性交易也不能视为法律上的同意。嫖宿幼女罪的设立，容易给人一种法律认可幼女有决定自己卖淫的能力的印象，与奸淫幼女罪的法理依据产生矛盾。而且，何为嫖宿？何为奸淫？有时会出现弗兰克所谓“法律的确定性是一种‘基本的法律神话’”的局面，徒增法律适用时的困惑。

此外，健全相关刑事立法也尤为迫切。例如，我国《刑法》第

358 条、359 条分别对强迫不满 14 周岁的幼女卖淫、引诱不满 14 周岁的幼女卖淫规定了从重处罚，但没有对组织、容留、介绍不满 14 周岁的幼女卖淫规定从重处罚，这应当相应跟上；要增加规定对于强奸不满 18 岁少女的，应从重处罚；对在未成年人活动场所如小学、初中等地附近开设卖淫或变相卖淫场所的，或者在未成年人面前进行淫秽表演、性行为展示和针对未成年人播放淫秽音像制品的，从重处罚。

最后要说的是，本文上述针对保护幼女的思路也应当适用保护幼男。事实上，当今不少国家和地区在《刑法》中已使用"与幼童性交罪"或"奸淫幼童罪"这类既包括幼女又包括幼男的词，相应地在强奸罪里也将受害人由过去的女性扩大到如今的包括男性，其立法目的旨在维护男女平权之原则。这种理念值得我们借鉴，此为他话。

（原载《财经》2009 年 5 月 25 日）

取消"嫖宿幼女罪"及其善后措施

嫖宿幼女罪一直是近些年争论不断的一个问题。多年来，取消嫖宿幼女罪的呼声不断。然而，此次《刑法修正案（九）》从去年公布的一审稿到近日公布的二审稿，都没有取消嫖宿幼女罪，这再一次引起社会的广泛关注。

经过仔细权衡和认真考虑，我认为此次《刑法修正案（九）》应当对此问题作出回应，将取消嫖宿幼女罪的相关事宜列入《刑法修正案（九）》（草案）的三审稿，并争取最后获得通过。

一、取消嫖宿幼女罪的理由

首先，嫖宿幼女罪违背了《儿童权利公约》规定的儿童权益无差别保护原则与优先保护原则。

我国已于1991年批准加入联合国的《儿童权利公约》（以下简称《公约》），该《公约》是缔约国制定本国儿童保护法律时需要遵循的基本准则。《公约》第2条对儿童权益无差别保护原则进行了规定："缔约国应遵守本公约所载列的权利，并确保其管辖范围内的每一儿童均享受此种权利，不因儿童或其父母或法定监护人的种族、肤色、性别、语言、宗教、政治或其他见解、民族、族裔或社会出身、财产、伤残、出生或其他身份而有任何差别。"（《公约》中的儿童系指18岁以下的任何人）然而，我国《刑法》规定的嫖宿幼女罪却并不符合这一原则。因为卖淫是以行为人具有性自主能力为前提的，根据嫖宿幼女罪的规定，既然幼女可以成为犯罪人的嫖宿对象，就等于间接确认了幼女的性自主能力。但是，我国《刑法》第 236 条同时规定，对于与不满 14 周岁的幼女发生性关系的，不论幼女是否“自愿”，均构成强奸罪。这一规定的法理基础在于，幼女并不具备性自主能力，对于性行为不能作出有效承诺。这也是世界各国刑法的立法通例。如此看来，嫖宿幼女罪其实是将幼女进行了“卖淫幼女”与“普通幼女”的分类，并对二者采取了不同的保护态度。这种因幼女身份差异而对其实施不同保护的做法，显然是对无差别保护原则的违背。

《公约》第 3 条还对儿童权益优先保护原则作了规定：“关于儿童的一切行为，不论是由公私社会福利机构、法院、行政当局或立法机构执行，均应以儿童的最大利益为一种首要考虑。”从嫖宿幼女罪在我国《刑法》中所处的位置来看，该罪名属于《刑法》第六章《妨害社会管理秩序罪》，而非第四章《侵犯公民人身权利、民主权利罪》。我国《刑法》中的章节设置，主要以具体罪名所保护的不同客体来进行分类。一般而言，某个罪名所处的章节位置决定了其所重点保护的客体。嫖宿幼女罪处于“妨害社会管理秩序罪”一章之中，也就表明，在幼女权利与社会秩序之间，立法者更倾向于对社会秩序的保护。显然，我国《刑法》将嫖宿幼女罪作为“妨害社会管理秩序罪”中的一种，而不是在“侵犯公民人身权利、民主权力罪”一章中对其进行规定，这也不符合对儿童权益优先保护的原则。

其次，嫖宿幼女罪不仅对幼女有污名化效果，而且也不利于防治此类犯罪。

众所周知，嫖宿的对象为娼妓。从《刑法》规定可知，嫖宿幼女罪的犯罪人以幼女为“嫖宿”对象。因而，对犯罪人适用嫖宿幼女罪，与之相对的幼女就被认为是娼妓。以这样的罪名来办理案件,很容易对受害幼女造成二次伤害甚至终身伤害。这些幼女被贴上“妓女”的标签后,在日常生活中常常被邻居指指点点,在学校里则往往遭到同学耻笑,既无法正常生活,也无法正常学习。受此影响,有的幼女在成人之后也难以找到合适的工作,结果自暴自弃,反而真正走上了卖淫之路。

与对幼女的污名化效果相反,嫖宿幼女罪对于犯罪人而言,则有可能削弱社会的谴责度。罪名承载着社会对犯罪人的评价,所以,罪名本身也具有一定的谴责性。就日常用语来看,“嫖客”和“强奸犯”所承载的社会谴责度显然是很不一样的(在某些落后地区,嫖娼甚至被视为男子有能耐的表现)。因而,以嫖宿幼女罪对犯罪人定罪处刑,其实是将“强奸犯”的标签换成了“嫖客”,这就有可能削弱社会对犯罪人的谴责度,也不利于从严惩治和防范这类犯罪。

再次,取消嫖宿幼女罪有利于凝聚共识、赢得民心。

近年来,全国妇联等组织和一些人大代表等人士一直在推动取消嫖宿幼女罪这一罪名。为了回应民意,2013 年 7 月,最高人民法院在答复全国人大代表孙晓梅关于废除嫖宿幼女罪的建议时,明确表示完全赞成废除嫖宿幼女罪,并希望能够与社会各界共同推动全国人大法工委尽快立项废除该罪名;同年 10 月,最高人民法院、最高人民检察院、公安部、司法部联合颁布《关于依法惩治性侵未成年人犯罪的意见》,规定“知道或者应当知道幼女被他人强迫卖淫而仍与其发生性关系的,以强奸罪论处”。通过这一司法解释,已经对嫖宿幼女罪的适用范围进行了限制。此后,面对舆论压力,嫖宿幼女罪在司法实践中被适用得越来越少,正逐步成为一个“僵尸条文”。这次《刑法修正案(九)》草案至今没有对此作出回应,容易引发一些不必要的炒作和误解。为凝聚共识、赢得民心,我认为还是取消该罪名为好,这既有利于改善我国刑法的社会形象和国际形象(国外罕见这种罪名),也可体现国家严惩性侵幼女犯罪、加大对幼女保护力度的决心。

二、取消嫖宿幼女罪后对刑法相关规定的完善

在取消嫖宿幼女罪的同时,还提出以下两点建议:

一是要设置独立的奸淫幼女罪。根据《儿童权利公约》的精神,应当对儿童权益作优先保护、特殊保护。就此而论,《刑法》应将奸淫幼女罪罪名予以独立设置,从而突出对幼女权益的特殊保护。具体来说,应将奸淫幼女型强奸罪从《刑法》第236条中独立出来,以《刑法》第236条之一的形式专门设置"奸淫幼女罪",规定"奸淫不满14周岁幼女的,依照强奸罪的刑罚规定,从重处罚"。同时,由于与普通的奸淫幼女案件相比,以交易形式与幼女发生性关系的行为有一定的特殊性,为防止人们对其性质产生错误认识(因为普通的卖淫嫖娼行为只构成治安违法,而不构成犯罪),更好地发挥刑法的预防作用,建议在前款规定之后再增设一款:"以交易形式与幼女发生性关系的,以奸淫幼女罪论处。"

二是要对相关条款作出完善。与前述逻辑相一致,《刑法》中第358条组织卖淫罪和强迫卖淫罪涉及的"强迫不满14周岁的幼女卖淫",第359条"引诱幼女卖淫罪"涉及的"引诱不满14周岁的幼女卖淫"等情形,也需要从防止对幼女的污名化、强化对幼女的保护力度出发,作相应的修改。初步方案是在第358条之后专门列出一款:"组织、强迫不满14周岁的幼女进行性交易的,依照前款的规定从重处罚。"将第359条"引诱幼女卖淫罪"改为"引诱幼女进行性交易罪",并将罪状表述相应修改为

“引诱不满14周岁的幼女进行性交易”。

这里，其实还牵涉另一个问题，那就是我国《刑法》中其他一些地方也需要将“卖淫”“嫖宿”这类带有歧视性的不文明用语改为“性交易”这类更加中性、更加文明的表述。如“强迫卖淫罪”也同样存在对受害妇女的污名化问题(因为被强迫卖淫的妇女就会被当作“卖淫女”来看待)。2010年，公安部曾会同相关部门下发通知，要求今后对于“卖淫女”改用“失足妇女”这一称谓。从推进我国社会文明的角度考虑，建议将《刑法》中的“组织卖淫罪”和“强迫卖淫罪”分别改为“组织性交易罪”和“强迫性交易罪”，将“引诱、容留、介绍卖淫罪”改为“引诱、容留、介绍性交易罪”(现行《刑法》只对引诱幼女卖淫作出从重处理的规定，建议这次《刑法修正案(九)》把容留和介绍幼女卖淫也一并列入从重处理，以更加全面地加强对幼女的保护)。与之相对应，还应将《刑法》第6章第8节的节名从“组织、强迫、引诱、容留、介绍卖淫罪”改为“组织、强迫、引诱、容留、介绍他人性交易罪”。

(原载《中国妇女报》2015年7月21日)

刑法应去性别化

《刑法修正案(九)》(草案)将《刑法》第237条的“猥亵妇女罪”改为“猥亵他人罪”,将“妇女”改为“他人”,意味着猥亵罪所保护的对象不再只是妇女。这种修改是必要的,因为不仅妇女可以成为猥亵罪的受害人,男性同样可以成为猥亵罪的受害人。

其实,刑法中需要去性别化的条款还很多。如第237条的“侮辱妇女罪”,为什么要把侮辱妇女从《刑法》中的“侮辱罪”中单独拿出来呢?设立一个统一的侮辱罪,平等保护包括妇女在内的所有人不好么?

又如,《刑法》第236条的强奸罪,只把妇女作为强奸罪的对象,这也是严重不符合实际的。最近不就又爆出年过五旬的守园大爷遭同性性侵而我们的刑法却无可奈何的案例么?调查显示,男性遭遇同性或异性性侵害的案件绝不在少数。环顾世界,像我国这样仍然把强奸罪的对象限于女性的,真的是很罕见。

再如,奸淫幼女罪、嫖宿幼女罪,为什么不将“幼女”改为“幼童”,将性侵男性儿童的行为也包括在内?

还有,刑法中的拐卖妇女罪,以及与之相对应的收买被拐卖的妇女罪等罪名,也存在明显的性别欠缺。我国全国人大常委会批准的《巴勒莫议定书》,对拐卖对象的规定是人口,既包括女性也包括男性。近年来我国也不断披露出一些拐卖男性人口去强迫劳动的案件,却无法对此类拐卖行为定罪。

我国宪法赋予了每个公民平等的人身权利,刑法也规定了平等原则。由此可以推断出,男女包括性权利在内的各项权利应当受到同样的保护。在传统的文化中，男性被视为强势群体，因而在立法中也特别偏向对女性的保护。但现在社会的形势已发生很大变化，妇女地位的提高、女权主义的发展和男权至上观念的瓦解，加上科学技术的进步、医学的发达，人们的性观念不断解放，社会上的性现象日趋复杂，把强奸罪、侮辱妇女罪、拐卖妇女罪及收买被拐卖的妇女罪中的“妇女”改为“他人”，奸淫幼女罪等罪名中的“幼女”改为“幼童”，可以有效地实现刑法对男性性权利和幼男的身心健康的平等保护，因为被强奸的男性和被奸淫的幼男所受到的伤害绝不会低于女性和幼女。

不仅如此，现行刑法上述条款的偏性别化还不利于实践中的执法。从黄海波嫖的究竟是不是变性人，到李银河是同性恋还是异性恋抑或双性恋的争论，乃至跨性别者的身份认同，我们可以看出，这个世界已经不是非男即女那样简单的世界了。但不管性别变得多复杂，任何人的性权利和身心健康等都要受到保护，这也要求刑法去性别化。

最后我还想强调，根据《消除对妇女一切形式歧视公约》的精神，对男女两性社会角色陈规定型的观念是导致男女不平等的根源。这种陈规定型观念往往将女性置于附属于男性的从属地位，进而将女性视为需要保护的对象（客体），而不是独立自主的、和男性拥有平等地位的权利主体。刑法对女性“过度保护”背后所隐含的这种“物化”女性而不是为女性赋权的思想，其实也是一种变相的歧视。因此，以今日之眼光，刑法的去性别化不仅是保护男性的需要，也是真正实现两性平权的必然要求。

（原载《南方周末》2015 年 8 月 13 日）

伍　探正义之精髓

政府恶意与"选择性起诉"

在耶鲁法学院的课堂上,我们讨论了下列案例:

某官员在当地深孚众望,但由于得罪了上级领导,于是被人以"腐败"问题进行起诉。现在的情况是:该官员的"腐败"问题并不严重,相比起周围其他人来说甚至还算是好的,那么他能不能以此为理由来进行辩护呢?

某环保组织成员在一林区保护珍稀野生动物,为与当地盗猎分子作斗争,私自买了猎枪等防身武器。由于该组织的成员向外界透露了当地政府保护野生动物不力甚至包庇犯罪分子等事项,惹恼了有关部门和人士,于是因"非法持有枪支罪"被逮捕。表面看,罪证确凿,但熟悉内情的人却愤愤不平:我们的法律究竟要保护什么?打击什么?难道是被坏人用来打击报复好人的吗?

某记者早已有车有房,而且同行大都如此,但突然"祸从天降",有关部门来调查其"经济问题",并很快落实数项"受贿"罪行,将其定罪判刑。明眼人一看就知:这是因他不知趣、不听话,老捅马蜂窝,否则,怎么别人没事,偏偏就他有事呢?

类似这样的困惑在任何一个社会都不同程度地存在,而处于转型期的社会尤其如此。以时下中国为例,由于新旧体制转轨等原因,腐败的机会增多,官员的腐败机率也相对较高,以致有人估计,若严格按照《刑法》贪污、受贿 5 千元即构成犯罪的标准,那么将有不少官员处于不查则已、一查准有事的境地。在此情形下,若严格奉行法条主义,只就事论事,会不会造成法律偏离其本来目标,使其沦为被某些人用来整人的工具呢?这确实是一个问题。

依照我们传统的观点和思维,前述案例的辩护理由似乎是很难成立的,被告人只能就法律所指控的事实成立与否进行辩护,如果不能从事实和证据上否认指控,那么就要维护法律的尊严,构成什么罪定什么罪,该判多重就判多重。至于什么"相比起其他人而言我还算是干净的""大家都这样做为什么偏偏对准我"此类话语往往会被法官以与本案无关为由予以打断。就是我们这些法律专家,又何尝不曾如此呢?面对一些前来咨询的令人同情的案件,明知当事人是被陷害或者被报复,却苦于其确实被对方抓住了把柄,无以从法理上想出一个法子。

不过,耶鲁大学葛维宝教授的意见显然能给我们以启发:在此类案件中,"政府恶意"显而易见,检察官应当以"社会公共利益"为重,酌情不予起诉或者可以避重就轻地策略性起诉;而法官也应当允许被告方将"政府恶意"作为一种减免刑事责任的辩护理由,并在定罪判刑中加以切实考虑。

作为对此种观点的补充,曾任美国联邦检察官的耶鲁大学法学院柏恩敬研究员介绍道:在美国的刑事诉讼中,法院确实是允许将"选择性起诉"作为一种辩护理由的。所谓"选择性起诉",是指政府(在美国,检察官被视为政府律师)基于某种"恶意"或"偏见",有选择地对某人进行起诉。譬如,按照美国法律,任何被遣返的非法入境者再次非法入境,即构成重罪,但实践中多次非法入境的人不在少数,这些人并没有被定罪判刑。"9·11"后,一位阿拉伯人因第二次非法入境被捕,他在法庭上就提出自己是被"选择性起诉"的,带有明显的歧视性质,是违宪的,法院虽然最后没有判他无罪,但还是考虑了他的辩护理由,只象征性地处罚了他。

进一步的阅读使我发现了更多的这方面的材料。例如，2001年，美国的肯塔基州东部地区共有18家餐馆的近200位非法打工者被逮捕，其中17家餐馆的老板被相信他们是被那些非法打工者伪造的文件所蒙骗，因而不予起诉，唯独一个拉美老板被以“非法雇佣罪”提起刑事起诉，检方不相信他被那些非法打工者伪造的文件所骗的辩解。但此案到法庭后，法院认可了被告人提出的“选择性起诉”辩护理由，驳回了检方的起诉。检方不服，提出上诉，但美国联邦第六巡回上诉法庭于2003年驳回上诉，维持了原判。

值得注意的是，类似这种“选择性起诉”的辩护理由在其他一些国家也是允许的。法国前司法部长巴丹戴尔在其《为废除死刑而战》一书中讲述了这样一个故事：1972年，巴黎的3家报纸对执行死刑的场面进行了全方位的报道，惹恼了当局，巴黎检察院决定依据《刑法典》第15条对其提起轻罪起诉。《刑法典》第15条规定：“禁止公布除笔录以外的有关执行死刑的任何说明与文件。”这一条款的规定很久以来就不被遵守了，并且其内容也已经过时，描述死刑执行的过程在书籍与电影中已是司空见惯。受到追诉的记者后来以此为辩护理由，并通过出庭证人证明其他详细报道死刑执行的新闻报刊从来都没有受到过追诉。基于此，虽然当时法院面临着来自总统的压力，但还是减轻了对被告人的处罚，“处罚判决仅仅带有象征性”。

可见，法条的严肃性固然重要，法律的精神却更为重要。在倡导法治、培育法治精神的进程中，我们既要严格执法、确保法律的严肃性，又要时刻记住法律的目标，深明法律的大义，否则就很可能一叶障目，非但不能维护社会正义，反而得不偿失，甚至助纣为虐。

（原载《新京报》2005年3月20日）

得罪领导还是得罪法律

《检察日报》2004 年 2 月 22 日刊登了陈军、凌晓明两位检察官的文章，说的是一位提拔不到半年的看守所副所长季某为不得罪一手提拔自己上来的所长，在明知其指示违法的情况下，仍然帮助犯罪嫌疑人串供而最终被定罪判刑的故事。文章作者指出：在近年来查处的职务犯罪案件中，像季某这种因对领导的违法犯罪指示唯命是从而陷入犯罪泥潭的人不在少数，因此，要慎待领导指示，不可盲目服从。读完这篇短文，笔者在为作者敏锐地捕捉到这样一个重要话题而叫好的同时，也感到意犹未尽，想进一步说几句。

现实生活中，面对领导的违法指示，不同的人有不同的态度和做法。

有的为讨领导欢心，不问青红皂白，只要是领导吩咐的、布置的或者是授意、暗示的，就不遗余力地去落实、去执行，至于是否与法律相违背，则不去多想，也毫不在乎。这样的人领导得势时是红人，领导一垮台，自己也完蛋。

有的虽然对领导的违法指示有过犹豫，甚至也清楚地知道自己的行为性质及后果，但由于担心得罪领导而影响自己的前程，或者抱着感恩、侥幸等心理，最后还是违心地照领导指示办事。这样的人，虽然较之前面一种人，没那么可恶，也更值得同情，但法律无情，法律是不会因这些案外因素而影响其行为性质的认定的。像前述季某，虽然他在法庭上痛悔万分地为自己辩解“作为执法人员，我清楚自己的行为是犯罪，可我是所长一手提拔上来的,他的话我不好不听,也不能不听",但最后他还是得对自己的行为负责。

有的对领导的违法指示直言相谏,好心规劝,实在不行,就敬而远之、退而躲之,反正自己保持清醒头脑,不做违背良心、违背法律的事。例如,某县公安局长在县委书记命令他调动公安干警抓上访群众时,他以夹缝里求生存的工作艺术拒绝了这一要求,事后他说:如果我随便抓人,一旦查处下来,到时县委书记可以说,他是要我依法办事的,我可是没处推。

还有的坚持原则,甚至以硬碰硬,对领导的违法指示决不姑息,依法向上级部门反映或向纪检司法部门举报。这样的人虽然可敬,但要每个人都做到这一步,也不现实。一时间他们可能会遭到排挤甚至打击报复,不过从长远看,终究会正气压倒邪气,得到公正的评价和待遇。

上述四种情形,情节有异,但从行为性质来看,其实就是两类:前两者得罪法律,不得罪领导;后两者得罪领导,不得罪法律。虽然人们都知道法律的权威高于领导,但人性的弱点往往使身处官场的人容易亲领导、疏法律。在现今尚有不少领导干部法律知识不高、法律意识不强的情况下,身为下级的为官者,不可不对此保持高度的警惕。前不久,笔者在外地出差时,曾亲耳听到这样一件事:某省两个年轻有为的干部,皆为其上级所欣赏,其中一个不分原则地紧跟领导,另一个则在兢兢业业工作的同时,不盲从领导,结果后来该领导"出事",不分原则的那个就一同栽了进去,而不盲从的则坦荡无忧。可见,最保险的还是不得罪法律。

在提倡为官者应有独立人格的同时,如何创造一种既不得罪领导又不得罪法律的机制,使下级官员有一个好的工作环境?如何避免个人升迁领导一个人说了算、对领导的违法指示下级

“不敢也不能不听”的局面？如何使领导少一点长官意志、多一点法治思维，真正把权力关进制度的笼子？又如何使下级获得必要的保障和救济，在面对领导的淫威时能理直气壮地捍卫法律？这些都需要我们切身思考并一一解决。

（原载《检察日报》2004 年 2 月 25 日）

法治建设中的“自律”与“他律”

你到一家饭店吃饭，在顾客多服务员忙不过来的时候，完全可以神不知鬼不觉地不付账而悄悄溜走，可是，你却不会那样去做，为什么？

你付账时，面对服务员手中的一大把钞票，本来你还没有付，却说付了，本来你只付了一百，却说付了二百，若真出现这种情况，服务员又如何能说得清道得明？好在现实生活中这样的例子几乎不存在。

上述现象，我不是第一个去思考的，美国经济学家考希克·巴苏早就注意到：一个人看到别人的钱包掉在地上，如果光从“理性人”的角度来看，他应当把钱包拿走，但一般人都觉得这样做不好，如果这样做了，他会认为那是一件很不体面的事情，即使可以侥幸逃脱，也仍然会产生良心上的不安和自责。考希克·巴苏据此提出“理性限制规范”理论，认为人类社会存在一种阻止人们选择某种特定行动的规范，不论这种行动能给当事人带来多大的效用。

这种规范为什么会流行？博弈论从“进化稳定均衡”的角度提供了解释：从社会进化的角度来讲，如果大家都去偷人家的东西，那么，这个社会将无法长期存续，因此大家都赞成，即使在没有法律规则和惩罚的前提下，偷人家的东西也是不能为的。

实际上，“理性限制规范”就是我们平常所说的“自律”，靠的是一种约定俗成的道德力量。与法律这种“他律”相比，这种规范能够更自觉地得到遵守，其根基更为强大，影响更为广泛，成本自然也更为低廉。因此,它对我们的依法治国具有启发意义。

首先,有利于我们正确认识"自律"与"他律"的作用,克服"法律万能"的思想。举个例子,为什么在一些乡下地区可以"夜不闭户",而城里反而不行?从法律的普及程度和执法力量的分配来看,显然城里要优于乡下。可见,"夜不闭户"现象的形成,主要不是基于法律这种"他律"的力量,而是基于自然状态下人类天然的道德感情。

其次,"他律"应尽可能建立在"自律"的基础上,唯其如此,才利于"他律"的推行。如果"他律"无视"自律",甚至背其道而行之,那将是一件很糟糕的事情。正是这个原因,促使我们在立法时要尊重民俗,重视民间法。也是从这个意义上讲,法律在很大程度上是一种"地方性知识",不注意本国(本地)水土、片面强调"接轨",其结果只能是"橘逾淮为枳"。

最后,"自律"力量的形成是相对稳定的社区(社会)经过长期演绎的结果,一旦这种稳定被打乱或打破,"自律"的力量就会减弱甚至消失。为什么昔日"夜不闭户"的农村如今小偷增多,甚至出现了偷挖祖坟的现象?就是因为传统的道德约束力减弱,不少年轻人出去见了"世面"后,管他什么祖坟不祖坟,能捞到钱就行。同样的理由也可解释为什么晚近 20 多年来我国城市犯罪急剧增多。人口流动频繁的陌生人社区正在取代传统的相对稳定甚至是封闭的熟人社区,显然前者更不利于形成一种群体的道德限制力量。作为一个硬币的两面,为什么流动人员特别是农村进城人员犯罪突出?有的人在家里、村子里是一贯的好人、老实人,怎么进城后一下子就犯罪了呢?这与他突然摆脱了原来的"自律"场,而新的环境又没有给他一种相应的"自律"场或者说他没有机会融入这样的"自律"场不无关系。认识到这一点,我们就既要从宏观上确立循序渐进的改革思路,避免社会的变化过于急剧，也要从微观上注意社区建设，防止出现社区规范的紊乱或者空白。同时，还可对改革的深意多一层感悟，那就是：改革最终是为了不改，变最终是为了不变。

（原载《检察日报》2004 年 4 月 7 日）

司法信息受阻的困境与出路

北京市人民检察院和北京市司法局于2008年7月9日联合印发了《关于实施〈律师法〉座谈会纪要的通知》，其中第5条规定："检察机关承办人应当主动加强与律师的联系，认真听取律师对案件的意见。审查逮捕环节因时间原因无法当面听取意见的，可以由律师出具书面意见。承办人应高度重视、认真审查律师意见，在汇报研究案件和作出处理决定时予以充分考虑。"我最近正好以兼职律师的身份代理了一起所谓的"职务侵占"案，犯罪嫌疑人是一个已经退休的北京老太太，且患有心脏病、高血压，本想利用检察院批准逮捕的机会与检察官好好沟通一下，说服检察官同意对其取保候审。但遗憾的是，检察机关并没有通知我这个做律师的，当再次打听案件进展时，竟被告知犯罪嫌疑人已被批准逮捕，致使自己精心准备的有关本案应实行取保候审的多种理由无处倾诉。后来当我将此案向该检察院的一个副检察长朋友汇报时，他说他也同意对这种非暴力、身体又不好的老太太实行取保候审，但我应当早点找他们，现在批捕决定既已作出，就不好改了。可是我当初找了公安好几次，问他们什么时候报捕，他们一直都说"等着吧"。由此看来，在办案机关与律师之间，缺乏畅通的信息渠道与沟通机制，律师无法知道案件的进展程度，是此案错失取保候审的重要原因。

无独有偶，最近我还接到一位湖南老乡打来的电话，说他儿子在广东东莞打工时因涉嫌故意杀人罪被捕。考虑到他们的经济状况，我告诉他，按照《刑事诉讼法》的规定，可能被判处死刑的被告人，如果本人和家属请不起律师，法院也应为其指定承担法律援助义务的律师来辩护。我还建议他跟踪案件进展，一旦法院指定了辩护人，再跟我联系，以便我与辩护律师交换意见。犯罪嫌疑人的父亲在电话那头沉默了一会，问我怎么才能知道案件到了法院，并说只怕法院审完了他还不知道。

我一时无言以对。这种担心是完全可能变成现实的。还记得，几年前，马加爵被执行死刑后，他姐姐从网上看到消息后问记者："我弟弟是不是真的死了？"他父亲也在接受记者采访时不断地重复一句话："法院应该通知我一声啊。"

从联合国的刑事司法准则来讲，辩护方应有权获知案件信息的详细情况，包括在刑事诉讼中的各个环节。为落实这一精神，一些法治先进国家采取了许多具体的步骤。如，规定任何犯罪嫌疑人一经逮捕，就要给他提供免费与家人通电话的机会，让家人知道他发生了什么，以及如何请律师；至于像逮捕这样的强制措施，更是不允许办案机关背着辩护方单独作出决定，而是要通过法院的公开听证，由控辩双方面对面地说明各自的理由。

正义往往就在具体的细节中。在刑事司法中，任何一个环节的信息受阻或失真都将给正义的实现带来损害甚至是毁灭性的损害。从这个意义上来讲，光有《刑法》《刑事诉讼法》的基本原则和宏观的制度设计还不够，还必须有保证刑事司法信息顺畅抵达涉案各方的细微制度建设，这也是依法治国走向深入的必然要求和体现。

多年前，我因痛感在刑事诉讼中难以正面接触到办案人员以致律师有劲无处使，而提出过一个建议：在每一个办案环节，都要将犯罪嫌疑人的家人或其辩护律师的电话写在案卷本上，凡是案子转到下一个环节，都应当立即通知对方，并告诉对方有权约见办案人员，以便人家知道案件进展情况和反映辩护意见。

现在，我欣喜地看到，北京市人民检察院和北京市司法局颁布的《关于实施〈律师法〉座谈会纪要的通知》中已经采纳了这种思路，如其第1条中就有这样的规定："律师到检察机关办理相关手续时，内勤应告知本人及承办人的办公电话，并记录律师的联系电话。检察机关受理移送审查起诉的案件后，对于犯罪嫌疑人已经委托辩护律师的，应主动告知留有联系电话的律师到检察机关办理相关事务。"但正如本文开头所显示的，这样的规定要真正落到实处，还需要采取进一步的措施，包括狠抓监督和明确违反者的法律后果。同时也希望北京市的这一做法能在全国推广，并将适用面从检察机关扩至公安机关和人民法院。

（原载《法制日报》2008年10月12日）

司法中的公民合作精神

利用在美国访问的机会，我再次去法庭旁听了一次陪审团的遴选，深感美国的陪审团机制之所以能有效运行，与美国社会中公民对司法所持有的合作精神有着重要的关联。

首先，当一个特定的刑事案件或民事案件需要陪审团审理时，法院的陪审团部门会在所在地区的选民中随机地挑出一些人来，通知其到法庭来接受遴选。尽管无故不来者肯定会受到相关的法律制裁，但美国社会似乎已形成一种习惯，那就是担任陪审员是公民的一种义务。因此，每次被通知到的人都能如期来到法庭，不管其身份如何。我这次旁听时，发现前来的50个人中就有教授和律师，他们与普通民众一样，耐心回答法官的每一个提问。

其次，在陪审员的遴选过程中，需要公民的合作精神。一个陪审团的选出，再顺利也得花上半天时间。法官要逐个问明每个人的情况，包括各自的职业、业余爱好、阅读范围、家人或亲戚中有无执法人员、有无被害经历、是否被定过罪、是否认识被告人、能否保证自己公正断案等。这个过程冗长而乏味，但没有谁不耐烦。更重要的是，每个人的回答都靠自觉。例如，这次有一个人说自己的英语不好，不能全部听懂法庭的发言，另有一个人说自己曾经是犯罪的受害者，不能保证自己公正地断案，于是这两个人很快被法官淘汰掉。我中午在与该法官就餐时问他，你怎么能保证这两个人说的是实话？如果他们撒谎呢？法官对我的提问似乎觉得有点奇怪，略一思考后说如果查出他们说谎，法律可以惩处。但事实上他不可能去查明，好在他不相信他们是在撒谎。

但我有一个从中国移民到美国的朋友，他告诉我，有一次当法官问他能否公正断案时，他因为生意在身，怕耽误时间，就故意说自己不能保证公正断案，这样当然就被淘汰掉了。我听后忍不住想：若每个人都这样，陪审团岂不无法组成？

再次，通过陪审团审理的案子，由于所有的证人都要到法庭来接受控辩双方的交叉讯问，以便陪审员能据此对案件事实作出判断，因此审理的时间往往漫长。我这次旁听的案子就审理了一周半，听法官说这还不算长。在这段时间里，陪审员要放下手中的工作，专一于案件的听审。而且，审理中的许多环节都需要陪审员配合，如法官告诉陪审员，私下不要与自己的家人议论案子等。

当然，美国公民与国家司法的这种合作精神之所以能成为一种文化，从深层次来说，是因为其制度的支持。这种制度支持表现在多方面。如，陪审团审理案子期间，除了雇主要准假和照发工资，每人每天还会得到一些补贴。由是观之，没有所在单位的支持和国家财力的支持，陪审团制度是运作不起来的。又如，每次选择陪审员时，法官对确有特殊情况的，都会放其一马；在审理过程中，还有后备陪审员，以便万一有陪审员临时因故不能参加，就可以替补上去。我甚至想，今天这种合作、诚信文化的形成，最初可能也是来自对那些不合作者、撒谎者的惩罚，久而久之，社会上绝大多数人就把这种义务和责任看成理所当然的了。

（原载《新京报》2011 年 3 月 26 日）

追求无害甚至多赢的正义

恢复性司法(Restorative Justice)是晚近几十年国际上兴起的一场方兴未艾的刑事司法改革运动，也被称作修复性司法。恢复也好，修复也罢，其实都是为了表示一种与传统的刑事司法模式相区别的理念：传统的刑事司法主要是报应刑，只一味地强调打击和惩罚犯罪人，没有关注被害人和社区的利益，而恢复性司法“是要使所有与特定犯罪有关的当事人走到一起，共同商讨如何处理犯罪所造成的后果及其对未来的影响”。恢复性司法认为，传统的刑事司法使犯罪人、被害人和社区都受到了损失，因而是一种“有害的正义”，而有害的正义不是真正的正义。其实，犯罪发生后，受到损害的不仅仅是被害人一方，而且包括犯罪人一方和社区，因此刑事司法的任务主要不是惩罚犯罪人，而是要全面恢复犯罪人一方、被害人一方和社区因犯罪而造成的损害，“让各方当事人都能从冲突事件的后果中解放出来”，以实现一种无害甚至多赢的正义。由此出发，恢复性司法鼓励有关当事方的参与和协商，追求被害人与犯罪人的和解；全面关注被害方的需要——物质的、情感的、社会的；创造一种有助于犯罪人和被害人重新融入、有利于预防犯罪的有成效的社区；把犯罪人及其亲人也看成犯罪的受害者，一方面从罪过和恐惧中把他们解脱出来，对导致犯罪的冲突予以解决，另一方面也要让他们看到犯罪的伤害，寻求与被害人和社区的沟通，并要求他们采取尽可能的措施来弥补这种损害。

恢复性司法是西方完成法治化后基于对刑事司法危机的反

思而提出的变革，尽管目前还只是主流刑事司法的一种辅助措施，但由于它击中了传统刑事司法的要害，因而发展迅速，并得到了联合国的肯定和提倡。

我国在经过 20 多年的刑事法治建设后，也于实践中诞生了恢复性司法的中国版本——刑事和解。应当看到，这一现象的出现有深刻的社会背景。首先，和谐社会的构建，以人为本的彰显，使刑罚轻缓化具备了社会土壤；其次，宽严相济的刑事政策的贯彻，使刑事和解成为以宽济严的重要渠道；再次，刑事附带民事执行难、监狱人满为患等现实问题促使中国的司法部门采取措施来加以解决。

从各地推行刑事和解的效果来看，总的讲，优势明显，表现在：一是有效化解当事人之间的纠纷和矛盾，案结事了，大大减少了上访、缠访的现象；二是切实保护了被害人的利益，像刑事附带民事案件，过去往往是一纸"空判"，实际上很难执行，现在通过达成和解协议，把积极赔偿作为减轻处罚的一个前提条件，使被害人能够得到及时的赔偿；三是降低了诉讼成本，节约了司法资源，提高了诉讼效率。

但是，也应当看到，由于刑事和解的法律依据并不充分，各地的发展很不平衡，在有些地方、有些案件中，出现过不规范的现象，引起一些人的担心。为了使这项工作朝着健康的方向发展，我认为有必要尽快从法律制度上加以规范。中国刑事法治刚刚奠定根基，如果让刑事和解这样的制度长期游离于法律规范之外，容易给人法律可以随意突破的印象，应当把这种副作用降到最低。刑事和解与传统的刑事诉讼模式当然有很大的区别，但绝不能说它是非法治的产物，相反，在不违反国家和社会公共利益的前提下，应该肯定当事人对于一定案件的参与、建议，更加重视被害人一方的感受和意见，只要把这种制度法律化，就符合法治的要求。

刑事和解的法制化，涉及一些制度的调整和革新。如，刑事附带民事，现行刑法规定在给予刑事处罚外，同时判处赔偿，为了防止“空判”，可以总结经验，将赔偿前置，先赔再判，并在判刑中予以从轻或减轻。此外，现行刑法中的刑事附带民事不承认精神损害赔偿，在有具体被害人的案件中，如果被害方有赔偿的需求，犯罪方也愿意积极赔偿，我们的法律制度为什么不允许精神损害赔偿呢？在确立精神损害赔偿后，可相应地减轻对犯罪人的判刑，这同样是多赢之举。

刑事和解必然带动刑罚制度的改革和创新。如，现在实践中有的地方对某些积极赔偿取得被害人谅解的犯罪人，令其参加公益劳动等社区矫正项目，但我国现行刑法中并无社区矫正这类刑罚，需要增设。

在刑事和解的适用对象上，目前实践中不尽一致，理论上也有很大争议。如对于重罪能否刑事和解？带“霸”字色彩的案件、涉黑案件能否刑事和解？我觉得，这里应当区分两个思路：一般意义上的刑事和解，主要应当限于轻微刑事案件，在这些案件中，刑事司法制度可以更多地承认当事人的意思自治原则；即使对于重罪和那些带“霸”字色彩的案件、涉黑案件，也应当鼓励和解，犯罪方愿意积极赔偿、赔礼道歉、真诚悔罪总是好的，但此时不宜简单地和解了事，可通过细化刑法中的量刑情节，把它作为一种有利被告人的量刑情节来加以规定，由法官综合考虑。

从长远来看，我们的刑事和解运行模式应当向国际上的恢复性司法看齐。恢复性司法较之刑事和解，具有更丰富的内涵。而我们当下的刑事和解，在绝大多数场合，还是重在加害方对受害方的赔偿。为什么受害方如此看重赔偿？因为我们还缺乏国家层面上的被害人物质补偿和精神抚慰制度，许多因犯罪所害而陷入经济困境的人不得不看重犯罪人的赔偿。在这种情形下，又使得那些没有赔偿能力的犯罪人，即便真心悔过，也有可能得不到恢复性司法模式下所希冀的从轻处理。

（原载《人民法院报》2010 年 1 月 7 日）

恢复性司法不应只是"听起来很美"

自从 2003 年在牛津大学对恢复性司法有所接触后,我就对这一制度和理念有种一见钟情的感觉。确实,与报应性司法相比,这种恢复性司法在落实以人为本、促进社会和谐等方面都具有相当的优势。但现在的问题是,如何使其从"听起来很美"走入现实?

首先,要对恢复性司法有一个完整的认识,避免走入误区。恢复性司法至少包括四个关键词:一是"恢复性程序",指在调解人帮助下,被害人和犯罪人及酌情包括受犯罪影响的任何其他个人或社区成员共同积极参与解决由犯罪造成的问题的程序,其中包括调解、调和、会商和共同确定责任;二是"恢复性结果",指由于恢复性程序而达成的协议,包括旨在实现被害人和犯罪人重新融入社会的道歉、谅解、补偿、归还、社区服务等对策和方案;三是"当事方",指被害人、犯罪人和可能参与恢复性程序的受到犯罪影响的其他任何个人或社区成员;四是"调解人",指中立的、受到过严格训练的,旨在公平、公正地促进当事方参与恢复性程序的人。但实践中有人将恢复性司法误解为"私了",还有人将恢复性司法简单地等同于"物质赔偿",这都是不对的。

其次,要充分认识到中国目前推行恢复性司法所面临的障碍,并采取因应对策。例如,恢复性司法强调在社区中愈合被害人、为犯罪人提供职业训练和文化教育,增强社区能力,增进社区成员间的信任和团结,使对犯罪的处理成为每一个社区成员的权利和义务,这就要求每一个参与人,包括犯罪人、被害人、亲友、其他社区成员都努力去实现这一目标。在西方,经过工业化、城市化之后,那种大规模流动人口造成的社会动荡局面已经有了质的改观,国家和社会也更关心社区的建设。我在美国耶鲁大学的时候,住在一个院子里,几个月的时间中社区组织就搞了两次活动,每家都自做糕点、菜,带到院子中的草地上,拼几张桌子,大家一起分享,彼此就开始觉得亲切起来。但我国正处于现代化的浪潮之中,人口流动量非常大,社区建设也很薄弱,我自己所在的小区就完全是一个陌生人社区,连左邻右舍是谁都不知道。这种情形对于强烈依赖于社区的恢复性司法而言,绝对是一个挑战。又如,非政府组织和社会工作者在恢复性司法中也扮演着重要的角色,但我们现在不仅缺少经过专业训练的社会工作者,而且非政府组织的数量和质量也远远不够。

再次,要从理论和技术层面解决一些难题。例如,在理论层面上,传统刑事法治更多地强调"客观"的一面(行为),针对的是一般人(平均人);而恢复性司法更多地关注"主观"的一面(态度),针对的是具体人(特殊人)。这里涉及一些重大理论假设的不同,如何协调?有人将恢复性司法解读为"法治之外的必要的人治"。我当然不同意这种看法,这不仅因为在中国,法治之外再提人治,容易产生一些不必要的副作用,还因为我们完全可以在法治框架内来解读这种新型的刑事司法模式。

至于技术层面,问题更多,兹列举如下:

1.由谁来促成面谈?国外不少地方的调解程序是由警方出面组织的。这就在事实上增加了警察的权力和作用。那么如何防止警察的权力不被滥用,成为许多人担心的一个问题。有外国学者指出:"一些警察正在使用恢复性司法这一时髦工具来扩大他们的惩罚权限,而且如果他们得到一半的机会,他们就会滥用。"因此,有人建议应成立独立的专门从事恢复性司法工作的机构、由受过专门培训的人员来进行这项工作；也有人建议警方可继续作为组织者之一参加，但应控制其任意权。

2.律师应否被纳入恢复性司法程序？恢复性司法的倡导者不希望看到律师进入恢复性司法程序，至少是希望看到这个角色被严格地限制。他们担心律师会妨碍犯罪人承担责任，而且他们会垄断这一过程；另一个担心是，他们认为职业律师并不总是代表当事方的利益。但不少人认为，律师应该被接纳进大部分的恢复性过程中，因为这是防止出现不公平结果的有效途径。当然，律师应该通过接受培训来改变传统的敌对思想，也就是说，他们需要用一种能推进恢复价值的行为方式来行事，而不是好斗的方式。

3.如何保证正当程序的贯彻？恢复性司法强调非正式的、以协商和对话为基础的程序对解决犯罪问题的重要性，因此其批评者担心：恢复性司法缺乏对正当程序原则的关注，因而会不可避免地给犯罪人的程序权利和实体权利造成损害。例如，恢复性司法程序中没有证明的概念，而是假定只要犯罪人承认自己是行为的实施者，接下来的问题就不是证明，而是如何确定犯罪人刑事责任的问题。在这种情况下，若被告人缺乏经验，而社区力量又相当强大，很可能导致被告人因恐惧而被迫承认自己是犯罪人。另外，也有被告人可能因担心在正式的刑事审判中被误判而违心地认罪。

4.被害人的利益。恢复性司法的一个重要目标就是要改变被害人在正规刑事司法中的边缘化地位。在恢复性司法中，不但犯罪人承担责任的形式主要表现为补偿被害人的损失，而且被害人还被赋予部分决定犯罪人责任形式的权利。有的国家在决定是否对犯罪人判处缓刑或进行假释时也将被害人的意见作为重要参考。不过，很多被害人也担心恢复性司法对社区主导刑事司法的强调会导致国家对犯罪手软。而且在恢复性司法中，有的被害人往往会面临必须原谅犯罪人否则就会被视为没有爱心的压力；而赋予被害人对犯罪人是否缓刑、假释的权利，又会使被害人面临来自犯罪人的威胁和收买的危险。

（原载《检察日报》2006 年 11 月 8 日）

“赔钱减刑”的价值冲突与协调

日前，有媒体报道广东东莞一抢劫致人死亡的被告人王某因其家属同意先行赔偿被害人家属5万元，法院在对方同意的情况下，对其从轻判处死缓。据悉，通过补偿被害人的经济损失来减轻被告人刑罚的判例，在东莞两级法院已超过30宗。对此，人们普遍关心：是不是花钱就可以买刑？是不是有钱的人就可以比没钱的人少判刑？

首先应当明确的是，并不是所有的案件都可以通过赔偿减轻甚至免除刑罚，也并不是所有的案件只要通过赔偿就一定能减轻甚至免除刑罚。那种认为“赔了就不再罚（刑罚），罚了就不再赔”的观点是错误的。以前述案件为例，如果被告人本人有可供执行的财产，即使他被判处死刑立即执行，也应给予被害人家属以丧葬费、抚养费、赡养费、医疗抢救费和死亡赔偿金等赔偿。当然，本案是其家属协助赔偿的。按照“罪责自负”的原则，其家人没有赔偿的义务，但是如果积极赔偿能取得被害人一方的谅解和法院乃至检察院的认可，而被告人本人又没有赔偿能力时，作为家人甚至友人，从亲情友情出发，自愿地给予协助，这应当予以许可，同时也不违背“罪责自负”原则。因为“罪责自负”的立法本意是为了防止“罪及他人”，这种自愿地协助被告人赔偿与那种非自愿地被无辜株连是有本质区别的。

其次，我们也许应对这种“赔钱减刑”的思路作出一个基本的价值判断。总的来说，我认为这一思路是值得肯定和继续摸索的，因为它回应了国内外刑事政策的呼唤。自20世纪70年代以来,西方社会基于对现代刑事追究模式的反思,认识到片面强调公诉制度导致了对犯罪原始矛盾也就是被害人与犯罪人的矛盾的遗忘,特别是对被害人的感受和利益照顾不周,因而出现了从“报应性司法”向“恢复性司法”的转向,旨在通过调解、道歉、真诚悔过、积极赔偿等方式,恢复被害人与犯罪人、与社区之间的关系。与之相对应,我国在建设社会主义和谐社会的大背景下,也在试行刑事和解以及本文中所讨论的积极赔偿受害人等制度。这些做法是以人为本在刑事司法领域的体现,有利于助推和谐司法。正因此,最高人民法院院长肖扬 2007 年初曾强调:“要注重发挥刑事附带民事诉讼中调解的重要作用,对于因婚姻、家庭等民间纠纷引发的刑事案件,积极赔偿反映了被告人弥补犯罪损失、真诚悔罪的心态,如果取得被害人的谅解,从轻处罚有助于减少社会对抗,促进社会和谐。”

再次,“赔钱减刑”要在实践中得到健康发展,我认为还需要相关的配套措施跟上,主要涉及以下几个问题。一是应在法律和政策上明确哪些犯罪可以实行积极赔偿后减轻处罚,哪些犯罪则要严格限制,如对轻微故意犯罪、未成年人犯罪、过失犯罪等,可以适当实行赔偿与量刑挂钩,而对于主观恶性大、情节恶劣的暴力犯罪,则原则上不实行;对于那些有具体受害人的犯罪,要侧重调解,促成赔偿,而对那些没有具体受害人的犯罪(犯罪受害者是国家和社会),虽然其悔罪表现等可以成为量刑的考虑因素,但至少不属于本文讨论的“赔钱减刑”范围。二是法官在具体断案中,不能把赔钱简单化、庸俗化。赔钱是被告人悔过的表现,接受赔钱也是被害方在某种程度上谅解被告人的体现,这一过程有时不是那么容易的,像本文开头的案子就是经过“法官多次组织案件的双方当事人进行细致的调解”。可以想象,如果法官只是按照传统的开庭形式,在法庭严肃甚至是悲痛的气氛中走过场似的调解,也许就会以失败而告终。因此需要在调解方法、程序等方面下更大的功夫,既防止违背当事人的意愿强行将结果加于一方,又防止一调不成就失去耐心。三是要把被告人赔偿与国家补偿两项制度的建设有机地结合起来。现在,国家也在尝试建立对犯罪被害人的补偿制度。那么会不会由此导致实践中有的被害人及其家属因为寄希望于国家补偿而放弃接受被告人的赔偿,以达到既不减轻对被告人的处罚又能得到补偿呢？这是需要注意的。我的初步想法是,如果被告人有赔偿能力,也愿意赔偿,且其减轻处罚的幅度完全在法律政策所规定的幅度内,被害方此种情形下如果放弃赔偿,则不能再申请国家补偿。国家补偿只能适用于那些因遭受犯罪侵害陷入经济困境,而犯罪人又没有归案或者即使归案也没有赔偿能力的犯罪被害人。进一步设想,对那些确实没有赔偿能力的犯罪人,如果其真诚悔罪,法院可不可以将被害方的谅解以及同意在适当的幅度内减轻对被告人的处罚作为被害方获得国家补偿的一个条件呢？或者说,在此种情形下,国家一方面可以给予被害人以必要的补偿,另一方面即使被害人仍不谅解,法院仍可以视情节依法对被告人给予从轻或减轻处罚。

这样,我们就可以回答文章开头的问题了:“花钱”在一定的条件下,确实可以“买刑”,但这种“买刑”绝不是金钱万能的结果,而是在国家公权力的主导下,以促进被害人的权益保障和被害人与被告人的和解为前提的一个多赢举措。而且,通过进一步的制度创新,可以防止出现没钱的人比有钱的人多判刑。

(原载《法制日报》2007 年 2 月 2 日)

公诉词要不要进行法制宣传

在《新京报》一篇《关注司法细节》的专栏文章中，我谈到要认真对待被告人的道歉，不可动辄指责其“虚伪”。文章发表后，北京市检察院公诉处的同志打电话给我，说他们的分管副检察长方工同志很重视我的建议，他们也认为，今后公诉人在法庭上发表意见应以事实为基础。方工同志是闻名全国的执法楷模，他的这种积极态度鼓舞着我继续关注检察细节。本文想就检察官的公诉词内容发表一点意见。

几年前，我曾以一名兼职律师的身份去外地参加过一个故意伤害案的开庭。法庭调查结束后，公诉人开始发表长篇大论的公诉词，其中有很长一部分内容属于与案件本身没有直接关系的法制宣传教育，我听起来总觉得别扭，感觉作为“辩手”无话可辩、无事可驳。

后来我就此事请教一位检察官朋友，他告诉我，公诉词要包含法制宣传教育的内容，这可是有要求的。我又上某检察院网站查看，只见该检察院在“业务指导”一栏中对起诉书与公诉词的关系作如下介绍：起诉书是在法庭调查之初，由出庭公诉人宣读，而公诉词则是在法庭调查结束后法庭辩论开始时，由出庭公诉人所进行的综合性演讲；起诉书侧重的是指控被告人干了哪些有罪的事情，触犯《刑法》中的哪条哪款，构成什么罪，如何追究刑事责任等，而公诉词的作用，则主要是对起诉书作进一步阐述和补充，揭露犯罪，宣传法制，教育公民。

再上网搜索关键词“公诉词”，找到几篇公诉词全文，发现其“宣传法制，教育公民”的特点确实相当明显。首先，开头就是

“审判长、审判员、各位旁听的公民朋友”，可见不单是说给审判长和审判员听，还要说给旁听的群众听；其次，里面的内容有“本案的几点启示”“本案血的教训”等。

我认为，在公诉词里加进专门的法制宣传教育这样的务虚内容，会产生以下几个问题。首先，与公诉词的设计意旨相脱节。之所以要有发表公诉词这样一个环节，就是为了让公诉人结合法庭调查的情况，对起诉书中的有关内容和观点进行强化、补充或者修正，它针对的是具体的犯罪事实和被告人，这决定了其内容必须要务实。其次，公诉词作为法庭辩论的开始，应为辩护方提供反驳的靶子，如果一味地突出宣传和教育功能，只能淡化法庭辩论的气氛，造成公诉方和辩护方各说各话的局面，这显然不利于查明真相，也不符合真理越辩越明的法庭辩论初衷。再次，徒增公诉词的冗长，冲淡公诉词的亮点和重点，容易滋长形式主义，对提高法庭效率有害而无益。最后，我国的司法文化中本来就存在检察官与法官之间的互相认同与信任，而不是政府律师（检察官）与辩护律师的“平等武装”。因而，当检察官激昂慷慨的公诉词包含有法制宣传和法制教育的内容时，容易在无形中形成道义上的强势地位，进而不利于法官不偏不倚的居中裁判，也不利于真正对被告人实行“无罪推定”。

法庭审判的唯一任务就是通过公诉方和辩护方针锋相对的“表演”，让法官在看得见的正义面前对被告人有罪无罪、罪重罪轻以及如何判处刑罚等问题作出明断。俗话说：“一心不可二用。”又有名言曰：“上帝的归上帝，恺撒的归恺撒。”因此，我总觉得检察官在法庭上还是集中精力做好指控、揭露和证明犯罪的工作为好，何况一个高质量的开庭本身就是最好的法制宣传和法制教育。

（原载《新京报》2007年4月7日）

取消个案请示更符合诉讼规律

近日，陕西省高级人民法院根据最高人民法院的改革纲要，决定规范和逐步取消个案请示。这种积极主动探索司法实际中有利于实现司法公正的举措值得肯定。(2006 年 5 月 17 日《新京报》)

长期以来，我们的司法机关内部形成了一套颇具特色的请示制度：下级法院遇到法律适用疑难问题时会向上级法院请示，然后按照上级法院的意见办理案件。我认为这种制度的产生至少有两个历史原因：一是过去我们以政策代替法律，而政策的弹性很大而且是由上面制订的，不像具体法律条文那样好把握；二是过去我们的基层司法队伍业务素质普遍偏低，即使在颁布了有关法律后，仍然缺乏对法律内容和精神的准确理解。但随着法律体系的健全和司法队伍素质的提高，个案请示制度已经越来越不符合法治的目标和要求。

首先，请示的结果造成一审判决后，当事人再上诉时，上级法院很可能按原意见作出判决，使上诉流于形式，失去实质意义；相反，则造成司法资源和当事人的人财物的浪费。

其次，滋长一线办案人员的惰性，不利于提高其使命感和责任心。本来法官应当独立办案，自己做事自己当，对办案的法律效果和社会效果负责。遇上疑难复杂的案件，应当运用智慧和勇气在法律的丛林中探寻适用之道，现在动辄请示上级、依赖上级、坐等上级的指示，而有了上级的指示，就好像拿到了尚方宝剑，也不用担心二审法院改判案件，造成所谓“错案”。而我的观点一直是，除非能证明法官在办案过程中存在腐败、故意的恶意或明显的失职行为，否则法官就有权依法行使自由裁量权，而不能因为上级法院改判就一概要追究原审法官的责任。

再次，不符合诉讼规律。只有亲自接触案件的人才对案件有最切身的体会。但在请示制度中，却由没有接触案件的上级法院给出如何适用法律的指示。我们知道，信息在传输中难免会失真，一个法律问题，经过请示人的请示、被请示人的下属的汇报和最后的下达指示，可能已经离活生生的案件事实以及与之紧密相连的法律适用有了相当的距离。更何况法律适用是一件具有高度艺术性和能动性的技术，它绝不是简单的输入和产出，就像霍姆斯所说：法律与其说是逻辑，还不说是生活。因此，上级法院给出的指示不一定就比下级法院高明，有时甚至可能出错，这样二审时反倒被动。

最后，不利于提高司法效率和透明度。层层请示，上级法院又有自己的事情，不一定马上能给出答复，一拖可能就是不短的时间，下级法院只能干等。而这种系统内部的请示由于不是在法庭上面向当事人双方展开，更增添了其神秘感和不可信任感，显然对提高司法公信力没有好处。

虽然陕西省高级法院对个案请示制度的改革还不是一步到位地取消，而是用了“规范”“逐步取消”等字眼；但笔者相信，一小步行动胜过一打理论，改革的最终方向必将是个案请示走入历史。

（原载《新京报》2006 年 5 月 18 日）

警惕关系盛行对法治的消极解构

任何一个社会都存在一定的关系，而且，营造健康的人际关系本身就是一门学问。但如果将关系庸俗化，特别是放任这种庸俗关系在社会盛行起来，那就值得警觉了。从法治的角度看，庸俗关系的盛行，会给社会带来诸多的负面影响。

首先，加大社会运行成本。“案子一进门，双方都托人。”托人就势必花钱花力花时间，有时找不到直接的关系，还要绕好几个弯，通过老乡、同学、战友、同事等各种渠道，而找这些关系时往往又得请客送礼。这就出现了“找回一头羊，吃掉一头牛”的现象，使许多人不敢打官司，打不起官司。

其次，无益于提高效率。有时一个信访案子，本来直接去信访部门排队即可，但也有不少人要先登门拜访在信访部门工作的人，弄到一个什么条子之类，其实最后还得去排队。值得指出的是，随着执法和司法工作的规范化，许多人逐渐意识到，有些事情与其东找人、西求人，还不如直接去找办案机关和办案人员，那样干净利索。当然，也有相反的情况，那就是自以为能直接找办案机关和办案人员解决的事情，非得回头来找各种关系疏通。

再次，难保公开透明。批条子也好，打电话也好，许多的关系是不能公开的，这就为暗箱操作提供了土壤。例如，现在不少律师收取当事人的“办案活动费”，明确告诉当事人或其家属，这钱是用来搞关系的，所以没法开发票、收据，也没法明确告知钱给了谁、给了多少，结果当事人或其家属终究也不清楚律师到底是全给出了还是自己私吞了部分甚至大部分。有高素质的法官朋友曾经告诉我,他和他的同事从不接受律师的宴请,因为他们知道律师花的是当事人的钱,而很可能他们只吃了几百元,最后律师却向当事人要几千元。

最后,增添彼此的不信任。案子的结果本来是公正判处的,但败诉的一方总认为是自己的关系不过硬,有时甚至双方都对结果不满意,这边认为是那边活动的结果,那边却认为是这边活动的结果。我曾经在北京同时接待过从湖南老家来的一个案子的双方当事人,收下材料后劝他们回去听候法院的裁判。本来我并没有把双方的材料转寄给任何法官,但后来还是听老家的人告诉我,某某案子这边认为判重了,那边认为判轻了,双方都怀疑是我帮的对方的忙。这种对司法的不信任、对判决结果公正性的不信任,无疑不利于和谐社会的建立。

庸俗的社会关系之所以能在我们的司法场域中盛行,我想原因是多方面的。其一,我们的司法工作质量确实不令人满意,导致许多人对司法机关的公正性、处理问题的迅速性产生怀疑,试图借助某种关系来实现自己的目的。其二,我们的"关系"文化根深蒂固,深入到社会生活的方方面面。在向法治这种规则治理的转型中,"关系"的退场需要一个过程,特别是在我国广大农村地区和市场经济欠发达的地区,人们对"关系"仍然处于一种迷信之中,而对法治则缺少应有的尊崇。其三,应当承认,"关系"在现实中的不少场合确实有用,无论是正义还是非正义,反正最后都是关系在其中起了作用,使你不敢不重视"关系"。

但是,在一个健康的法治社会里,"关系"绝不能起如此大的作用。那么,"关系"究竟应在何时、何种场合起作用,又在何时、何种场合不起作用呢?我想起在哥伦比亚大学访学时的两件往事。一是我跟自己的导师爱德华教授提出想去访问纽约市警察局，他马上说，他有一个学生在那里，可以帮我联系警察局长。后来果然联系成功，使我的访问收获很大。二是我初到法学院时，访问学者的电脑还没有布置好，于是我找一个熟悉的美国学生，问能否借他的密码来上一下网，没想到这位在北京就已相识的朋友却说：他本人当然没问题，但他需要去问一下有关的工作人员，看能否将自己的密码借给别人使用。这两件小事说明什么呢？第一件说明美国人也喜欢在某些时候找关系，但这种关系不违反法律和道德准则；第二件则说明美国人在讲“关系”时是有原则的，即要看规则允不允许，如果不允许，则再好的关系也不能违背原则。

因此，我国需要逐步建立起一种健康的关系文化，既让关系成为社会和谐、人们友好相处的润滑剂，又坚决抵制庸俗关系侵入它不该进入的地方。要建成这样一种文化，当然需要有配套的制度建设。如，通过打造“阳光政府”“阳光司法”，让一切暴露在公众的监督之下，使那些见不得人的关系无法得逞。又如，通过设置司法人员和律师的隔离带。也就是说，在办案过程中，不能私自接触，不能随便接受宴请，使一切需要沟通的拿到台面上来。还有，要通过切切实实的行动，使广大老百姓明白，这个社会，最可靠、最划算、最省事的就是不要去东找西找，而是直接去找我们的承办单位和承办个人。

（原载《法制日报》2007 年 3 月 30 日）

陆　辟人道之曲径

回忆我对重启特赦的呼吁

一、出差途中闻听喜讯

2015年8月24日，我正与同事在江苏江阴做司法体制改革的调研工作，突然接到中央电视台记者的电话，说本次全国人大常委会将审议特赦部分服刑罪犯的决定草案，想就此采访我。接着我又陆续接到新华社、中国国际广播电台、《新京报》等多家媒体的采访电话，说的也是这件事。由于我当时在检察院的座谈会上，只好说，如果晚上还来得及，到时再联系，随后就把手机关了。

当天晚上，在江阴市检察院的食堂里，我第一时间找到一个僻静处，接受中央电视台记者的采访。当晚回到酒店，又接受了一直在耐心等待我回音的《新京报》首席记者王姝的专访。该专访第二天以《重启特赦是依法治国更高层次的表达》为标题见报。这个稿子当晚我通过微信和她反复沟通过好几次，自己也是很用心，因为谢绝了其他很多媒体，所以想在专访中集中表达自己对此问题的看法。

当晚央视晚间新闻播出对我的采访后，陆续接到一些师友的电话和短信，祝贺我呼吁多年的特赦终于实现。这时，忙碌了一天的我，心情反而开始不平静起来……

二、对特赦的最初呼吁

1999年9月中旬，我到香港参加学术活动。当时中央政府正在准备国庆50周年的系列庆祝活动,有香港同胞问我:在举国欢庆之际,有没有考虑让那些罪犯及其家属也分享一下这份喜悦?还有朋友说得更激烈一点:为什么只赦免日本战犯,就不赦免自己的同胞?①

我回到北京后,把这个消息和我的同事胡云腾教授(时任最高法院副部级专委)讲了,他不以为然,说我不懂政治。但我不死心,连夜写了篇《关于在国庆50周年对部分确已悔改的犯罪分子实行特赦的建议》的稿子,先投给《中国社会科学院要报》。《中国社会科学院要报》以加急的形式于9月下旬报送给了中央政治局常委。当时编辑还跟我说,你要是早一点报上来就好了,现在时间太紧了,中央来不及摸底。

与此同时,我又把这个稿子稍作改动,发表在《改革内参》上。这份刊物有公开的刊号,所以现在有的媒体说我早在1999年就公开发文呼吁特赦,应当就是这么来的吧。

现在想来,即使当时早一点报上去,恐怕也不大可能搞特赦。因为当时国家的刑事政策主要还是"严打"。自1983年第一次全国性的"严打"之后,1996年又开展了第二次全国性的"严打",2001年再次进行了第三次全国性的"严打"。在此背景

① 这种说法当然不准确。事实上,1959年国庆10周年的那次特赦不仅赦免了部分战争罪犯,还赦免了部分反革命罪犯和普通刑事罪犯。其后的6次特赦虽然均限于战争罪犯,但也不只是日本战犯,其中包括了"蒋介石集团、伪满洲国和伪蒙疆自治政府的罪犯"。需要指出的是,现在学界一般把1959年的特赦作为新中国首次特赦来阐述,其实这并不准确。因为早在1956年,最高人民检察院就根据全国人大常委会《关于处理在押日本侵略中国战争中战争犯罪分子的决定》第一条第一项,即"对于次要的或者悔罪表现较好的日本战争犯罪分子,可以从宽处理,免予起诉",先后分三次"免予起诉并立即释放"了1017名日本战犯。这一名为"免予起诉"的做法,其实就是赦免(类似特赦,但它又是针对尚未判刑的人,与我国关于特赦的通说有异),因为按通常做法,免予起诉只能适用于那些情节轻微的犯罪人,而战犯绝对谈不上情节轻微。

下，提特赦确实有点不合时宜。胡云腾教授当时说我不懂政治，大概也是从这个意义上来说的。

但从我内心来说，自从受到香港之行的启发，对特赦制度的关注从此就延续了下来。

三、持续 16 年关注特赦

记得 2000 年左右，本所同事苏亦工教授（已调任清华法学院教授）到韩国去做访问学者，临行前问我可有事需要他在那边办。我说老看报道，韩国常搞特赦，请他帮我留意一下韩国是否有专门的赦免法。亦工教授言而有信，还真帮我带回了韩文版的《韩国赦免法》。我喜出望外，立即找本所懂韩语的研究人员金玉珍女士帮我翻译出来。随后我在给刑法研究室的研究生上课时，恰好有一位叫崔康锡的韩国留学生，于是我把这部《韩国赦免法》的中文译文交给他，请他就这部法律的来龙去脉及适用情况进一步提供一些资料，最后以我俩合作的形式写成一篇《韩国赦免制度及其改革方案》的论文，发表在了田禾教授主编的《亚洲法论坛》第一卷上。

后来我去台湾参加学术活动，发现台湾地区也有专门的赦免法。我马上复印下来，仔细研读，从此更加坚定了我们应当制定一部专门的赦免法的想法。我还在访问美国的时候，就美国的赦免制度请教了一些专家学者，回国后在报纸上撰文介绍。这方面的科研成果断断续续地通过《法制日报》《检察日报》《南方周末》《法制晚报》等发表了近 10 篇。当然，比较成系统的还是发表在《法律科学》2014 年第 4 期上的《论我国赦免制度的完善》一文，该文有 2 万多字，被《人大报刊复印资料》全文转载。

在学术论文和报纸文章之外，我还利用社科院的《要报》这个重要平台报送了多份关于特赦的研究报告。例如，2009年我又写了一篇建议在国庆60周年实行特赦的要报。在这篇要报里，我还提出，如果国庆日时间太紧，还可考虑澳门回归纪念日[①]，因为那标志着帝国主义强加给中国的一系列不平等条约的结束。2014年我报送过一篇《建立死刑犯申请特赦的制度》，主要是根据我国已经签署并正在准备批准的《公民权利和政治权利国际公约》的要求，建议对死刑犯设立一个可以从下向上申请赦免的渠道。2015年我又报送了一篇《建议制定〈中华人民共和国赦免法〉》。这篇要报实际上是2014年写的，但编辑部考虑到我刚刚报送过一篇关于死刑犯申请特赦的稿子，所以想往后拖一拖。这次全国人大常委会特赦决定通过后，我专门查了下我的这份要报报送的时间，上面写的是2015年1月1日。那不是元旦吗？不知是巧合还是报送的时间有什么特别的考虑，目前我也无从得知这份要报对今年的特赦决定是否产生过影响。

四、2007年的那篇文章

在我关于特赦的呼吁中，发表在《南方周末》2007年12月13日的《2008，能否成为中国特赦年？》一文影响较大。

记得那是一个晚上，《南方周末》法治版的编辑打电话到我家，问我最近在从事哪些方面的研究，有没有合适的题目给他们写篇稿子。我当时跟她说了好几个题目，她一直在静静地听。当我说到2008年是中国改革开放30周年，也将迎来北京举办奥运会这样一件盛事，可以考虑乘此大喜日子搞一次特赦时，她

① 澳门回归日是1999年12月20日。

立即兴奋地说：刘老师，就写这个！

当晚，我一气呵成，写成了那篇文章。至于标题，是报社最后改的。我写作该文时，正好在中国人民大学法学院的网站上看到一则消息，就是当时的最高法院院长肖扬对谢望原教授的一项关于特赦的研究成果作出肯定的批示。我把肖扬院长的这一批示也作为我全文立论的一个重要支撑。

文章发表后，可以用“一石激起千层浪”来形容。约稿编辑告诉我，他们内部评报，有人认为该文可以被评为2007年的年度最佳评论。《检察日报》等多家媒体作了转载。还有一些媒体以此为引子展开讨论，同时配发正反两方面的意见。

时过一年，到2008年底，《南方周末》又约我写主题“展望2009之法治中国”的文章，我再次呼吁在建国60周年时实行特赦。

等到进入2009年，呼吁特赦的声音多起来了，刑法学界高铭暄、赵秉志等教授均有发声，一些人大代表和政协委员也在“两会”上提出议案，纷纷建议在建国60周年时实行特赦。①

我这里还想讲一个小插曲。大约在2009年6月份，有一天我突然接到一个电话，来电者称他因故坐牢7年，现已出狱，在监狱里看到我呼吁特赦的文章，说监狱里许多服刑的犯人都对此抱有很大期待，他想来拜访我。我感觉此人说话有礼有节，但记不清当时是因有事还是骨子里对从监狱里出来的人有一种潜意识的规避心理，总之还是没有见面。后来我在法学所的传达室里，收到过他的一封信和一本书，信中继续恳请我推动特赦，

---

① 为何呼吁特赦的声音在2009年达到一个高潮？我想除了建国60周年这个时间节点，还与当时的社会背景有关：2004年中国共产党提出“构建社会主义和谐社会”，随后政法机关提出“宽严相济”的刑事政策，以此取代实施了20多年的“严打”刑事政策。

说监狱里有的人真的很可怜。他的这本书是研究“人格之谜”的，著名学者张岱年先生在给他写的序言中还评价颇高。不知这样一个研究人格的人是因何故“坐牢 7 年”，如今也成了一个谜。

我的印象是，2009 年中央很可能真的考虑过在建国 60 周年时是否要实行特赦的问题。当时香港《凤凰周刊》的一个记者告诉我，他听说了这方面的消息。但最后的结果是，国庆 60 周年终究没有实行特赦。

五、三点感触

首先，作为一项有重要刑事政策意义的举措，赦免不是一个纯理论问题，是中央领导层根据国内外形势综合评估、审慎决策的结果。在这个过程中，必要的理论准备是不可或缺的。我本人只是为激活新时期特赦制度鼓与呼的众多学者之一，并且反对把一项国家重要政策的出台归功为少数几个学者的做法。据我不完全统计，进入新世纪以来，围绕赦免这个主题出版的专著就有 6 本，而有关这方面的论文，更是达到 30 多篇。所以即使从学界来看，也是群策群力的结果。而且我要特别表达一个意思，那就是学术研究并不能简单地以是否被官方采纳为成败标志，那些反对特赦的声音，与主张特赦的声音同样宝贵。我本人正是在倾听众多反对特赦的声音中得到启发，使主张特赦的方案不断地完善。

其次，作为带有智库性质的社科院学者，我觉得要想为国家决策提供更有效的参考，一是要有一定的问题意识。回想 16 年前，正是香港之行友人间不经意的几句讨论，引起我对这个问题的关注。二是对策建议应建立在扎实的学术研究基础之上。我对这个问题持续关注了10多年，相关的国际公约以及美国、韩国和我国台湾地区的做法均纳入自己的视野，形成了比较系统的学术观点，所以一旦有《要报》或报纸约稿，就能马上写出。三是要想把自己的学术观点转换为决策依据，需要一定的耐心和策略。我对特赦的再三呼吁，其实从学术上来看，第一次说过后就差不多了，后来再说也没有多大的创新。但有的事情就是需要反复地说，才能改变社会的观念，也才能被决策层所关注。①当然，这种反复地说，还需要抓住时机，同时注意内部渠道和公开渠道的互补。

最后，这次启动特赦，毕竟是时隔40年后的首次，因此在特赦对象的选择上更多的是带有一种象征意义。我们现在要利用好这次机会，好好地总结实施的经验，使特赦今后能更加规范化、常态化。托马斯·阿奎那早就说过：法律之所以为人信仰，并不仅仅在于它的苛严与威仪，更在于它正义的慈悲心。现代意义上的赦免已经不再是人治的产物，否则就无法解释许多法治先进的国家和地区同时也是赦免制度运用频繁的国家和地区。当然，这方面我们还有一项重要工作要做，那就是我之前已经提出过的，要制定专门的《中华人民共和国赦免法》，从实体到程序对赦免的申请、启动、审查、决定等各个环节进行规范。这也是依法治国、依法行赦的应有含义。这次特赦决定作出后，各地在执行中所表现出来的一定程度的"乱象"，恰恰说明我们这方面的规定还太原则化、太粗糙，亟需一部有可操作性的具体的赦免法。

（本文首发"中国法学网"2015年9月30日）

① 想想我们废除劳教、减少死刑的过程，也都是经过多年的呼吁才见成效的。

死刑削减仍然在路上

《刑法修正案(九)》(草案)拟对 9 个罪取消死刑,这是继 2011 年《刑法修正案(八)》首次取消 13 个非暴力犯罪的死刑后又一次较大幅度地削减死刑罪名,如果能获得通过,我国死刑罪名将降至 46 个。

从 2013 年 11 月十八届三中全会通过的《中共中央关于全面深化改革若干重大问题的决定》中提出要"逐步减少适用死刑罪名",到 2014 年 3 月全国人大常委会法工委刑法室副主任臧铁伟在两会记者招待会上披露"正在研究逐步减少死刑",《刑法修正案(九)》这次继续削减死刑罪名可谓情理之中。但当我看到最后公开的报道中这次要取消 9 个罪的死刑时,还是感到有点出乎意外的惊喜,因为之前大家觉得这次能取消 4—5 个死刑罪名就不错了。

这次之所以敢在取消死刑罪名上继续迈出较大的步伐,正如全国人大常委会法工委主任李适时所说,《刑法修正案(八)》出台以来,中国社会治安形势总体稳定可控,一些严重犯罪稳中有降;实践表明,取消 13 个罪名的死刑,没有对社会治安形势形成负面影响。我很高兴看到官方有这种认识,作为一个长期研究死刑的学者,我深感犯罪的原因十分复杂,一个国家的犯罪升降,或某些犯罪上升、另一些犯罪下降,总的来讲,是由这个国家的社会结构和政治、经济、文化环境来决定的。一个国家死刑用得多,并不一定其社会治安就好;相反,一个国家死刑用得少甚至不用死刑,通过改良其他公共政策,也完全能使社会治安维护在一个比较好的状态。

这次准备取消的9个死刑罪名，都是在实践中较少适用了的。这说明了立法削减死刑与司法控制死刑的良性互动关系。一个死刑罪名，只有首先通过司法控制，在实践中很少适用，经过一段时间的检验，发现此类犯罪并没有出现上升的趋势，最后才有可能在立法上取消。像集资诈骗罪，在前几年吴英案没有被最高人民法院核准死刑之后，因此罪被判处死刑的就很少了。今后，我们要想继续减少死刑罪名，仍然必须首先立足司法实践，使一些罪名的死刑条款逐渐成为"死亡条款"。

持续地较大幅度减少死刑，会不会纵容犯罪？对这个问题，李适时先生在作修法说明时讲得很好：取消死刑后，最高还可以判处无期徒刑，通过加强执法，该严厉惩处的依法严厉惩处，可以做到整体惩处力度不减。在许多刑罚相对轻缓的国家和地区，连无期徒刑的适用也是受到严格限制的。我国由于历史的原因，现在仍觉得对犯罪人判处无期徒刑好像还便宜了他，其实这已经是很严厉的惩罚，足以威慑犯罪。何况，像武装掩护走私、强迫卖淫、阻碍执行军事职务等，真有情节极其严重，致人重伤、死亡的，可以依照故意杀人罪、故意伤害罪来判处死刑。

与《刑法修正案（八）》相比，这次拟取消死刑的9个罪名已经不全是非暴力犯罪了。这表明，今后我国在继续减少死刑时，除了将重点保持在非暴力犯罪领域，对一些情节不是特别恶劣的暴力犯罪，也可以考虑取消死刑。此外，这次拟取消死刑的罪名中还有两个军职罪，即阻碍执行军事职务罪和战时造谣惑众罪。这也给我们一个重要启示，在考虑减少死刑时，不要人为地设禁区，即使刑法中的一些敏感章节如危害国家安全罪、危害国防利益罪等，也要纳入死刑改革的研究视野。

《刑法修正案（九）》（草案）还提高了对死缓罪犯执行死刑的

门槛，过去规定只要在死刑缓期执行期间有故意犯罪的就要执行死刑，这次改为"对于死缓期间故意犯罪，情节恶劣的"才执行死刑。这个修改也是有道理的。试想，一个死缓犯，如果仅仅在牢头狱霸欺负他时还手致对方轻伤，就要因这种故意犯罪而被执行死刑，公平吗？死刑改革是一个从总则到分则的系统工程。这次总则只修改了这一处。之前学界的一些建言，如设立死刑犯的申请赦免制度，废除死刑执行中的枪决、统一用注射，将不具有人身危险性的新生儿母亲和精神障碍者以及将在刑事追诉和刑罚执行过程中发生精神病的人列入不适用死刑的对象等，尚没有反映到立法中。

我国早已签署《公民权利和政治权利国际公约》，但一直没有批准。据悉，新一届中央领导要求重启批准该公约的研究。公约规定，在那些还没有废除死刑的国家，死刑只能适用于"最严重的犯罪"。这里的"最严重的犯罪"，按照国际通行的理解，应当是指跟剥夺人的生命相关的严重的暴力犯罪。另据我国《参考消息》2012年12月22日报道：2011年世界上193个联合国会员国中，真正执行死刑的国家只有21个。相比之下，就算这次成功地取消9个死刑罪名，我国还有46个死刑罪名，继续有步骤、有计划地削减死刑，仍然任重道远。

（原载《新京报》2014年10月28日）

死刑执行的人道化

最近，关于北京将在 2009 年底全面实施以注射方式执行死刑的消息引起国内外关注。我对这个问题的思考结论是：这与中国最终走向废除死刑的方向是一致的。

中国政府历来指出：从长远看，我们最终要废除死刑，只是目前条件还不具备。对于这个"最终"究竟要到何时，以往谁也没底。但如果我们结合这十几年来中国在死刑制度上的变革及其取得的成绩，也许对这一前景可以增添几分乐观。

1996 年修订后的《刑事诉讼法》，增设了注射执行死刑的方式，这一立法背景是考虑到联合国经社理事会在 1984 年通过的《保护面临死刑者权利的保障措施》中曾要求，对于那些尚未废除死刑的国家，执行死刑"应以尽量减轻痛苦的方式执行"。经过研究，立法者认为注射执行死刑较之枪决更能减轻死刑犯痛苦，更能保全死刑犯的尸体，可以防止出现枪决所导致的脑浆迸裂等残忍场面。由于注射执行死刑的药物研制、场所建设、人员培训等都还需要一个过程，因此当时仍然保留了枪决这一传统的死刑执行方式。

从 1997 年昆明实行第一例注射死刑起，注射死刑在全国各地不同程度地得以推广，最高人民法院也从 2008 年起，免费向地方法院提供注射死刑的药剂，表明了其逐步以注射取代枪决来执行死刑的态度。在 2009 年《国家人权行动计划》发布后不久，首都北京提速实施以注射方式执行死刑的姿态，让人们对早日结束死刑执行方式的不统一、在全国范围内以注射取代枪决来执行死刑充满期待。

死刑执行方式的变革，不是一件孤立的事情。首先，这是刑罚和刑罚执行人道化的体现。在历史上，死刑执行方法曾经分为“剥夺人的生命”和“在剥夺人的生命的同时使被处决者备受痛苦和煎熬”两类方法，后者包括了凌迟、枭首、戮尸等酷刑。清末沈家本主持修律时，就力主死刑执行方式统一，废除凌迟、枭首、戮尸等“使被处决者备受痛苦和煎熬”的方法。新中国成立后，我们长期对死刑采用枪决的方式来执行。虽然枪决在当时的历史条件下不能算是一种“使被处决者备受痛苦和煎熬”的方法，但如果将其与声势浩大的公审大会、游街示威以及在露天的行刑场所伴之以像过节赶集一样看热闹的群众场面联系起来，对于死刑犯及其家人而言，想来仍然有不顾其尊严和感受之残忍。更重要的是，这种做法有助长社会暴力文化、强化死刑乃社会治理之惯常工具甚至大众日常生活之一部分的流弊。现在，注射执行死刑均在专门的场所执行，有利于慢慢消除社会对死刑的依赖症。

其次，注射执行死刑现在之所以能有逐步取代枪决之局面，还与我国实践中死刑执行大幅度下降的现状有关。我国在2007年1月1日开始将死刑核准权收归最高人民法院，以这一标志性事件为契机，死刑的判处和执行急剧下降。2007年，最高人民法院核准的死刑案件中，有15%的被否决，而且全国判处死缓的数量多年来首次超过判处死刑立即执行的数量。在死刑减少的情况下，该年度的爆炸、杀人、放火等恶性案件的发案率反而比2006年有明显下降，这说明我们完全可以不过分依赖死刑而将社会治理得很好甚至更好。正因为死刑判决的大幅度减少，各地才可以比较快地在场所建设、人员配置等问题上满足注射死刑的要求。从报道看，北京只有一个注射执行死刑的场所，试想如果要执行死刑的人数较多，这显然是不够的。

放眼世界，在已经没有死刑的欧洲，以及其他许多废除死刑的国家，我们可以发现一个大致的规律，那就是这些国家都曾经走过这样一条道路：从死刑罪名众多到后来被限制在严重谋杀罪再到最后彻底废除死刑，从死刑被广泛适用到死刑逐渐被作为一种“象征性的刑罚”很少适用再到后来彻底不用，从死刑执行手段的多样化、对不同的死刑犯要采取痛苦和羞辱程度不同的方法到死刑执行手段的单一化、对所有的死刑犯都要采取痛苦程度最低的方法，从死刑执行的兴师动众到死刑执行逐渐退出公众视野。回首中国死刑及其执行所走过的道路，我认为是符合最终废除死刑的逻辑和经验的。

（原载《南方周末》2009 年 6 月 18 日）

废除“死刑立即执行”的提法

“死刑立即执行”片面强调快，缺乏必要和充分的救济时间，存在误杀无辜者的巨大风险。

建议废除“死刑立即执行的判决”的称谓，将死刑判决区分为“死刑的判决”和“死刑缓期执行的判决”。

《刑事诉讼法》规定，最高人民法院判处和核准的死刑立即执行的判决，应在7日以内交付执行。这一规定存在以下缺陷：

首先，死刑立即执行与死刑变更程序存在冲突，不利于纠错和死刑犯权利的救济。

按照《刑事诉讼法》的规定，死刑变更包括，在执行前发现判决可能有错误、在执行前罪犯揭发重大犯罪事实，或者有其他重大立功表现可能需要改判等情形。

问题是，死刑案件在前面一审、二审和复核的较长审判期间内都没有发现的错误，怎么会轻易在7天之内忽然发现？对于在执行前罪犯揭发重大犯罪事实或者有其他重大立功表现的，审判机关又如何在如此短的时间里去初步查实以便判断是否有可能需要改判？即使临刑前突然发现判决可能有错误，要在7天内进行审查并将请求停止执行死刑的报告及相关材料层报最高人民法院审批，时间也显然不够。

其次，死刑立即执行与审判监督程序存在冲突，无法保障罪犯的申诉权利。

虽然申诉可适用于经过核准的死刑立即执行判决，但法律忽视了死刑判决的特殊性。法院收到申诉材料后，先要进行审查，对于符合法定条件的才能决定予以受理。由于申诉期间不能停止死刑裁判的执行，从死刑命令下达到交付执行最多只有7天，被告人很可能在法院申诉审查决定作出之前就已经被执行了死刑。

再次，不利于检察院发挥执行监督的作用。

根据法律规定，法院将罪犯交付执行死刑应当在交付3日前通知同级检察院派员临场监督。据此，检察院只有最短4日最长7日的准备时间。检察院既要监督死刑执行的时间、地点、方法、停止行刑等程序性的问题是否合法，也要考察执行前后罪犯权利的保障问题。时间太短，未免流于形式，难以真正履行执行监督的职责。

死刑立即执行片面强调快速执行死刑，死刑犯缺乏必要和充分的救济时间，损害了其正当的程序权利，存在误杀无辜者的巨大风险。

因此，建议对死刑判决的交付执行时间进行改革和完善，具体设想是：

在维持死刑缓期执行制度不变的前提下，应废除“死刑立即执行的判决”的称谓，将死刑判决区分为“死刑的判决”和“死刑缓期执行的判决”。

将死刑交付执行的时间延长为至少1年。如果交付执行的时间从7日内延长到至少1年，在时间上基本可以满足死刑变更程序、审判监督程序及检察院执行监督的程序启动和推进的需求。死刑犯将有机会采取各种法律手段寻求辩护人的帮助，寻找新的证据，提出申诉及等待处理结果。

增设死刑判决的特别申诉制度。针对死刑一旦执行难以挽回的特殊性，建议死刑判决的申诉应当区别于其他判决，在申诉期间应当中止死刑的执行。

完善并细化死刑变更程序。建议赋予审判员、陪审员、执行人员、被告人及其法定代理人、近亲属、辩护人等提出停止或暂停死刑执行申请的权利，由接受申请的法院决定是否受理。如果在死刑执行前提出过停止或暂停执行死刑的申请，但未被依法受理或决定不予受理，事后有证据证明是冤假错案的，应当追究相关人员的法律责任。

检察院提前介入执行监督。检察院死刑执行监督的时间应当至少提前至交付执行前的 3 个月。提前介入执行监督可以为法律监督的具体实施提供时间保障，有助于扩大检察监督的内容和范围，让执行监督走向实质化。

（原载《南方周末》2015 年 4 月 3 日）

刑法大修:逐步减少死刑罪名仍是趋势

——答《凤凰周刊》记者吴如加

2014 年 10 月 27 日,备受关注的《刑法修正案(九)》(草案)提交全国人大常委会初次审议,并向社会公开征求意见,正式拉开此次刑法大修的帷幕。

自 1997 年全面修订《刑法》以来,18 年间,全国人大常委会一共通过了 8 个刑法修正案。此次修法,距离 2011 年 5 月实施的《刑法修正案(八)》已逾三年。

本次修法拟取消 9 个死刑罪名,并取消贪污罪、受贿罪的数额限定。

拟取消死刑罪名首次出现军职罪

记者:近期,中国刑法启动第九次大规模修订,修正案草案中拟取消集资诈骗罪等 9 项死刑罪名,您对此有何评价?

刘仁文(以下简称“刘”):减少死刑罪名一直是近年来的趋势。从 1979 年颁布刑法,到后来 80 年代初“严打”,当时的趋势是增加死刑,增加刑法的惩罚力度。1997 年刑法之后,原则上既不增加也不减少死刑。到了 2007 年,也就是 2008 年奥运会前一年,最高法院收回了被下放到各个省的死刑核准权,这是限制死刑的一个明显标志。收回死刑核准权给全国的检察院、法院传递了一个强烈的信号——现在死刑要严格控制了。当时有人预测，2007 年比 2006 年的死刑数量至少下降了一半。收回死刑核准权之后，死刑的判决和执行在实践中大幅下降，但社会治安并没有发生恶化，相反重大恶性案件还呈现稳中有降的趋势。综合上述各方面的因素，伴随着国际上废除死刑的趋势，以及我们对有关国际公约的考虑，2011 年通过的《刑法修正案(八)》，适用死刑的罪名首次减少了 13 个，从 68 个减少至 55 个，这次又准备减少 9 个。以后的趋势仍将是有计划、有步骤地逐步削减适用死刑罪名，这个趋势不会更改。

记者：下一步如果继续减少死刑罪名，将会考虑从哪些罪名着手呢？

刘：第一，还是从非暴力犯罪着手。举个例子，这一次我们取消了走私核材料罪的死刑，但刑法中仍保留了非法运输危险物质罪的死刑。从逻辑上看，核材料应该算是危险物质里非常危险的一种，走私说白了也是运输，只是从国外运输到国内。从国外运到国内，而且核材料比一般危险物质的危险性更大，这都取消死刑了，而在国内运输危险物质罪反而可以判死刑，作为一个刑法体系，这样是不对称的。经过如此对比，我们不难发现，如果走私核材料罪都被取消了死刑，那么非法运输危险物质罪是否还有必要保留死刑呢？

再举个例子，譬如非法制造、买卖、运输枪支、弹药罪，这个罪名是可以判死刑的，且具备其中任何一项就可以。可是，犯这个罪的人，毕竟没有拿枪去杀人，只是非法制造枪支或买卖运输枪支。从国际上看，在美国等国家制造、买卖枪支是合法的。为什么在一个国家是合法的，在另一个国家就要被判处死刑？当然国情存在不同，我们出于维护社会治安的需要，不允许制造、买卖枪支，但为何处罚会如此悬殊呢？难道判无期徒刑还不够重吗？为什么非得判死刑？

第二，至于暴力犯罪领域的死刑，也应该区分情况，重新审视。比如这一次拟取消武装走私罪以及强迫卖淫罪的死刑，这两个罪名都带有暴力色彩，与 2011 年时只取消纯粹的非暴力犯罪有所不同。这传递出一个信号——未来减少死刑罪名的趋势，虽然仍以非暴力犯罪为主，但是对暴力犯罪也会区分情况，并不是暴力犯罪就一概不予考虑。这方面可以反思的空间是很大的。如，故意伤害罪设立死刑，实践中就出现有的犯罪人干脆一不做二不休，与其留下活口，还不如杀人灭口，那样可能案子破不了，少了证人。

第三，过去考虑减少死刑罪名时，主要是从经济类犯罪着手。但这次刑法修改有一个新的方向，那就是对阻碍执行军事职务罪、战时造谣惑众罪这两个军职罪拟取消死刑。过去学者关注的重点是经济类犯罪，对这类敏感的罪名缺乏足够的研究与关注。但是我们的死刑罪名有很多涉及军职罪、危害国防利益罪和危害国家安全罪。在这些领域探讨废除死刑，空间也是很大的。譬如像战时造谣惑众罪，常识都能告诉我们这个判死刑太重了，毕竟只是造谣，能否惑众还取决于大众们信不信，难道判个无期不行吗？因此，恐怕这些罪名都要好好梳理，同时也要动员军事法院等相关部门主动研究如何落实中央“逐步减少死刑适用罪名”的精神，发动他们在这方面的积极性。

未来减少死刑的改革会是这样一个趋势——非暴力犯罪，包括贪污罪、受贿罪，将越来越少适用死刑。至于暴力犯罪也应该进行具体的区分，总的方向是，暴力犯罪的死刑需要跟剥夺受害人的生命相关联起来。例如，强迫卖淫罪和武装走私罪，如果在强迫他人卖淫或在武装走私过程中杀了人，那就转化成刑法中的故意杀人罪，仍然可以判处死刑。如此，刑法中很多暴力犯罪都可以按照这样的思路来进行改革，即凡涉及剥夺受害人生命的犯罪行为，都慢慢集中到故意杀人罪中。凡是剥夺他人生命的暴力犯罪就按故意杀人罪来处理；其他的暴力犯罪，凡是没有涉及他人生命的，则要逐步地取消死刑。

集资诈骗罪2011年差点取消死刑

记者：这次取消的9项死刑罪名中，集资诈骗罪一直备受舆论关注，从吴英案到曾成杰案，为什么这个罪名会一再触动公众的神经？

刘：因为其他的罪名可能不像非法集资罪这样跟老百姓关系密切。譬如，军职罪是指军人违反职责，跟老百姓关系不大。非法集资现在仍然是一个比较严重的社会问题。最近一个中级法院院长告诉我，他们那里民间集资出了大问题，明年法院这方面的审理工作会大增，因为光这一个非法集资案就牵扯了几百人。这个问题还是很纠结的。在吴英案以后，大家都以为最高人民法院确立了一个标杆——集资诈骗罪以后不判死刑了，结果曾成杰案时最高人民法院还是核准了死刑。这说明只要立法上还保留有死刑，司法中就仍然可能适用。

集资诈骗罪本来在2011年就差点要取消死刑了，当时如果要再取消一个死刑罪名就是它了，所以这次取消死刑的罪名清单上它肯定靠前。既然集资诈骗罪仍是一个严重的社会问题，且与百姓利益关系密切，为何此次修法仍要取消该罪名的死刑呢？首先，刑法上的诈骗罪并没有死刑，立法理由在于此类罪中被害人存在一定的过错，毕竟他是骗你，而不是抢你，信不信还得由你，你要是自己警觉一些，而不是有占便宜的心理，对方就不一定得逞。集资诈骗属于诈骗的一种，道理相通。其次，2011年已经取消了票据诈骗罪、金融凭证诈骗罪和信用证诈骗罪的死刑，现在再保留集资诈骗罪，逻辑上显得更不合理。再次，非法集资往往最初是非法吸收公众存款，这个罪没有死刑，但实践中往往以后果倒推回来，被告人还不起款了，就说他当初是诈骗，这样判处死刑不公平。最后，取消死刑之后，还可判处无期徒刑，而且通过严格执法，加强金融领域的管理，对潜在被害人群体进行预防，不会带来太大的负面效应。

记者：舆论经常关注的运输毒品罪，在这次修改中并没有取消死刑，其中立法机关有什么顾虑？

刘：我曾经在一个看守所里，跟一个运输毒品被判处死刑的人交流。“人之将死，其言也善。”我相信他说的是真话。我问他：“你知不知道这个罪是要判死刑的？”他说：“我那时候没想那么多，只是觉得诱惑太大了，从这一站把它（毒品）运到下一站，就相当于我几年打工的钱。我觉得这个事情没什么大不了的，我又没有杀人放火，就只是帮着把东西从这个地方运到下一个地方。”我问他：“假如你当时知道这个罪可以判无期徒刑，你还会不会去做？”他回答：“绝不会。”“要是 20 年或 15 年有期徒刑呢？”“也不会，因为那么长时间在监狱里，得不偿失。”我继续问：“假如 3 到 5 年，你会不会去做？”他说：“那我有可能会去冒险，毕竟有可能不被发现，万一被发现了也只是 3 到 5 年。”

我曾经在立法机关内部讨论时提出过这个问题。非法制造、买卖毒品的社会危害性可能更大一些，但光是一个运输者，一个小马仔运输一下毒品，做的是最下层的事，大毒枭都躲在幕后，这种情况有无必要判死刑？

有关领导同志的顾虑是，第一，虽说犯运输毒品罪的都是小马仔，不是贩毒集团的上层，但许多大毒枭都在境外，抓捕难度很大；第二，现在的毒品形势，在判处运输毒品罪死刑的情况下还这么严峻，一旦松口，可能导致毒品形势更加严重。

因此，我的观点是，假如立法机关针对运输毒品罪的罪犯作一个详细的调研，或者委托学者去做，会是有价值的。目前立法者的主要担心是毒品形势很严峻，可见在这个问题上他们过于相信死刑。但是，判了这么多年死刑，毒品形势依然严峻。换个思路思考会发现，这反倒说明死刑对犯罪并没有特殊的威慑作用。犯罪的原因非常复杂，不是简单地与死刑威慑成一一对应的关系。刑法学界还有一句名言，刑罚的有效性不在于其严厉性，而在于其不可避免性。实际上大多人在犯罪时，并没有去考虑该罪是否有死刑，而是觉得不会被发现。

过去一谈减少死刑罪名，就觉得离开死刑天下会大乱，老百姓会怒气冲天。但这些年有计划地削减死刑，社会治安不但没有更乱，重大恶性案件还呈下降的趋势，这恰恰说明犯罪原因非常复杂，跟死刑没有必然的关系。而且国内外的反应也相当正面和积极，觉得我们的刑法在不断地变得人道，我们的社会在不断地变得文明。

这也提醒我们，一个国家完全可以通过改良公共政策和相关的法律制度，而不依赖死刑来治理社会。这个道理同样适用于毒品犯罪领域。我们长期以来谈毒色变，主要是因为1840年鸦片战争的历史，让我们觉得毒品危害无穷，涉及民族的生死存亡问题。实际上现在西方很多国家也在反思，毒品尤其是软性毒品到底有多大的危害，甚至有些国家部分地将此类行为非罪化。在这种情况下我们还对运输毒品罪判处死刑，是不合适的。

数额是贪污受贿案中一个重要因素，但不是唯一因素

记者：本次刑法修改，拟取消贪污、受贿犯罪的具体金额，你对此有何评价？

刘：过去贪污、受贿10万元以上，就判处10年以上有期徒刑、无期徒刑直至死刑。由于经济的发展，加之通货膨胀，贪污、受贿的数额越来越大，使得现在如果还保留这个数额，在司法实践中会出现明显的不公平。譬如贪污、受贿几百万甚至几千万的可能也就判个十几年，而贪污、受贿10万的最低也要判10年。我曾经接触过这样一个贪污案，作为主犯的犯罪人要对全部数额负责，总共十几万，他分给手下几万，剩下五六万自己装兜里，但一判也是10年，法官没有任何选择的余地。数额比他高好多倍的，也就判十一二年。

1997年刑法确立罪刑法定原则、废除类推制度，强调刑法要尽量明确化，但由于没有预料到社会经济的发展，对有些罪状的具体描述反而把法律的明确性等同于庸俗化了，如具体规定贪污受贿的量刑数额。

有时人们还会有一些疑问，譬如某人犯罪数额更大为什么没有判处死刑，数额小的反而判死刑了？其实，数额不是社会危害性和主观恶性的唯一表征，法院会在量刑幅度内结合其他情节来考虑的，所以出现上述情况不足为奇。但数字化的立法容易让人产生误会，以为数额就是社会危害性和主观恶性的唯一表征。

因此这次刑法修改，取消了对具体金额的规定，只强调数额较大或者情节较重、数额巨大或者情节严重、数额特别巨大或者情节特别严重。这也是提醒我们关注贪污受贿案件的情节，不能光凭数额判刑。当然，数额仍将是一个重要的参考。

如果简单地把立法和司法数字化，确实容易导致机械化地执法。其实，即使同样数额的犯罪中，人与人的主观恶性和危害后果可能也是不一样的。把数额去掉更有利于我们司法机关在审理过程中，兼顾具体的犯罪情节，包括犯罪者的主观恶性、危害后果等，这样综合考虑会更好。

将来司法机关会根据实际情况，对数额较大、数额巨大、数额特别巨大作出明确的司法解释。虽然仍会确定一个数额，但是司法解释毕竟不需要全国人大常委会审议，可以根据社会形势随时进行适当的调整，而保持法律的相对稳定。

强调数额只是贪污受贿案件中一个重要因素的同时，还要对其他因素进行综合考虑。一方面，根据经济发展形势，总体来说提高了定罪量刑数额的门槛；另一方面，数额只是其中的一个重要因素而不是唯一因素，还要结合犯罪者的主观恶性和造成的损害进行综合考虑，也就是说有可能出现即使数额较小，也会被定罪或判处较高的刑罚。这样可以给民众一个交代，并不是简单地把数额提高或是纵容贪官，还会结合别的情节，并且不再唯数额论。

而另外一个更灵活的地方，就是司法解释可以做到对数额的弹性处理。因为立法是全国性的法律，不易轻易调整，而司法解释则相对灵活，有可能会借鉴过去对盗窃罪的一些处理方法。

盗窃罪在经济发达地区与不发达地区的量刑标准和数额是不同的。这是通过司法解释做到的。一个官员在东部地区和西部地区的收入肯定是有差异的。因此将来最高人民法院在制订司法解释时，可以结合各个地方的经济发展水平，设定一个有弹性和幅度的数额，让法官选择。

记者：修改之后，法官在审理贪污受贿案件中的自由裁量权比过去更大了，是否容易引发司法腐败？

刘：最高法院正在建立两个制度，第一个叫量刑指导意见，第二个就是案例指导制度。我认为将来最高法院会通过发布量刑指导意见和一些案例，来逐步规范这方面的司法。

此外，法官的自由裁量权不意味着不受约束。将来针对贪污受贿罪的数额和情节，最高法院应该会联合最高检察院尽快出台这方面的司法解释，甚至是量刑指导意见，譬如提醒法官需要考虑哪些情节，这些情节分别占多少权重。通过量刑指导意见，使得法官不得无原则地进行裁量。

记者：目前对贪污、受贿罪出现了少杀慎杀的趋势，将来是否可能取消这两个罪名的死刑？

刘：贪污罪和受贿罪，上一次（2011 年）刑法修正的时候没敢碰。因为腐败很严重，群众非常敏感，执政党不会简单地把这两个罪名看作学者眼中的非暴力犯罪，而是认为其涉及执政的根基。如果处理不好，会被老百姓认为是纵容贪官。

过去我们对限制死刑的研究主要集中在非暴力犯罪领域，暴力犯罪和腐败犯罪较少涉及。非暴力犯罪又主要集中在经济领域，现在经济犯罪领域的死刑慢慢减少了，所以同为非暴力犯罪的腐败犯罪也会提上日程。一个罪名如要取消死刑，有一个前提条件，就是在实践中这个罪名对死刑的适用越来越少。因为无论是第八修正案取消的 13 个死刑罪名，还是这次拟取消的 9 个死刑罪名，都已经是在实践中很少适用死刑判决的。

贪污罪、受贿罪在实践中判处死刑的越来越少了，可见社会慢慢地接受了这个现实。所以，再过四五年，等到下一次修改刑法的时候，由于判处贪污罪、受贿罪死刑的越来越少，甚至贪污、受贿的犯罪也不如现在这样严重了，民意就会慢慢接受不再判处贪官死刑。因此，我认为下一步贪污罪、受贿罪取消死刑，也应当在情理之中。

（原载《凤凰周刊》2015 年第 2 期）

2016 年，平反冤案值得肯定，死刑控制任重道远

——答《凤凰周刊》记者任重远

对于 2016 年内地刑事司法动态，最需要关注的，一是冤假错案的平反，如近期最高法院直接平反的河北聂树斌案、吉林孙氏兄弟涉黑案等；二是对死刑的控制，从贾敬龙案中的舆论可以看出，这些年来社会观念已经发生了一些变化，杀人不一定都要偿命。

考虑到中国政府正在研究批准联合国《公民权利和政治权利国际公约》的有关问题，以及近年来司法公开领域的进展，内地死刑数字公开的压力增大，这将进一步推动死刑的减少。

错案追责不能只看办案人员

记者：关于聂树斌案这样一个旷日持久的案件最终得以平反，你怎么看？

刘（以下简称“刘”）：首先说一个观点。聂树斌案结果出来以后，有一种声音，认为不值得庆贺。因为经过了这么多年，正义都疲惫了。现在大家不去追责，不去批判，反而庆祝法治的胜利，有些本末倒置了，甚至认为很多媒体和专家学者是在消费聂树斌。

我觉得要辩证地看这个问题。追责当然很重要，但是聂树斌案得以平反这么重大的事件，理应引起各方的高度关注和重

视，否则就失去了它本应带来的积极意义。

我较早就有机会接触到聂树斌案，但是一开始并没有引起足够的重视，也没有参与很多，主要是基于对河北省公法检机关提供材料的信任，甚至还对个别“死磕派”律师有所偏见。后来山东高院复查聂树斌案，听证的时候一些内幕披露出来，让我触动很大，怎么会有这么多的问题！所以我在有机会跟最高检、最高法有关领导汇报我的意见时，就希望能推动此案成为无罪推定的一个标杆。我还跟山东方面有过接触，也是反复强调这个观点。

现在想来，这里面确实有一个信息不对称的问题。媒体报道的时候，许多律师和同道一直说这个是冤案，但是体制内的人看这个案子的时候，可能还是会倾向于相信有关部门所作出的回应。

所以最后的平反，应该会触动到很多人。我自己忍不住回想起接待过的一些上访户或者给他们的答复，当时就说我帮你联系过有关办案部门了，人家给的答复是你这个案子没问题。现在我担心这种答复是否能让人踏实？

记者：关于追责，也有人担心，现在平反冤假错案特别困难，有很多阻力。强调追责会不会让一些还没翻过来的案子阻力更大？

刘：这要看是怎么追责。我认为对于这种历史案件，必须考虑当时的具体背景，区别对待。比如一线的办案人员，如果没有刑讯逼供，伪造、隐匿证据等行为，只是按部就班地正常工作，即使最后案子错了，也不应该追责。

但是在此案的申诉和平反过程中，如果有人故意阻挠，特别是某些领导，明知是错案还压着不翻的，那么就一定要追究他们的党纪责任、行政责任甚至刑事责任。这样就不用担心追责会让平反变得更难。

我再强调一下，不能把追责集中在办案人员身上，特别是在当时那样的历史时期，司法行政化的问题还很严重，很多时候像这种案件都是领导拍板的，如果只追责具体办案人员，而不去追责实际拍板者，这样的追责既不公平，也缺乏深度。

防范错案任务艰巨

记者：这次聂案平反中有个很有意思的程序，就是在最高法院重审之前，先经过了山东高院的复查，这个过程你怎么看？

刘：聂树斌案经过这么多年，最后需要最高法院来出面，特别是中间还经过了山东高院这样一个环节，我觉得可以凸显这个案件平反的难度之大和问题的复杂性。

在河北和最高法之间，经过一个山东的听证，这种模式并不多见，也可以说是一个创新。一个案件过去这么多年了，重新启动并不容易。启动这样的程序，一来比较慎重，二来也可以给方方面面充分的时间，把各自的工作做到家，最后也可以给整个社会一个充分的心理准备。

我认为平反冤假错案不一定要有固定的模式，只要有利于查明真相、有利于平反冤错案件，就可以在法治精神和法律原则的指引下，大胆探索，积极尝试。甚至如果发现有的法律规定不利于防止和平反冤假错案的，也要修改法律。

记者：最近两年来，得以平反的错案似乎有所增加，特别是一些有社会影响力的冤假错案得以平反。你怎么看这几年错案平反工作的总体趋势？

刘：我认为在冤假错案的平反方面，还是要给近年来的最高法院、最高检察院点赞。即使有的是通过各地司法机关平的反，但这里面的很多案件，最高法和最高检也起了相当大的推动作用。当然，律师、媒体等方方面面都起了作用。

“12·4”国家宪法日那天，中央电视台《今日说法》放了一期节目叫《我不是黑社会》，播的是第二巡回法庭胡云腾庭长亲自担任审判长平反的东北孙氏兄弟涉黑案。在这个案件中，我们发现最高检派出的检察官也是支持平反的，说明在一些重大的冤错案件中，“两高”的意见相当一致。

但是我们可以设想，全国那么大，一个案件要引起最高法、最高检的关注，何其难也！比如聂树斌案，这么多人一直在推动，律师、媒体、学者，还有那个公安局的副局长，中间又经过了山东高院。这种博弈过程非常复杂，甚至可以说最后的平反有一定的偶然性。可能一个环节出了问题，最后就翻不过来了。从目前情况来看，几乎所有的冤错案件都涉及刑讯逼供。现在也采取了一些措施，比如讯问时全程录音录像，但我认为更重要的，还是保障律师在场权。因为录音录像经常会出一些问题，比如机器坏了、没电了，恰好那一段丢了。律师在场的话，就可以在很大程度上预防和解决这些问题。

但是除了刑讯逼供，也会有其他问题导致错案。比如美国很常见的就是被害人、证人的错误指认。当时受到了惊吓或者没看清，也会导致错案。所以说防范冤假错案，依然任务艰巨。

另外，对于一些历史案件的平反，通过正常的司法程序太难。因为当时的法制不如现在健全，有的案件材料也找不到了，或者当时就没有材料，甚至根本就不是法院判的。比如新中国成立后的历次运动，还有“严打”等。当事人可能受到了很大的影响，甚至家破人亡，现在他已经申诉到老了，但法官说这个我可管不了，我们都是后来新来的法官，法院大楼都搬了，你这个案件我们没人知道。

对于这一类的案件，我觉得可以考虑成立一些专门的委员会，吸收有关专家参加，进行统一的审查、平反和补偿，来赢取更多的民心。这类案件的审查标准不一定像司法审查这么严。现在国家经济发展了，也有条件这么做。毕竟是我们的政府、我们的党在不同历史时期遗留下来的，给他们一个抚慰是我们应该做的。

死刑控制任重道远

记者：一个因为农村土地纠纷积怨而杀人的农民，最后被判处死刑立即执行。您如何看待贾敬龙的判决？很多人认为被害人存在过错，强拆的主体和程序都不合法，所以贾敬龙的杀人罪不至死。

刘：首先我想说的是，死刑立即执行已经到了需要修改的时候了，杀人不急吧。我曾在《法学研究》上发过一篇文章，叫《从革命刑法到建设刑法》。在新中国刚成立的时候，基于巩固新生政权的需要，死刑立即执行、没收全部财产这些制度也许有它存在的历史必要性。但现在我们的共和国已经成立 60 多年了，更重要的是国家建设和人权保障。

回过头来看贾敬龙案，也跟死刑立即执行有关。最高法院核准死刑之后，舆论反弹很大，都认为不该杀。但是根据现行法律的规定，核准之后 7 天就要执行死刑。很难指望最高法院在这 7 天之内可以收回成命，这样最高法院就没有权威了。如果判处死刑和执行之间的时间能够更长一些，就会留有一定的缓冲空间，就不致这么被动。

从这个案件我们也可以看到，随着社会的发展，关于死刑的社会观念也已经发生了变化。人们不再认为“杀人一定要偿命”，而是多了一些对某些特殊的被告人包括杀人犯的同情和怜悯。

世界上百分之八十以上的国家已经在法律上或事实上废除了死刑，党的十八届三中全会也明确提出要逐步减少我国的死刑适用罪名，在这种大背景下，如果我们司法机关的理念还原地踏步，就有可能跟不上社会观念的变化。当然，我并不是说死刑的判决要搞民意审判，必须警惕司法的民粹化。像药家鑫案，当时判死刑很大程度上就是因为民意，都说要杀，但后来发现，其实因为信息不对称，老百姓搞错了，他不是富二代，所以有的网民又开始后悔了。

如果我们能改革死刑立即执行制度，像很多国家一样，死刑判决之后要过几年、十几年甚至几十年才执行，那么这段时间内，可能一些特别强烈的情绪就会平息，或者信息不对称的问题就能够解决，那么一些人的命就能保下来。

可以借鉴国外的做法，把死刑的执行从法院系统分离出来，比如交给司法部，这样法院判完以后就不用再管。然后完善死刑救济程序，让当事人有机会申诉甚至向国家主席等申请特赦，这样就比较主动，也比较慎重，符合当前保障人权、防止冤案的需要。

对死刑的控制必须从一审阶段就重视起来。现在有些地方的法院和法官因为被害人方面的压力，一审可判可不判的都判了死刑，然后寄希望于上级法院来把关，认为二审改判或者最高法院不核准的话，被害人这边更容易接受。

实际上这样问题很大，因为从司法亲历性的角度出发，一审法院对案件事实、对被告人是最了解的，如果一审判了死刑，后面就更不容易改过来。就算改过来，被害人也会产生疑问，上级法院是不是有问题？一审明明判了死刑，这样也不利于息讼止争。

记者：死刑核准权上收最高法院以后，这些年的死刑数字是不是呈一个下降的趋势？

刘：2007 年死刑核准权收回最高法院以后，当时确实有一个很大的下降，学界公认减少了一半以上。但后来李昌奎等案件又掀起了一股“死缓翻案风”，导致死刑立即执行与死缓之间有反复，下降中又有上升，现在总的来说应当是比较平稳。

考虑到国内外这两个方面的影响，我认为接下来我们在死刑控制方面可能还会有更大的步伐，会取得更大的进展。因为必须尽快使死刑数字达到一个可以公开的程度，这就要求我们做好顶层设计工作，从立法和司法两个层面研究进一步减少死刑。

（原载《凤凰周刊》2016 年 12 月 25 日）

法意与亲情

儿子犯了罪，回到家里告诉父母，父母怎么办？父母既不能帮其提供隐藏处所、财物，也不能帮其逃跑或者作假证明包庇，否则，按照我国《刑法》第 310 条的规定："明知是犯罪的人而为其提供隐藏处所、财物，帮助其逃跑或者作假证明包庇的"，构成窝藏、包庇罪。如果换成是父亲犯了罪，儿子知道案情，怎么办？他必须向司法机关如实作证，因为按照我国《刑事诉讼法》第 48 条的规定："凡是知道案件情况的人，都有作证的义务。"

可是，法律的这种规定却与人性相违，人性的本能要求人们以家庭和亲情为重，信赖家庭，依赖亲情。眼看着自己的亲人面临牢狱之灾却不得不"见死不救"，明知道从自己口中说出的话会给自己的亲人招来"杀身之祸"却不得不说，法律的尊严是维护了，可是其内心的伤痛和对人性的折磨又何以堪？而若为情所缚，宁可自己下地狱也不愿"出卖"自己的至爱，亲情是维系了，可是法律的尊严又被置于何方？法律与道德如此激烈的对峙，实在让人头痛欲裂，无所适从。

那么，有没有办法减少甚至消除这种对峙呢？不妨先来看一看我国古代的立法思想和法律制度。《论语》曰："父为子隐，子为父隐，直在其中。"汉律规定："亲亲得相首匿。"对于亲属之间互相隐匿犯罪的，可以免除或减轻处罚。汉宣帝还专门为此下诏："父子之亲，夫妇之道，天性也。"到了唐朝，更基于"屈法以伸伦理"的"亲亲"观，在《唐律疏议》中进一步确立了"同居相为隐"的原则，规定："诸同居，若大功以上亲及外祖父母、外孙，若孙之妇、夫之兄弟及兄弟妻，有罪相为隐；任……其小功以下相隐，减凡人三等。”

再看看国外的立法例。《日本刑法》第105条规定：“犯人或者脱逃人的亲属，为了犯人或者脱逃人的利益而犯藏匿犯人罪和隐灭证据罪的，可以免除刑罚。”《日本刑事诉讼法》第147条规定：“任何人在下列人员可能被追究刑事责任或者可能被处有罪判决时均可拒绝作证：(1)自己的配偶、三等亲以内的血亲者或者二等亲以内的姻亲者以及同自己有过这些亲属关系的人；(2)自己的保护人、监护人或者保佐人；(3)使自己作为保护人、监护人或者保佐人的人。”《俄罗斯刑法》第308条规定：“拒绝做不利于自己、自己的配偶或近亲属的陈述的人，不负刑事责任。”第316条规定：“包庇配偶或近亲属所实施犯罪而未经事先通谋的，不负刑事责任。”《意大利刑法》第384条规定：“因保护自己或近亲属的自由与名誉而不得不实施包庇等犯罪的，不受处罚。”《意大利刑事诉讼法》第199条规定：“被告人的近亲属没有作证义务。”此外，像德国、美国、英国等国的法律，对此亦有类似的规定。

可见，我国法律在这方面的规定既与我国的法律传统相违背，又与国外的立法趋势不协调。究其原因，大概在处理“公理”与“人性”、“大义”与“亲情”的关系上，过多地强调了“大公无私”“大义灭亲”等价值观的指导。其实，尽管从个案来说，这种“大公无私”“大义灭亲”式的立法有助于使某一特定的犯罪受到刑事追究，但“我们不能为了个别而牺牲一般”(卡多佐语)，倘若追问一下法律的终极目标——维护正常的社会秩序，就会发现它得不偿失。试想一个丈夫举报妻子、父亲出卖儿子的家庭能幸福吗？若妻子因丈夫的举报而坐牢，她出来后还会爱自己的丈夫？儿子因父亲的出卖而坐牢，他出来后还会相信自己的父亲？

须知家庭是社会的细胞，婚姻是家庭的核心，家之不存，国将焉附？“文革”期间，当局鼓励夫妻划清界限，家庭成员互相揭发，造成多少人灵魂扭曲、人性变态，使得多少夫妻离散、家庭破裂，其结果是国家大乱、社会大乱。

法理大师庞德曾十分欣赏狄龙的一句话：“就如同一个人不可能从他的房间和生活中排除至关重要的空气一样，伦理因素也不再能从司法（正义）活动中被排除出去。”他还忠告立法者：“要小心立法，以防止它的限制作用超过了它的促进作用。”同样，刑法大家胡萨克也表达过类似的观点：“假如刑法禁止一种行为，而这种行为从道德角度来看公民又有权实施，又怎么想象国家因此而有理由处罚他呢？”这些睿智之音，值得我们深思。

（原载《北京观察》2000 年第 11 期）

司法宽容需要这样伟大的母亲

2000 年初春，在英国伦敦，我与一位女士讨论死刑问题，她是反对死刑的。我问她一个中国人常爱问的问题：假如你的儿子被人杀了，你还反对死刑吗？她的回答我至今难忘："如果我的儿子被杀，我肯定会非常痛苦，如果判处对方死刑能够使我儿子活过来，我不反对死刑。但问题是，我儿子已经不可能再活过来，这时何必再制造一个新的悲剧呢？况且，也许我儿子也有过错。于是我会说服自己用基督徒的宽容去饶恕对方。"

我没有想到的是，8 年后，在中国北京，有一位来自河北的中国普通农家妇女，用自己的行动演绎了一个与前面这位女士所设想的类似故事。

2008 年 7 月 15 日，不少报纸报道了这样一个案例：

河北青年宋晓明因债务纠纷刺死马某而受审。但受害者马某的母亲梁建红，却当庭向法官求情："儿子死了，很伤心。但枪毙他又有什么用？我儿子仍活不过来。我对他也有仇有恨，但毕竟他年轻，救他当行好了吧。我不求他回报，希望他出狱后重新做人。"

这样的求情与别的死者家属强烈要求杀人偿命的做法，形成鲜明的对比。审判长说：别的家属在类似案件中如果要同意杀人不偿命，往往夹杂有要求赔偿等条件，但梁建红在此案中没有获得任何利益，"完全是义举"。

法院最终从轻判处被告人 12 年有期徒刑。审判长坦言："如果梁建红不求情，宋晓明绝对不会判这么轻。"

看完这则报道，我深深地被梁建红这种以德报怨的胸怀所感动。事实上，被告人一句跪谢“妈，您多保重”以及后来接受记者采访时说出的“她让我知道何为宽容”，也让我们看到这个伟大的母亲对被告人的感染。

我们知道，在中国目前的司法实践中，法院很在乎被害人家属的谅解，如果被害人家属不谅解，法官不敢轻易轻判，因为害怕他们上访。在这种情形下，被害人家属的态度往往决定着被告人的生死。诚然，我们没有权利强求所有的被害人家属都原谅被告人甚至替被告人求情，但如果我们这个社会多一些像梁建红这样的人，就有可能慢慢塑造出一种宽容的文化，用以取代报应色彩浓厚的文化。

几年前，一个德国商人在南京被犯罪分子杀害，后来其家人请求中国法院不要判处犯罪分子死刑。这对于中国人来说是如此地不可思议，以致法院没有采纳被害人家属的意见，还是判了犯罪分子死刑。在宋晓明一案中，法院已经改变了过去那种机械执法的思维，采纳了受害人家属的意见，在法律规定的范围内实现了司法宽容。

圣伯夫曾言：“假如我们可以洞察所有人的内心，那么人世间又有谁是不可同情的呢？”

确实，以我近20年研习刑法之体会，绝大部分犯罪人都是可以找到宽恕理由的。当然，被害人一方受到犯罪伤害的感情也是完全可以理解的，要宽恕犯罪人，需要更大的勇气和毅力。正因此，我愿意向梁建红这位伟大的母亲表示敬意，她用爱和美德控制住了内心的报应冲动，并告诉我们，对那些犯罪人，不仅要惩罚，也要救赎。

（原载《南方周末》2008年7月31日）

复旦“求情信”呼吁“超越悲剧”

——答《新京报》记者高明勇

日前，复旦大学177名学生给上海高院写“求情信”，为“复旦投毒案”犯罪嫌疑人林森浩求情“免死”一事，引发热议。“求情信”是否发挥作用，该如何看待“求情信”，以及围观者的心态？

“求情信”更像“法庭之友”

《新京报》：目前的舆论两极分化比较明显。支持者认为，复旦学子有权表达对“死立决”的态度。质疑者认为，复旦学子的同情心用错了地方。你怎么看？

刘仁文（以下简称“刘”）：从言论自由的角度看，对同一个公共事件持不同观点，是完全正常的。

即便在美国，尽管死刑只是作为一种极其例外的象征性刑罚而存在，但如果要判处或执行一个人的死刑，“反对死刑”和“支持死刑”的声音都会通过各种渠道发出来。

但是，在“复旦投毒案”判决时，社会上似乎只有支持死刑的声音，而没有反对死刑的声音。所以，从这个角度看，能出现这样“救人一命”的声音，总的来说还是件好事。

值得深思的是，我国的“死刑”有很强的文化基因。比如，尽管“求情信”出来之后引发了不同的争议，但对复旦师生进行指责的声音还是占很大比例的。同时需要反思的是，为什么仅仅把“求情信”寄给法院这样一种正常的民意表达，就会受到如此大的反对？

《新京报》：签署“求情信”的师生，是否如某些人所指责的“法盲”？

刘：首先，不管是谁，都有表达诉求的权利，这和自身是否具备法律素养没有太大关系。其次，即便是“法盲”，也不宜指责。法院应当利用一切可能的渠道听取民意，只要不是被民意裹挟。

《新京报》：国外法院如何去倾听民意呢？

刘：国外有一个“法庭之友”（或译作“法院之友”）制度。简单说，“法庭之友”不是诉讼当事人的任何一方，可以是任何一个组织或个人，回应诉讼双方的当事人请求，或是出于自愿，提出相关资讯与法律解释的法律文书给法庭，以协助诉讼进行，或让法官更了解争议的所在。提出这种法律文书的人，被称为“法庭之友”。而复旦师生的“求情信”，有点像是国外的“法庭之友”。

《新京报》：有人认为，“署名者不及师生1%”，民意诉求和联名人数有关系吗？

刘：社会关注的重点，还是应该放在“求情信”本身是不是在摆事实、讲道理，有没有证据支持，而不是关注求情的人数占多大的比例。

人数多少可以反映出部分问题，但不能作为主要指标来衡量问题。

“量刑判断”需要回归法律

《新京报》：我注意到一个细节，“求情信”是在上海第二中级人民法院一审判决之后发起的。发起人之一复旦大学教授谢百三也表示“对嫌疑人林森浩判处死刑立即执行的话，觉得有些不妥”,你对“当庭宣判”的问题怎么看?

刘:我国目前强调当庭宣判,目的是防止事后暗箱操作,出现司法腐败等现象,但我觉得对这个问题应当辩证地看。我曾写过一篇文章,叫作《美国司法细节观察——与一位美国法官的通信》,专门提到这个问题。在美国有一个缓刑部门,相当于量刑建议部门,是法院的得力助手,从他们那里,可以了解到被告人的罪行及其生活状况,如他的家庭、教育、工作,以及他的医学或精神上的问题,还包括他的犯罪史。

按照我国法律,如果二审宣判死刑,最高院核准死刑后,7天就要执行死刑。我觉得这种制度设计不恰当,杀人还是不急为好。像这样的案子,在开完庭后,确实要了解当事人的人格、背景如何,这样才比较科学,防止简单的“杀人偿命”。

《新京报》:学生们提出这个诉求是否合理合法?如果有诉求,该如何表达?

刘:我认为这个诉求合理合法。因为他们没有去干预司法,只是把信寄给了二审法院,请他们考虑,便于法庭进一步了解情况,了解当事人的背景。

法官该不该收这些信、该不该将这些信所表达的诉求纳入量刑考虑的范畴?目前没有明确规定。为了更好地吸纳民意,我们应该有类似“法庭之友”的制度。例如像这样的请求信应该有一个什么样的门槛,由法院内部什么机构进行接收和转发,承办法官应否入卷,等等,都应当规范化。

《新京报》:他们的诉求是否会有效?

刘:我觉得“求情信”只能供法官参考。实际上法官应该不受舆论干扰,但是在中国这种情况下,很多人会求助媒体,法官会有一定的压力,我非常担心一些领导看了以后给法院一些批示。

法官如果在没有外界压力的情况下，平心静气地看看这些求情信，我觉得没有什么不妥，反而有利于他全面思考问题。就怕在中国目前的司法体制下，法官的地位不是很高，如果受到外界的压力，不管最后的结果正义不正义，都不是法治健康运作的结果。

《新京报》：根据报道来看，是律师建议复旦学生写求情信，让林的家人、同学和被害人黄洋的父亲沟通，尽最大努力求得他的谅解。律师此举是否涉嫌干预司法？

刘：如果律师只是给出建议，没有问题，因为写求情信的同学和老师还是出于自己的意愿写信的，没有被谁要挟、诱惑或欺骗。当然，如果律师直接或间接采取了要挟、诱惑或欺骗的手段，那肯定是违反职业道德的。

死刑之争必须"超越悲剧"

《新京报》：这个事件的本质，其实是该如何处理民意与死刑之间的关系，你怎么看？

刘：这个问题特别复杂，民意是一把双刃剑。有时民意在死刑上是推波助澜的。从刘涌案到药家鑫案，再李昌奎案，当事人都是因为民意而死。还有郑州张金柱案也是这方面的典型，他说自己是被媒体判了死刑。

但应看到，民意也救了一些人。例如吴英集资诈骗案，本来二审被判处了死刑，后来民意反应强烈，最高法院最终没有核准死刑。2013年的曾成杰也是集资诈骗，却因为没有受到民意的关注，被悄悄执行了死刑。

在任何一个国家，民意对司法判决都不可能没有一点影响，但是其中确实有一个度的问题。在我国，相关规范不够成熟，民意对死刑的影响更大。

最理想的方式是什么呢？就是民意通过一些正常渠道表达出来，法官给予考虑，至于判不判死刑，法官独立思考。但现在我们达不到这些条件，像吴英因为民意活下来的毕竟是少数。

《新京报》：问题是法官很难对舆论中的民意视而不见？

刘：过度责备法官不合适。现在最关键的问题是，媒体在报道案件时要更科学，媒体报道对死刑判决影响还是很大的。当然，随着法治越来越成熟，法官素质越来越高，现在法官最怕的可能不是民意本身，而是民意通过舆论、内参等被上级领导关注了以后，领导采取批示的方式，批给有关领导或上级，给承办案件的法院和法官造成很大的压力。为了仕途或前途，法官不可能不听上级或领导的意见。

要想解决这个问题，最根本的就是上级领导和部门绝不要批示案件。

《新京报》：如果说从法律上平衡民意与死刑的关系稍微容易一点的话，那么从根本上清除"死刑"的文化基因，可能就没那么简单了，而这一文化基因却是民意的一个重要基础。该怎么办？

刘：所以我一直呼吁要"超越悲剧"。举一个我印象很深的案子，2000 年的时候，南京市发生一起凶杀案，四个苏北的无业青年杀了一个德国人普方一家四口。听说根据中国法律这四个孩子将很可能被判处死刑，普方的母亲在跟亲友商量之后，写信给中国法官，说不希望判处这四个青年死刑，"德国没有死刑，我们觉得，他们的死不能改变现实"。

当年 11 月，由普方夫妇的同乡和朋友发起，在南京居住的一些德国人设立了以普方名字命名的基金，用于改变苏北贫困地区儿童上不起学的情况。之所以如此，是因为庭审中的一个细节让他们触动很深：那四个来自苏北农村的被告人都没有受过良好的教育，也没有正式的工作，“如果他们有个比较好的教育背景，就会有自己的未来和机会”。

目前世界上废除死刑的现实和趋势，我们的媒体是不是可以作一些适当的介绍和引导？绝大多数人生活在习惯中，我们的思维会受到周围人的影响，如果周围很多人都还简单认为“杀人偿命”，那大幅度减少死刑直至最后废除死刑的目标就永远无法实现。

当然，我们也不是倡导无原则的宽容，罪行必须得到严惩。在西方很多国家无期徒刑就被认为很重了，但在我国认为死缓还便宜他了。

就像纪念普方那样，复旦有同学说，他们想捐款成立一个以受害人名字命名的基金会。我认为这样的方式将可以慢慢改变“杀人偿命”的文化基因。

（原载《新京报》2014 年 5 月 15 日）

温情执法与法治文明

最近，我以兼职律师的身份陪一个在逃的犯罪嫌疑人去某检察院自首，该院反贪局的办案人员告诉犯罪嫌疑人：在他外逃期间，他们没有去惊扰过他的父母，因为考虑到他们年事已高，怕受不了打击；去他家里了解情况，也都是事先与他的爱人约好，等孩子睡下后再去，免得小孩受到伤害。犯罪嫌疑人说，他正是在获悉了这些信息后，才怀着对检察机关的感激和信任，决心投案自首，配合检察机关把自己的问题查清楚。鉴于犯罪嫌疑人的表现和诚意，反贪局的同志在报请检察长批准后，决定不对其采取拘捕的强制措施，而变更为取保候审。

事后，当我欣赏地对该院检察长谈到他们的这种温情执法时，这位检察长认为这是“不株连无辜”思想和执法人道化的体现。他还对我说，在他几十年的执法经历中，目睹了种种因犯罪而给家人和下一代所带来的痛苦和创伤，深感执法的最高境界是无罪，他们希望最后的结论是犯罪嫌疑人无罪，因此他们欢迎律师尤其是专家型律师的介入。

这件事令我又一次想起了“文明执法”这个话题。联想起自己从事法学研究和担任兼职律师这些年的所见所闻，总的印象是：随着国家依法治国方略的实施，执法机关的执法水平在大踏步地前进。过去，每当为一个案件而不得不去与有关执法机关和执法人员打交道时，心里总有点发毛，对方也多少带有敌意；而现在，越来越多的执法机关和执法人员将律师看成与自己一样的法律职业共同体，只不过彼此的分工和角色不同而已。过去，常常花在一个案件的正当程序上的时间并不多，而一些无聊的程序外的工作却足以拖得人精疲力竭；现在，越来越多的执法活动开始走向公开、公正、规范、有序，律师可以将好钢用在刀刃上，集中精力在专业上展开工作。过去，开庭时犯罪嫌疑人在一整天的庭审中戴着手铐、站在那里汗流浃背，想恳请法官给他松开手铐、让他坐下听审、给他一杯水喝时，却遭到断然拒绝；如今，这些近情理的请求多半能够得到解决。但是，也应当看到，目前这方面的工作在各地、各部门的发展还是很不平衡的。有的地方、部门和人员在执法中还是离不开有罪推定、刑讯逼供、超期关押等错误的思维和做法，在工作中不讲理，置法律规定于不顾，或滥用法律赋予的执法裁量权，图省事、图方便，如对超期限关押的犯罪嫌疑人不予释放，对本可取保候审的不取保候审等。

值得注意的是，在推进执法人道化、文明化的进程中，社会各界对此的认识也并不是完全一致的。针对近些年有的监狱、劳教所实行文明治监、文明治所，如对表现好的犯人和劳教人员，允许其配偶来监狱或劳教所的夫妻同居室享受同居权，有人士就发表文章质问：监狱是什么地方？犯人是什么人？好像犯人就可以不当人来看待，犯人就不能拥有他被剥夺的权利之外的其他权利。这种声音虽然不强，却反映了我们这个社会在走向人道、文明的路上确实还有不少观念上的障碍和认识上的误区。民众和执法机关的关系是互动的，只有有了宽容、人道的民众基础，才有可能建设一支文明、人道的执法队伍。

党的十六大报告在物质文明和精神文明之外，专门提出了“政治文明”的概念，这是我国在治国理念上的一次大发展。法治文明是政治文明中的核心内容，人道化、温情化的执法代表了法治文明的前进方向，但愿在这个问题上我们的执法机关、执法人员和社会各界能多些共识，少些杂音。

（原载《检察日报》2002年12月11日）

认真对待被告人的道歉

2006年,不少媒体报道了原北京工业大学外国语学院学生吴江杀死女友出庭受审的消息,其中一幅照片至今在我的脑海里挥之不去:在法庭的最后陈述阶段,他突然下跪请求受害人父亲的原谅,但法官立即让现场法警将其拽起,押离法庭。

也是在2006年,因涉嫌杀害海淀城管队长李志强的被告人崔英杰出庭受审,当他抹着眼泪说"我向被害人和被害人的家属表示深深的忏悔"时,公诉人严厉指斥其"虚伪"。

并不是说只要有道歉和忏悔,被告人就一定得减轻责任,尽管我主张道歉和忏悔可以作为量刑的情节加以考虑;也不敢说所有被告人的道歉和忏悔都出自真诚,尽管我相信大多数被告人的道歉和忏悔不会随意从自己口中说出;更无权要求受害人及其家属一定要接受被告人的道歉和忏悔,尽管我欣赏那些具有宽容和仁爱之心的受害人及其家属……我要说的是,面对一个下跪的可怜被告,法官为何不在被告人和被害人家属之间再做些细致点的工作呢?照片上那两个高大的法警,为何要对瘦小的被告人采取"拽"的动作,而不是稍微宽和如"扶"的动作呢?当崔英杰流着泪忏悔,讲述其"不是一个十恶不赦的人"时,难道我们能简单地将其斥之为"虚伪"吗?

要知道,一个人,即使是被告人,一句真诚的话说出口不是那么容易的。不少被告人在法庭上就是"死不悔改",有的甚至公开羞辱被害人及其家属,声称自己感受不到对方的痛苦,或者说自己很高兴做了该做的事。当然,不排除个别被告人假道歉、假忏悔。但虚伪与真诚的辨别，我不认为是一件多么困难的事情，这就像当一个人说“我爱你”时，对方一般都能凭直觉判断得出是真情还是虚情。

犯罪的矛盾来源于犯罪人和被害人，目前刑事司法中的一个国际趋势，是越来越关注犯罪人一方与被害人一方的沟通和和谐，防止被告被判刑后被害人还是耿耿于怀，而被告的许多苦衷也无处倾诉。

法庭作为实现正义的剧场，应当为这种有助于从内心化解双方仇恨的表演提供舞台和气氛。

写作此文时，我恰好在翻阅法国前司法部长巴丹戴尔的《为废除死刑而战》一书，里面提到他在法国废除死刑前，曾经作为律师为一名死刑犯辩护。他费了很大的力气才说动被告人向死者菲利普的父母道歉：被告人亨利终于开口了，他说出了人们等待很久的话，“我内心深深地感到后悔。很久以来，我就想向菲利普的父母道歉，我想对他们说，我对自己所做的事是多么痛心疾首，我却不能挽救一点点，我感到多么地痛苦”——结果，经过法官与陪审员退席评议，这个已“被新闻媒体私刑处死”的被告人最后活了下来，被判处无期徒刑。

（原载《新京报》2006 年 12 月 31 日）

当场击毙必须掂量五个问题

早想就“当场击毙”发点议论了，但直到今日在牛津才抽出空隙遂此心愿。

临行前匆匆扯下的几则剪报资料中，有下面这样一些消息：

2002年1月17日，《报刊文摘》摘登《武汉晨报》的报道，标题为《湖北省力保春运，便衣可当场击毙车匪路霸》，其中说道：“警方重申：春运期间刑警武警便衣跟车，车匪路霸可当场击毙。”

2002年2月28日，《北京青年报》刊登标题为《飞贼再也飞不起来了》的报道：北京市东城区警方在发现一飞贼进入他们蹲守控制的视线后，喝令其接受检查，对方拔腿狂逃，刑警鸣枪示警无效后，“连开两枪，飞贼应声倒地。经检查他已被击毙身亡，民警在其腰间搜出一根50厘米长的铁制撬棍”。在这则剪报旁，笔者还曾写下如下文字：“照片不忍看，被剪下。”

2003年1月9日，《深圳商报》报道《当场击毙飞车劫匪，群众拍手叫好》，说的是深圳某派出所民警在一个小巷发现两名青年男子将一名女青年的黑色手提包抢走，歹徒发现警察后企图逃跑，警方立即鸣枪警告，但劫匪置之不理继续逃窜，“在劫匪就要逃脱的情况下，民警果断举枪射击，当场将一名劫匪击毙，另一名劫匪被击伤束手就擒”。

2003年4月1日，《检察日报》报道：“今年初，在沈阳发生特大爆炸抢劫运钞车案后，郑州警方决定：在全市各金融点布设便衣进行巡逻，一旦发现劫匪可当场击毙。”

上述报道引出一些令人忧虑和值得深思的问题：谁有权作出剥夺犯罪分子生命权的规定？在何种情况下可剥夺犯罪分子的生命权？在不同利益的权衡中，犯罪分子的生命权究竟应占何位置？是不是“群众拍手叫好”，其真理性就不证自明？这样的执法会带来什么样的消极后果？

先来看第一个问题。按照我国的《立法法》，凡涉及犯罪和刑罚、对公民政治权利的剥夺和限制人身自由的措施或处罚，只能由全国人大及其常委会制定法律来规定。据此，像剥夺犯罪分子生命权这类事关重大的问题，当然只能由全国人大及其常委会来决定，即使中央政法部门和地方权力机关也无权擅自作出规定，更不用说地方政府或者某一部门了。

再来看第二个问题。国务院在1996年曾颁布过《人民警察使用警械和武器条例》这样一个专门法规，虽然从《立法法》的要求来看，该法规还有待进一步提高级别和完善相关规定，但就目前而言，它已经规定的对人民警察使用警械和武器的一些限制条件应得到严格执行。根据该条例第九条等条款的规定，人民警察使用武器必须同时符合以下要求。1.要有严重暴力犯罪行为发生。这里的“暴力犯罪”，是指行凶、杀人、实施恐怖活动等严重危及人身安全的犯罪。2.要情况紧急。这里的“情况紧急”，并不是说犯罪分子逃跑也算情况紧急，而是指不使用武器将会导致更为严重的危害后果，如致他人死亡。3.须经警告无效。4.使用武器应当以制止犯罪行为为限度，尽量不造成对方的伤亡。由此观之，像上述飞贼案、抢夺手提包案等显然不能算是严重的暴力犯罪，使用便衣对车匪路霸进行突然袭击也不符合事先须经警告这一要求，而且很难说哪一种情况达到了真正意义上的“情况紧急”的程度。

第三个问题。犯罪分子也是人，是人就有逃生的欲望。我们不能因为他是坏人就一毙了之。即使犯了死罪，他还要经过公开、公正的审判，严格按照诉讼程序行事，更何况许多被当场击毙的犯罪分子并未犯下死罪。以前述的飞贼案为例，按照1997年修订的新刑法，普通盗窃罪已经没有了死刑，我们甚至还可设想，如果他入室没有盗窃到刑法规定的“数额较大”的程度，那么就连犯罪都不构成，而现在，仅因为他要逃跑，就“当场击毙”，这无论如何是说不过去的。生命是宝贵的，只有在犯罪分子威胁到其他人的生命权包括执法干警的生命权，而且这种威胁迫在眉睫，又没有其他办法制止的情况下，才可考虑万不得已的开枪下策。除此之外，任何理由都不能成为可以剥夺违法犯罪嫌疑人的生命权的理由。

第四，要理性对待“群众拍手叫好”。长期以来，我们似乎已经习惯了“以人民的名义”“群众拥护和支持”来证明任何一项政策的合法性，但英国学者阿克顿的一段话也许会给我们以启发：“少数的压迫是邪恶的，但多数的压迫更邪恶。因为民众中蕴藏的力量若被唤醒，少数人将无法抵挡他们。面对全体人们的绝对意志，他们无可诉求，无可援助，无可躲避。”另一个有启发意义的观点来自笔者正在访学的牛津大学犯罪学研究中心主任罗吉尔·胡德（Roger Hood）院士。在我们讨论死刑问题的研讨会上，针对有人提出民众支持死刑所以不能废除死刑的观点，他反驳道：“民众都希望减税甚至不交税，为什么政府还要求他们纳税呢？可见，政府不光是要听民众的，还负有引导民众朝着理性方向思考的职责。”

最后，“当场击毙”的政策导向和执法模式可能导致一系列的消极后果。例如：当场击毙一旦出错，不但后果无法挽回，而且有关执法人员也要承担相应的法律责任；当场击毙由于对方已被击毙，因此到底他是不是犯事者、犯了多大的事、有没有达到被击毙的紧急程度，难以澄清；更可怕的是会不会有素质低劣的干警借此公报私仇，或者在办案过程中图多快好省、一了百了？无论如何，“当场击毙”与文明执法不相协调，与“让警察背着一只手同犯罪作斗争”的法治理念相违背。

写到这里，我不禁想起两件国外发生的事情。一件是去年7月14日法国国庆日，一名极右翼分子用枪射击正在检阅游行队伍的希拉克总统，按说这种情况够紧急了，影响也够恶劣了，但警方并没有一毙了之，而是用高超的技能将其制伏，随后警方做的第一件事是什么？国人也许会猜不到：将犯罪嫌疑人送往精神病医院接受心理医生检查。另一件是今年1月5日，一名持枪男子在德国巴本毫森机场劫持了一架小型飞机，在法兰克福市区上空盘旋，并扬言要架机撞向法兰克福的欧洲中央银行大厦。有点不太符合我们思维逻辑的是，德国警方并没有采取紧急措施将飞机击落，而是在疏散大厦人员后，用直升机将其迫降，并且也未动用直升机的火力将该男子“当场击毙”。

生命至上，生命无价。愿我们各级执法部门和每一位执法人员都能树立这样的观念，若此，则国家幸甚，社会幸甚，人民幸甚！

（原载《检察日报》2003年6月4日）

建立刑事被害人的救助和抚慰制度

吉林省通化市中级人民法院对石悦军特大杀人案公开开庭审理，一审判处其死刑，剥夺政治权利终身，同时，宣判赔偿 6 名被害者及其家属死亡赔偿、丧葬费、生活费、医疗费等费用共计 83 万多元。石悦军对自己的罪行供认不讳，只求法院快速处理。但对于 83 万多元的赔偿，石悦军表示无力支付，大多数被害者家属也认为希望渺茫。

但被害者家属怎么办？以本案被害人之一曹德琴为例。她虽然幸存下来，但受伤严重，现在因付不起医药费而不得不回到家中，摆在她面前的是丈夫被杀、自己高位截瘫的现实，而且上有 70 岁的老母、下有两个孩子需要养活。面对此情此景，显然仅仅将犯罪人绳之以法还不足以实现正义，还需要国家建立对犯罪被害人及其家属的经济补偿制度。

一、建立刑事被害人救助制度的必要性

我国《刑法》第 36 条规定：由于犯罪行为而使被害人遭受经济损失的，对犯罪分子除依法给予刑事处罚外，并应根据情况判处赔偿经济损失。该规定存在的一个重要缺陷在于没有赋予那些因遭受犯罪侵害而陷入经济困境的被害人及其家属在得不到犯罪分子赔偿的情况下，有向国家申请救助的权利。得不到犯罪分子的赔偿，要么是由于案子长年未破，犯罪人没有归案，使

被害人无法提起赔偿；要么是案子虽然破了，犯罪分子也被判处赔偿被害人，但其根本无力支付。在这种情况下，对犯罪被害人及其家属进行救助就成为国家的一项必要义务，其理论基础不仅在于刑事司法的“人文关怀”以及对被告人与被害人的权利保护要平衡发展，而且也因为国家没有有效地保护好纳税人的安全，对被害人的处境负有一定的责任。

曾几何时，刑事诉讼在加强刑事被告人的权益保护方面迈出了可喜的步伐，如建立被告人的法律援助制度等，却忽略了对刑事被害人的应有关怀。突出表现在不少被害人因受犯罪所害，经济上陷入极度困难的境地，有的甚至出于绝望转而对犯罪人及其亲属乃至社会进行泄愤报复，酿成新的违法犯罪。在有的案件中，尽管犯罪人被绳之以法，但由于被害人及其家属的生存困难无人过问，司法机关表面促成的正义其实在被害人一方并没有得到切实的体认。正因为意识到这一点，自20世纪50年代以来，出现了一场声援被害人的运动，唤起了公众对处于困苦境地的被害人的广泛同情，从而推动各国纷纷建立起对被害人的救助制度，动用公共资金对犯罪被害人给予国家补偿。除此之外，一些以援助被害人为宗旨的非政府组织也纷纷成立，这些组织给被害人以抚慰和帮助，所产生的良好效果完全符合政府维系社会安定的愿望，因而也逐渐获得本国政府的支持和资助。

我国过去二十多年来，在刑事领域对犯罪嫌疑人和被告人的权益保护方面应当说取得了很大进步。近年来，越来越多的人开始认识到，我们对被害人的权益保护没有得到平衡发展，其中对陷入经济困境的被害人缺乏必要的救助制度就是一例。这一制度的缺位，既不利于抚平被害人所遭受的犯罪创伤，赢回对法律制度的信任，也不利于缓解被害人与被告人一方的矛盾和仇恨，因而也不利于被害人融入社区和被告人回归社区。

二、建立刑事被害人救助制度的可行性

笔者早在1999年就在《法制日报》撰文呼吁建立刑事被害人的救助制度，后来又在《新京报》《检察日报》等媒体上对此作过进一步的展开。翻开往昔的文章，我发现每次写作都是因某个或某群被害人的悲惨故事所触动，深信这个问题已经成为实践中的一个非个案性问题。因此，当最高人民法院提出这一动议后，我热切盼望它能早日实施，越早越好。

可能有人会说，一项制度从提出到真正实施需要一个较长时间的酝酿和准备过程。我对此不以为然。首先，对刑事被害人的救助不牵涉另一方当事人即被告人的利益受损，有的制度如对被告人的从轻、减轻处理涉及被害人一方能否接受，对这样的改革当然应谨慎从事，但对刑事被害人进行救助，不会对被告人一方造成任何损失，因而这样的改革早一天落实，作为处于生活困境中的被害人就早一天受益。其次，这些年来关于这个问题的理论准备已经比较成熟，包括笔者在内的许多学者都提出了从理念到具体设计的一系列构想。实践中也有不少地方法院对此作出过有益探索，积累了一定的经验。如山东省淄博市中级人民法院从2004年3月起就开始探讨建立刑事被害人的救助制度；北京市高级人民法院从2006年6月起，联合市民政局推出“解决执行难案件中困难人员生活救助问题的意见”。这些措施均取得了良好的社会效果。现在，在此基础上，我们完全可以加速研究出一套全国范围内的刑事被害人救助实施制度。

三、人民法院实行刑事被害人救助制度的具体设想

关于这项工作，我认为有以下几点值得注意。一是各级法

院必须取得同级党委和政府的支持和配合,从财政上解除后顾之忧。有钱才好办事,对被害人的救助决不能靠法院自己创收来解决,而是要靠地方政府和中央政府的“皇粮”来保证。可由最高人民法院向财政部申请专项拨款,并要求各地方政府实行配套拨款。二是要明确救助对象和条件。对象必须是犯罪被害人本人,本人死亡的,则其父母、子女和配偶亦可。条件则必须是那些因被犯罪所害而陷入经济困境,如无法支付医疗费用、无法获得维持生活的最低水准等。三是要对救助数额的标准作出规定。救助不可能像执行判决书一样,一个案子获得高额赔偿,而只能是与国家经济发展水平相适应的救济。而且,在对不同地区以及城乡不同被害人的救助上,恐怕还得视当地物价等因素而区别对待,否则片面强调“平等”反而会带来实质上的不平等。四是要对救助的申请和审批程序作出设计,一方面申请手续不宜太烦琐,另一方面又要通过公开透明的程序来确保资金的合理使用。

四、全面推进刑事被害人的救助制度

以此为契机,笔者还想对刑事被害人救助的相关制度作一呼吁。

首先,法院只能针对审结的案子来对被害人提供救助,但实践中有的案子或者因为没有破,犯罪人没有被抓获,或者因为案件带有“疑案”性质,办案机关在“疑罪从无”的原则要求下,对被告人作出不捕、不诉或无罪处理,此时那些因被犯罪所害而陷入生活困境的被害人由谁来给予救助?建议公安部、最高人民检察院也借鉴最高人民法院的这一思路,出台类似的救助制度,从而使各种刑事被害人的救济不留下死角。需要说明的是,一旦刑事被害人救助的全部环节健全起来，就不必一定要等到结案后才救助，而是只要证明自己的生活困境系因遭受犯罪侵害所致，就不管犯罪人归案与否，也不管案件进展到何种阶段，救助要紧，先救助再说。

其次，对被害人的救助单靠国家的力量还不够，还需要社会的协助。这里包含两层意思：一是国家的公共资金有限，需要民间组织采取社会捐助等途径来弥补这方面的不足；二是被害人不单面临物质上的救助问题，还有心理上的康复等。因此，我们应当鼓励、支持专门针对被害人救助而设立的非政府组织开展这方面的工作。

最后，国外除了对被害人的物质补偿，还有精神抚慰制度。而我国至今不承认刑事案件的精神损害赔偿，对被害人的精神损害视而不见，这不仅与我国民事司法实践已广泛适用精神损害赔偿的现实相脱节，也不符合对被害人进行救助和抚慰的初衷。因此，立法应当承认被害人有向犯罪人提出精神损害赔偿的权利，相应地，在犯罪人没有被抓获或无力承担精神损害赔偿时，国家和社会的有关机构就应当承担起对被害人的物质补偿和精神抚慰之职责。

（原载《学习时报》2007 年 1 月 16 日）

柒　凝细节之力量

从细节和理念两方面来完善国家赔偿

《法制日报》2005 年 7 月 11 日报道:为规范刑事赔偿案件的办理,及时执行生效的刑事赔偿决定,切实保障赔偿请求人的合法权益,最高人民法院和最高人民检察院日前联合发出通知,就刑事赔偿义务机关的确定问题作出明确规定。这对解决刑事赔偿中的“法律白条”现象、克服“国家赔偿决定难、执行更难”的问题,无疑具有现实的意义。

细节关乎成败。1994 年颁布、1995 年开始实施的《国家赔偿法》虽然在确立受到侵害的公民有权利向国家公权力部门“讨说法”的制度方面迈出了时代性的步伐,但由于该法只有短短的 35 条,注定其带有较强的原则性。正因此,《国家赔偿法》实施初期,出现了“口惠而实不至”的局面。据统计,从 1995 年到 1997 年,全国法院办理的国家赔偿案件不过 1126 件。基于此,国家有关部门相继出台了一些具体规定,如最高人民法院 1996 年发布的《人民法院赔偿委员会审理赔偿案件程序的暂行规定》《关于人民法院执行〈中华人民共和国国家赔偿法〉几个问题的解释》,最高人民法院、最高人民检察院 1997 年联合发布的《关于办理人民法院、人民检察院共同赔偿案件若干问题的解释》,以及最高人民检察院 1997 年发布的《人民检察院刑事赔偿工作暂行规定》等。这些规定增强了《国家赔偿法》的可操作性,取得了积极的效果。例如,1998 年至 2000 年,全国法院办理的国家赔偿案件上升到 6233 件,是前 3 年的近 6 倍。

然而,也应看到,目前这些“暂行规定”之类的文件,是国家赔偿法实施过程中由有关当事方自己采取的应急措施，它们至少存在三个方面的问题。一是只能在现有法律框架内活动，无法就一些制度缺陷取得突破性进展；二是有头痛医头、脚痛医脚之嫌，既不全面，也不协调；三是有的内容宜由中立的立法机关来规定，那样更有利于增强其公信力。

上述问题，特别是第一个问题已经超出了司法细节，涉及对《国家赔偿法》的修改。经过十余年的实践，这部法律的一些不完善之处已经暴露得比较充分，而新的形势又对它提出了更高的要求。我认为，需要根据宪法关于“国家尊重和保障人权”的规定以及“以人为本”的精神，更新理念，尽快将国家赔偿沿着下面的方向推进：

扩大赔偿范围。目前国家赔偿的范围太窄。如，对于财产损失，现有规定原则上只赔偿直接损失，对于可得利益损失一概不赔，这有失公正。又如，违法行为侵犯公民人身自由和生命健康权，只赔偿物质损失，而不赔偿精神损害，也不合情理。再有，刑事赔偿中有的免责条款规定得不科学，如“因公民自己故意作虚假陈述被羁押或判刑的”不赔，这里实际上没有考虑公民因刑讯逼供而被迫作虚假陈述的情况，致使有的办案机关和人员有空子可钻。

健全赔偿程序。国家赔偿程序的健全与否，直接决定着赔偿请求人的权利能否实现。现行国家赔偿的程序设计较为粗糙，成为国家赔偿法的“瓶颈”。目前的赔偿程序中，对损害的范围、损失的大小缺乏听证，对证据也缺乏必要的质证。因此，应将国家赔偿改造成为司法程序，实行两审终审，采取听证、合议、上诉等形式。另外，现在的赔偿委员会设在法院，虽然在目前情况下有其合理性，但从实际上看在很多情况下法院就是赔偿义务机关，让法院自己来审自己，显然违背了“任何人都不能做自己的法官"的原则。为解决这一问题,可规定由高一级的法院赔偿委员会来审理低一级法院的赔偿问题。

确保赔偿执行。这里,国家赔偿费用的充足是前提,直接从赔偿费用中支付赔偿金是核心,而明确规定相应的赔偿法律文书的强制执行力和执行方式则是保障。建议设立专门的国家赔偿费用管理部门,专门负责国家赔偿费用的管理和支付,保证赔偿费用专款专用。如果赔偿费用管理部门逾期不支付,受害人有权向法院申请强制执行。

注意配套措施。如,将国家赔偿与错案追究作适当的区分,公民被错误羁押,有权获得赔偿,但不能一有错案,就不问青红皂白一律追究办案人员的责任,而要看办案人员是否存在司法腐败、滥用职权等过错。又如,推广保释制度,使审前羁押的人数降到最低,这样万一被告人不构成犯罪,也不至于办案机关因要承担错误羁押的赔偿责任而想方设法往有罪上靠。还有,应确立起刑事案件的定罪标准,将疑案与冤假错案区别对待,一般刑事案件应达到"排除合理怀疑"的标准,死刑案件应达到"百分之百"的铁案标准,对于那些没有达到这样的标准不能定罪,但又有"优势证据"能证明他很有可能犯了罪的人,虽然按照"疑罪从无"的要求得无罪释放,但在国家赔偿方面则显然应区别于那些真正的冤假错案者。

(原载《法制日报》2005年7月13日)

美国司法细节观察

——与一位美国法官的通信

2010年岁末，在北京的一次学术会议上，有幸结识来自纽约的美国联邦地区法官西德尼·斯坦因(Sidney Stein)先生。次年初，我应邀到纽约大学访学，并顺访哥大、哈佛、耶鲁三所法学院，其间与斯坦因法官取得联系，先后两次前往他的审判庭旁听，并在旁听前后与他多次电子邮件来往，就美国司法制度中的一些问题进行交流和请教。近日觅得少许清闲，特将两年前的部分通信内容整理如下。

一、审判、判决与会议

到纽约没几天，我给斯坦因法官发邮件，告诉他自己应科恩教授①的邀请，现在纽约大学亚美法研究所做访问学者，想问他能否去他的审判庭旁听一两个刑事案件。他非常热情，马上回信表示欢迎，并说：在2月22日和28日各有一起刑事审判案件。被告人通常会在审判前根据在审判程序开始前达成的辩诉协议(plea agreement)认罪，审判(trial)就没有必要了。每一个审判，如果举行的话，都要持续一周左右。此外，他每周还有几

---

① 科恩，英文名为Jerome A Cohen，Jerome简称Jerry，故下文有时称"杰瑞"。斯坦因法官来京系参加科恩教授与北京师范大学刑事法律科学研究院联合举办的一个学术研讨会。

个判决(sentencing)和会议(conference)。本周三下午4点,他就有一个判决,接着,下午4:30还有一个会议。周四下午2:30、周五下午2:30以及周五下午3:00,他也分别有判决。同时,他还让我与他的助理劳拉·布莱克莉联系,她可以告诉我在何日何时进行何种诉讼程序(proceeding),并提前告诉她我去拜访的日期,以便确保他能在开始前或结束后安排出时间来接待我,并与我讨论相关的所见所闻。

看到他的回信,我一时还不太明白这些审判(trial)、判决(sentencing)和会议(conference)究竟是什么关系?于是,又发邮件请教他,并问他那辩诉协议(plea agreement)是不是就是我们平时所说的辩诉交易(plea bargain)。同时跟他说,想周三就过去,因为既有判决,又有会议,我可两者都感受一下。

他的答复为:辩诉协议(plea agreement)是辩诉交易(plea bargain)的结果,它是一份文件或者说一个合同,通过这一协议,被告人同意认罪,其被指控的罪数通常也会减少。这样一来,审判也就没有必要了。至于整个程序,他说当面向我解释会更容易。他还说,他周三下午4点的判决并非完整意义上的在被告认罪后作出的判决,而是一个由于违反监督释放(supervised release)的规定而作出的判决(sentencing),与那些真正意义上的在有罪裁断后所作出的判决相比,程序上要简单得多。因此,如果我希望一睹完整意义上的判决程序,或许应该改天再来;当然,也可以在周三来,然后改天再目睹完整意义上的判决。

经他的进一步解释,我了解到,如果一个案件中的被告人没有与检察官达成辩诉交易进而签订辩诉协议,该案件就会进入由陪审团来审理的审判(trial)程序。在美国,90%以上的刑事案件都是通过被告人认罪程序来解决的(其中绝大部分有控辩双方的辩诉交易，不过也有因证据确凿控方不愿做辩诉交易，但由于认罪一般能从轻或减轻处理，所以被告人也认罪的），在另外不到10％的被告人不认罪的案件中，则要按照“无罪推定”的原则由陪审团来审判，这一程序要复杂和冗长许多。无论案件是达成协议还是经审判，最后都会作出判决（sentencing），当然判决也可就是否违反监督释放之类的规定而作出。在作出判决前，法官通常会就涉及提讯（arraignment）、动议（motions）和抗辩（pleas）等问题，召开控辩双方都参加的会议（conference）。这就是审判、判决与会议三者之间的关系。

二、缓刑、假释与刑期折抵

经商量，我于周五下午去斯坦因法官的审判庭旁听，在两个判决中间以及判决结束后与他进行了面对面的交流，收获很大，但仍有几个问题困扰着我。因此，在2月5日的回信中，除了再次感谢他的盛情接待以及对我的问题的热情答复外，我又问了如下几个问题：

1.在第一个案件中，被告已被监禁了三年多，而您告诉我他在该案所涉及的毒品犯罪集团中只是个小小的从犯。在中国，对于审前阶段的长时间监禁犯罪嫌疑人，包括我本人在内的许多学者是持批评态度的。但没想到在美国，一个小小的从犯在被法院审理前却被监禁如此之久，我听后非常之惊讶。

2.您告诉我，上述案件中的当事人与政府很配合[①]，因此您决定对他判以缓刑。关于这起毒品集团犯罪，我能向您了解更多的细节问题吗？比如，上述案例中的被告人在其他被告人的

---

① 在美国，检察官代表政府起诉犯罪，故与检察官配合即被视为与政府配合。

审判中扮演何种角色？或者说，在这样的审判中，他只是个污点证人？如果确实如此，那他需要出庭作证吗？

3.在这两起认罪案件中，您的责任是决定对被告人科以何种处罚以及判处多长时间的刑罚。该决定是您当庭作出的判定，还是在作出判决前，您已经有了大致的想法，比如说检察官已经拜访了你的审判室？辩护律师与检察官之间还会有辩论吗？根据我的理解，应该还是有辩论的，因为您在第二起案件中提到，检察官要求对被告人判处若干年的监禁。如果确实如此，那在法官审理之前他们所签订的协议的大概内容又是什么呢？

4.缓刑这一点，相比之下，我们两国之间的体系有诸多不同之处。你们有一个独立的政府部门负责缓刑，不知我的理解是否正确？不知您是否可以告诉我缓刑的判决程序？您需要在缓刑判决之前与政府的缓刑部门商讨有关缓刑事宜吗？

针对这封长长的邮件，斯坦因法官作了耐心答复：

……让我扼要地回答一下你[①]所提及的问题——但是我要邀请你 2 月 22 号重回我的审判庭，下一桩刑事案件将在那天开审，届时我们将能更全面地讨论这一系列的问题，因为问题有点复杂，面对面的讨论能加强你对问题的理解。

以下是对你的问题的逐一解答：

1.被告已经被羁押在监狱(jail)三年[②]，这期间的绝大部分时间他是在与检察官合作，为他们提供关于其他被告人的信息，帮助检察官建立指控其他被告人的证据基础。除了被告人与检察官合作的此种情形，几乎闻所未闻一个人在被判决前被监禁

---

① 由于英文中的“您”和“你”都用 you，本文翻译时对我写给他的信用“您”，他写给我的信用“你”，因为他比我年长。

② Jail 虽然通常翻译为“监狱”，但在此处，对应于中文语境，应理解为“看守所”。

如此之久，本案确实是极其罕见。

2.在一起共同犯罪案件中，他只是一个小小的帮助犯，也许就是一个传信的。我要核查他的审前调查报告书后才能告诉你他具体干了什么。但此刻我手上并没有他的审前调查报告书。是的，如果他必须在他的同案犯的审判中作证，他就将成为污点证人。此时，政府会根据对他的直接讯问揭露其所犯罪行，还会要求他向陪审团说明，他是根据与检察官所签的协议而供述事实，并希望借着与检察官的合作而从法官那里获得量刑上的减轻。这样的人是污点证人，但检察官通常很难找到一个了解犯罪集团内部运作而又一尘不染的天使。在交叉讯问时，辩护方往往会集中火力攻击他所犯下的所有罪行，试图让陪审团相信，他在为了逃脱牢狱之灾而撒谎。

3.判决通常是在审判庭上公开进行的。但是在开庭前，我会收到并研究缓刑部门所递交的详细报告。缓刑部门是法院的得力助手，正是从他们那里，我了解到被告人的罪行及其生活状况，如他的家庭、教育、工作，以及他的医学或精神上的问题，当然也包括他的犯罪史。此外，我还从政府和辩护方收到其所递交的文件。这些文件告诉我什么是他们认为合适的措施及其理由。我从不单独和他们的任何一方见面，因为这是法律禁止的。但是我可以在判决前将他们召集在一起，与他们讨论我需要弄清楚的问题。这种讨论——事实上任何一种与当事人的讨论——都要由法院的书记员记录下来，以供审判需要时阅览，或者为上诉审时所用。

如果我在判决时仍然没有把握，我会在法庭上公开与诉讼当事各方进行讨论。双方在判决时都有发言权，可以告诉我他们各自的想法。在认罪协议里，当事人提出了他们双方认为公平的量刑幅度。但是在协议中，当事双方常常保留在我面前请求在那个幅度之外进行判决的能力。尽管如此，他们就量刑幅度所达成的协议还是告诉了我合适的参考幅度。

4.缓刑部门确实是我们法院系统的一部分。缓刑部门的官员准备我在前面提到的审前调查报告。他们会向法官建议判处监禁的期限以及缓刑考验期，当然这仅仅只是建议，我们可以采纳，也可以不采纳。我通常不会与缓刑部门事先讨论我将下达的判决，尽管我可以这样做。

我希望我们能在2月22日当面继续讨论这个问题。请你给我或者布莱克莉女士打电话或者发邮件，以便我们安排好时间。

在随后的通信中，我们就下一次的见面时间作了沟通，同时针对他在邮件中多次提到的电话会议，我问他：您在邮件中提到的电话会议或者会议，是不是意味着您通过电话或者在法庭上与当事人见面的方式来参与辩诉交易协议的达成？上次我们在您的审判庭旁听了两起案件的判决，是不是在那之前就已经召开过这类会议或当场包含了这类会议？

他的答复是：这个电话会议是一个完全不同的主题。因为他是有关破产制度的联邦司法委员会成员之一，这个委员会将于2月22日下午4:30召开电话会议。

他还告诉我，我所见到的那两起判决，他在判决前都举行了会议进行讨论，但是这些会议都不涉及判决或辩诉交易，只涉及提讯(arraignment)、动议(motions)和抗辩(pleas)等。"与州法院系统不同，联邦法官并不参与辩诉交易。在联邦法院系统中，辩诉交易只是辩方与控方所达成的协议，法院并不参与。"

在回信中，我又聊到那个在判决之前被监禁三年的小伙子。我们之间的邮件往来对话要点如下：

刘：他不是只在毒品犯罪团伙中充当一个小小的参与者么？

为何不用保释(bail)却用如此严厉的措施？这与比例原则相一致吗？在那三年监禁期间，他有机会见到法官吗？

斯：被告在审判前已入狱三年，但是在那期间，他一直在与检方合作。当他最终被判决时，所有判决前的监禁时间，都会折算在他的判决中。换言之，如果我对某人判处五年刑期，而他在判决前已在联邦拘禁设施被监禁了三年，那他就只需要再服两年的刑期了。只要被告人入狱，他在联邦拘禁设施中被监禁的时间几乎总会算在他被判决的刑期内(有极少数例外，但那涉及联邦拘禁设施与州监禁设施不同的技术性问题)，不管他是否与检方配合。

被告人被拘禁期间一直都有要求见法官的权利。他只需要通过他的律师与我联系，就可以会谈。事实上，如果他想要一个新的律师，他只需要给我写信，我就会把有关各方叫到一起，问他们为什么被告想要换新的律师。

刘：按照中国的法律，不管被告人是否配合案件的调查，他在判决前被羁押的时间也都要折抵在他的刑期内。但对审前羁押太长时间，尤其是对那些有可能被判处缓刑或者短期监禁刑的犯罪嫌疑人，学界仍然持批评态度。例如，某个犯罪嫌疑人可能最后被判处缓刑或者仅两年的有期徒刑，但他已经被监禁了三年，这对他岂不是不公平！

斯：在这方面，我认为我们的制度是相同的。本案中，被告人自己想要一直与检方合作下去，以便给控方提供更多的信息，目的是为了减轻他的最终刑期。一旦他完成了合作任务，双方便会请求法院对其进行判决，这就是你之前所看到的。而且，辩护律师不会让监禁的时间超过可能被判处的刑期。换句话说，辩护律师会在适当时间要求开会讨论，告诉我被告人的监禁时间已长达可能被判决的刑期。这通常不会成为一个问题，因为控辩双方一般会在超过可能被判处的刑期前共同寻求作出判决。在你所见到的这个案件中，虽然被告人只是个小小的从犯，但由于案件所涉及的毒品数量如此庞大，以至于双方都意识到，任何一个判决，即使考虑到其对检方的配合，也不会超过判决前所被监禁的时间。在这种情况下，他们的做法是对的。根据我的回忆，我最后判处的刑期就是他已被羁押的时间。

刘：我的回忆是，您最后判处他缓刑。如果同样的情况发生在中国，将会遇到一个制度上的障碍：如果某人被判处了已被羁押时间的刑期，那他就失去了获得缓刑的机会。而且，在中国，犯罪嫌疑人越是与警察或者检察官合作，他就越容易获得保释之类的待遇。——在我们国家，审前的保释并不是由法官来决定，而是由公安局或检察院这样的办案机关决定，尽管我个人认为，今后还是应改革为由法院审查决定。

我想借这个机会，听听您对下面这样一个案例的意见。一个很可能被判处死刑的犯罪嫌疑人，向狱警报告说，他的律师曾怂恿他向法官撒谎说自己遭到了刑讯逼供。随后律师被以伪证罪逮捕，并判处一年半的有期徒刑。这是中国去年一起非常有影响的案件。根据中国刑法，如果犯罪嫌疑人检举了其他犯罪案件，并协助公安机关或者检察机关抓到了所检举的罪犯，被告人将被认为是立功。在上述案件中，争议之一是，在证据不足的情况下，我们怎么能够相信犯罪嫌疑人的片面之词，即律师唆使他去说谎（由于该犯罪嫌疑人很可能被判处死刑，因此他必然会竭尽全力来免于一死）。另一个大的争议是，中国刑法中关于立功的规定是否正当。许多人包括我自己在内都认为，这样一个不分情况地鼓励人们相互揭发的条款并不是一个好法条；并且，罪犯提供与自己犯罪并无关系的案件线索，就能获得从轻或减轻的处罚，这对被害人似乎也不公平。我想了解一下，如果同样的案件发生在美国,会怎样处理?

斯:在美国,保释并不取决于被告人是否合作,而是取决于其是否可能逃跑,以及如果他被保释了,对社区是否有危险。保释决定只能由司法官员作出,因为若是由办案机关来作出的话,就难免不被批准。如你所知,我们国家的保释率是很高的。

至于你提到的案例,考虑到情形之复杂,我认为当面讨论会好一些。总的来讲,我们并不想看到一个鼓励说谎的体制。我们也希望能有这样一种体制,即在法律执行机关基于被告的供述而采取行动之前,能得到非常确证的事实。

三、缓刑部门、缓刑制度与监督释放

2月22日,我又去斯坦因法官的审判庭旁听。整个上午都在挑选陪审员,法院有专门负责陪审团工作的部门。在50个候选陪审员中,斯坦因法官一一问明每个人的情况,包括各自的职业、业余爱好、有无被害经历、是否被定过罪等,最后由他和控辩双方共同商量,选出12人组成陪审团。

当天下午,庭审开始,先由检察官和律师分别面向陪审团作简单的陈述,双方都请求陪审团在接下来的案件审理中凭自己的常识常理来判断。然后先由控方证人出庭接受双方的询问,今天出庭作证的是两位警察,他们当时正在执勤巡逻,接到有人报案说自己被抢了,这两位警察根据报案线索随后逮捕了犯罪嫌疑人。他们在证人席上宣誓后,耐心回答了控辩双方的提问。

3月4日,我写信向斯坦因法官道别,告诉他我将前往哈佛访问,同时问他审判进行得如何?他回复说:这个案件的审理前后花了一周半的时间,最后被告人在所有五条罪状上均被陪审团裁定有罪。对被告人的判决将于6月进行。

我又问:为何要到 6 月才作出判决？为什么不在陪审团定罪后就对被告作出判决呢？

斯坦因法官的回答是:判决通常至少要在定罪后 3 个月才能作出,因为缓刑部门必须对被告作一番彻底的调查,譬如成长环境、犯罪史等。他们将会见被告(在其律师在场的情况下),并听取检察官的意见。缓刑部门的调查结果报告至少应在判决前的 35 天送达被告人,以便其能就该报告向法院提出反对意见。同时,我也需要时间收取双方的意见书,当然也包括任何想就该案表达其意愿的人的意见信。在此基础上,我再花足够的时间来充分考虑各方面的信息,然后才能作出判决。

到达哈佛后,我又问了他一系列的问题:

1.关于缓刑部门。您曾告诉我,在联邦一级,缓刑部门属于法院;而在州一级(至少在某些州),缓刑部门属于政府部门,不知我这样的理解对不对？我想可能是我们的中文翻译使这个词出现了一些误解,我们把缓刑部门的工作理解为向法官提供有关被告人的信息和资料以证明为何要对被告人判处缓刑。但根据我现在的理解,缓刑部门更像是法官判决的建言献策者,它不仅要陈述为何应对被告人判处缓刑的理由,还要陈述为何不应对被告人判处缓刑的理由。我这样理解对吗？

2.您曾提及,“包括任何想就该案表达其意愿的人的意见信”,此处的“任何人”如何理解？是指“法庭之友”吗？

3.您还提到,“我再花足够的时间来充分考虑各方面的信息,然后才能作出判决”,我的问题是:您是独自作出判决,还是需要与其他法官进行集体讨论？在这一阶段,陪审团不再扮演任何角色么？

4.在法庭上一个被告可以聘请多少名律师？在中国,一个被告在法庭上只能聘请 1—2 名律师(但在中国台湾地区可以聘请3名)。您怎么看这个问题?

很快,斯坦因法官就作了如下答复:

1.是的,在联邦体系中,缓刑部门是法院的臂膀,它的目的就是为我建言献策。我虽然不是很了解州法院的体制,但我想在很多的州法院系统中,缓刑部门并不是法院的助手,而只是政府行政部门的一个分支。

现在我明白你所说的翻译之问题所在了:我们的缓刑部门向我建议他们所认为的适当判决;他们所建议的判决可能是监禁,也可能是缓刑,还可能是社区服务,抑或其他形式的判决。"缓刑部门"(Probation Department),这一名字看来容易让人误解,因为缓刑部门向法院建议的判决远不只是缓刑。

2.任何人都可以就有关案件的判决事项给我写信,但是几乎所有的信件都来自那些应被告人或者其律师的请求而支持被告人的人。譬如说被告人是如何的善良,他的成长环境是如何的艰难,或者说他之所以犯罪,是因为信任了不该信任的人,等等。此外,法律也赋予任何被害人给我写信的权利,并且如果愿意,他们也可以在判决时出现在法庭并作对被告人不利的陈述。

3.判决阶段没有陪审团,由我独立作出决定。(也许在一个寻求死刑判决的案件中,陪审团会扮演某种角色,它可以在定罪后建议判处死刑或终身监禁。不过对此我并不是很确定。如你所知,死刑案件非常罕见。在我所经手的案件中,我还从未遇见过政府寻求死刑判决的案件。)

我可以非正式地向其他法官咨询意见,但我们很少那样做。据我所了解,另一个联邦地方法院的法官们过去曾有过这样的做法:他们每周会共进一次早餐,一起讨论任何法官想要提出来加以讨论的判决。但他们现在已不这么做了。即使过去这样做,那也只是法官们的非正式决定,而不是法律或规则要求这样做。

4.通常情况下,每一个被告人只有一名律师为其代理。那样我就能知道在法庭上谁代表被告人,我该与谁进行接触和说话。不过,该律师可以让任何数量的其他律师来帮助他。然而,国家只支付一名律师的费用。[①] 也有例外的时候,那就是当被告人可能被判处死刑时,国家可能需要支付2—3位律师的费用。还有一点请你记住,国家通常会向辩护方需要的专家支付费用,包括为支持辩护方而去寻找案件真相的调查员,或者是DNA专家,或者是笔迹鉴定专家,或者是其他任何一种辩护方需要的专家,只要是法官认为其请求是合理的。

一转眼,哈佛访学的一个月过去,到耶鲁后,我的脑海里仍不时想起美国的缓刑制度,于是又给斯坦因法官去信重提这一话题:

……我还在对贵国的缓刑制度感兴趣。据我回忆,您给一个被审前羁押3年的被告作出了缓刑的判决,而办案机关对被告的3年审前羁押也没有错。这从中国刑法的角度来看,几乎是不可思议的:在中国,如果犯罪嫌疑人在判决之前已被监禁,则只要案件本身没有错,他就必定会被判处实刑,否则他在审前羁押中度过的时光又如何能折抵刑期呢?而只要他被判处实刑,他就不可能再获得缓刑的判决。——我倒是觉得你们国家的缓刑制度更加科学,也更加灵活。但我现在想要确认的是,我的这种理解是否准确?

斯坦因法官在回信中首先请我向他的耶鲁老同学葛维宝教授问好[②],然后再次耐心地回答了我的提问:

……让我想想看如何向你更清楚地解释美国的缓刑制度。

---

① 指国家为被告人提供法律援助。——作者注

② 葛维宝(Paul Gewirtz),耶鲁大学中国法中心主任。

缓刑是一种对已被确认为有罪的刑事被告可能施加的判决，无论该有罪认定是其认罪还是审判的结果。从本质上来说，缓刑制度是一项被告人借此在缓刑期间不受监禁的制度，他可以工作，与家人在一起生活，等等。不过，他必须处于缓刑部门的监督下，且须严格遵守其规则，包括在缓刑期间不得重新犯罪，不得拥有武器，不得吸毒，不得与明知的重罪犯联络，得有一份工作或者正在努力寻找工作，等等。此外，他还须定期向缓刑部门的官员报告，定期提交报告材料，通常还须定期进行毒品检测。

同样的制度被称作“监督释放”(supervised release)，适用于被判处一定时期的监禁刑的被告人。但是，“缓刑”和“监督释放”在本质上是一样的。“监督释放”通常只在被告从监狱获释之后才启动。

关于你所提到的那个案件，我记得是被告在协助政府进行调查的同时被审前羁押了 3 年。我给他作出了“已服刑期”(time served)的判决，这意味着判决之后他就可以从监狱获释。与此同时，我又对其作出了“监督释放”的判决，考验期为若干年(具体我记不清了)，从其获释之日起计算(获释之日就是我作出判决之日)。

因此，一个被告完全有可能先被判处一个实刑，然后再判处他在离开监狱后一定时期的“监督释放”。根据立法和相关的量刑指南，“监督释放”的考验期分 1—5 年不等。

我已经让我们的缓刑部门领导发给我一些解释缓刑制度的资料，我将尽快发给你。

次日，斯坦因法官给我发来了有关材料的链接，希望我能对美国的缓刑制度有更多的了解。在无数次的往来邮件中，斯坦因法官所表现出来的耐心、热情与友好让我深为感动。即将回国时，我给他发了封邮件表示感谢，告诉他：与他的不断交流使我获益良多,这也是我此次美东之行的一个重要收获。一如既往,他很快热情地回复我,祝我返程顺利,并说我的每一次提问都让他了解到更多的中国法知识和中国人的思维,这也是他难得的学习机会。他还表达了与中国法律界和法学界同人保持交往的浓厚兴趣。这不禁让我想起参访他的办公室时,他带我到书柜前,给我看他摆放在显要位置的几张到中国开会的会议合影,言谈中充满了自豪。

(原载《法学家茶座》2013 年 10 月号)

远东国际军事法庭与美国最高法院

在2008年6月22日的专栏文章中，我曾以20世纪80年代的“湖广债券”案为例，说明美国政府在必要的时候对司法的影响及其可能，本文接着这一话题再谈一个案例。

1948年11月，经过两年半的马拉松审判，远东国际军事法庭对25名日本战犯宣告处刑，其中土肥原贤二、广田弘毅等7名被告被判处死刑。但就在盟军统帅麦克阿瑟经得各盟国驻东京代表同意予以核准、正待执行之际，土肥原和广田两被告的美国辩护律师竟向华盛顿美国最高法院提出“上诉”，要求释放被告。“上诉书”称：麦克阿瑟无权成立审判日本战犯的军事法庭；任何美国法律或国际法均未规定侵略罪；被告所被指控的各项行为，均系遵守日本政府的命令等。继土肥原和广田二人之后，又有5名被告提起类似上诉。麦克阿瑟只好下令，对所有被告均暂缓执行所判刑罚。

当时的国际舆论以为美国最高法院会立即拒绝。不料美国最高法院随后竟以5票对4票的微弱多数，决定受理日本战犯的“上诉”。赞成票中居然包括曾在纽伦堡战犯审判中担任检察官的杰克逊。由于他参与了纽伦堡战犯的审判工作，本应自然地倾向于支持东京法庭判决的有效性。但为了表明他的“客观”态度，他宁可表示要美国最高法院对此案进行审理。当时最高法院显然认为审理范围不涉及土肥原等是否有罪的实质性问题，而只限于两个先决问题，即最高法院是否有权审查东京法庭的判决，如有，东京法庭由麦克阿瑟设立是否合法。

但正如我国著名国际法学家、新中国当选的第一位国际法院法官倪征燠先生所批评指出的："这完全是书生之见，以为作为一个法院，有案必问，不影响以后是否受理案件的实质性问题。殊不知远东国际军事法庭是由包括美国在内的有关国家根据国际协议成立的，对它是否有权审判进行复查，就是无视美国政府参加的国际协议及其对盟国承担的国际义务，而把自己凌驾于成立东京法庭的其他主权国家之上。"当然，倪老的这段话写于近半个世纪后。回到当时，对于国际法和国内法的关系之认识，也许还不像现在这样明朗，加上其时美、苏之间对峙形势已渐形成，美国方面从政治和军事需要考虑，已不拟对日本军国主义严加惩处，于是才出现盟国国籍的律师给日本被告当辩护人的现象（美方以日本律师不谙法庭所运用的审判程序为理由，给每一位被告"配备"1—2名美国律师），否则，我们很难理解美国最高法院的几位大法官怎么会犯这种常识性的错误。

果然，美国最高法院受理日本战犯"上诉"的消息一经公布，即引起强烈反响。各盟国纷纷指责美国最高法院这一决定是"令人骇异的错误"，认为根据国际文件与协议而成立的国际军事法庭所作的最终判决，尚须经过一国法院单独复查，则今后国际间的决定和行动，均可同样由一国单独予以审查和撤销，这种危险先例对于未来国际间的合作和互相信任，将产生不良影响。

在国际舆论压力之下，美国政府也不得不表示反对美国最高法院这一不得人心的决定。于是由司法部出面，以"法庭之友"的身份向最高法院发出公文，要求最高法院不要干涉远东国际军事法庭的判决。"法庭之友"的拉丁文为"amicus curiae"，英文译作"friend of the court"，意思是向法院提供诚恳的意见，绝不是私下说情，也不是行政干涉司法，而是为了公平、公正的利益。

司法部副部长柏尔曼向美国最高法院指出：它的任何干涉，不仅会损害国际司法工作，损害国际法威信的继续增长，而且会破坏旨在达成合作的其他努力，尤其是联合国的工作。他还指出，最高法院无权重新审查美国总统在战时与各盟国共同达成的关于惩罚战犯的协定这类决定（指《波茨坦公告》等有关国际文件）。

美国最高法院本已定于 1948 年 12 月 16 日对土肥原等人的"上诉"进行审理，现在终于不得不重新考虑自己的立场，决定不再开庭审理土肥原等人的"上诉"。

决定作出后，驻日盟军总部再次准备对诸被告执行刑罚，包括土肥原等人的死刑。1948 年 12 月 23 日凌晨，盟国代表被邀到东京郊外的巢鸭监狱刑场监视执行，7 名被执行绞刑的被告尸体随后被烧成骨灰，撒于荒野。

时光荏苒，国际刑事司法走到今天，早已从战胜国审判战败国，到由联合国设立前南斯拉夫国际法庭（1993）和卢旺达国际法庭（1994），再到依据《罗马规约》（1998）设立永久性的国际刑事法院，其刑罚也由二战后的纽伦堡审判和东京审判支持适用死刑到如今的反对适用死刑。今天，已经不可思议的是，哪一个国家的国内法庭还能去受理针对国际司法机构所作出的"上诉"？但如果当初美国最高法院的"危险先例"不是在美国政府的有效影响下（美国政府又是在国际民意的影响下）而"胎死腹中"，历史的发展轨迹将如何，还真不好说。

（原载《法制日报》2008 年 7 月 6 日）

贪官也有隐私权

贪官有没有隐私权？这似乎不再是问题，但最近，耶鲁大学的葛维宝教授对有关“实际恶意”原则的批评，却让我们有了这样的疑问：对贪官的隐私权，我们是不是保护得还不够？

让我们从两年多前发生在湖北的“女张二江”案说起。湖北省枣阳市原市长尹冬桂被武汉某报称为“女张二江”，报道细数其与多少个男人有染，“霸占司机”云云。尹冬桂向襄樊市襄城区人民法院提起名誉侵权诉讼，并依法胜诉。这对目前漫天遍野的贪官情色报道敲起了警钟，它提醒我们：贪官也有其不应被侵犯的公民权利。

曾几何时，一些不负责任的小报热衷于报道贪官的种种“隐私”，甚至某些大报也参与其中，它们的报道不是让人感到警醒和启发，而是利用人性中喜欢探听隐私的弱点，通过展现物欲横流和道德沦丧，将读者带入一种庸俗的境地。这虽然不全是一个法律问题，但确与法律有关。

有人以“公众人物无隐私”为由，替种种曝光贪官隐私细节的行为辩护。我认为，这里有必要澄清以下两个问题。第一，“公众人物无隐私”并不是说就可以对贪官肆意丑化。美国在确立“公众人物无隐私”原则的同时，又确立了“实际恶意”原则，也就是说，如果能证明媒体有实际的恶意在丑化“公众人物”，同样要负法律责任。对“实际恶意”的解释，过去解释为要有故意，现在在有的案件中被扩大解释为严重的失职。耶鲁大学的葛维宝教授最近更是批评“实际恶意”原则太严苛，而应包括重大过失的行为，即如果“公众人物”能够证明媒体有重大过失，如消息来源有明显的错误，媒体应该对自己的后果负责任。第二，“公众人物无隐私”并不是说对“公众人物”的所有隐私都可以“揭发”。只有在涉及“公共利益”时才能牺牲“公众人物的隐私”。美国在司法实践中曾发展出一个“事件标准”：即使对公共人物，也要看所揭发的隐私是否与涉及公共利益的案件事实有关。

一个时代有一个时代的问题，法律制度中有些价值观需要永久捍卫，有些则需要结合时代的变迁而作出调整。在美国，现在有不少学者在反思：我们对言论自由的保护是不是过度了？他们指出，过去十多年，尽管对隐私的保护提高到了宪法权利的层次，但当它与言论自由发生冲突的时候，还是过多地考虑了言论自由，而牺牲了个人的隐私，现在应当考虑如何更好地实现二者的平衡。耶鲁大学葛维宝教授曾在一篇长文中把美国最近几十年有关这方面的案例全部拿出来研究，最后得出的结论是：美国对隐私的保护在涉及言论自由的时候是非常不够的，常常是牺牲了个人的隐私。

这同样值得我们反思。一个时期以来，媒体和读者在对贪官、坏人的“窥私”上所进行的“合谋”，好像主要还不是站在“言论自由”的高度，更多的是一种猎奇、落井下石和“集体无意识”。可以说，目前整个社会盛行的“窥私”之不健康风气，外加我们面对贪官、坏人所占的道德上风，使一些歪曲、编造贪官色情隐私的低劣产品拥有了土壤。这种被随意扩大甚至编造的桃色新闻，不仅是对贪官本人合法权利的侵犯，也会对其家属造成重大伤害，从长远看，甚至还会威胁到全社会的法治观念和权利意识。

因此，让我们树立这样一个共识：贪官和其他犯罪分子也有他们的人格尊严、隐私和名誉权，对他们生活作风糜烂等问题的报道不能捕风捉影、无中生有。即使是其犯罪行为本身所牵涉，或者与其有直接关系的“确凿”行为，也应在社会责任感的督促下注意报道的方式方法。

（原载《检察日报》2007 年 1 月 3 日）

嫖娼被抓要不要通知配偶

3月1日，新的《治安管理处罚法》开始施行。当天新加坡《联合早报》的记者打电话采访我，说新的法律规定嫖娼被抓要通知配偶，一些人对此有顾虑和担心。

这个问题之所以敏感，我想主要是因为嫖娼被抓通知配偶会对婚姻产生巨大的"杀伤力"。那么，新的《治安管理处罚法》是否真的有这样的规定呢？表面看，似可推出这样的结论，因为该法第83条第2款规定："公安机关应当及时将传唤的原因和处所通知被传唤人家属。"家属当然包括配偶。但从立法宗旨和法律精神来解读，我却不认为我们能得出这样的结论：

首先，该条款位于第四章"处罚程序"中，而这一章的目的是为了保障被处罚人的人权。具体到第83条第2款，也是为了防止被传唤人下落不明、其家人着急，甚至被传唤人被超期传唤或受到其他不人道待遇，却无法寻求救济。总之，它是有利于被传唤人的，既然是有利于他的，就应当是他自己愿意的。但嫖娼被抓通知配偶，我相信绝大多数嫖娼者是不愿意的。

其次，从利益衡量来看，嫖娼被抓通知配偶，轻则给夫妻关系造成阴影，重则造成婚姻破裂，而婚姻是社会的细胞，和谐婚姻是和谐社会的基础。处罚卖淫嫖娼本来是为了维护社会治安，但因为执法不当而使社会治安受到更大的损害，就得不偿失了。在这种法律目标发生矛盾的情况下，我们应当选择一个主要目标，这也是在立法有瑕疵时体现执法者水平、能动性和勇气的地方。具体来说，此时可以先征求当事人本人的意见，问他是否愿意通知有关家人或朋友，如果他本人碍于面子，不想让任何人知道，则尊重本人的意见；如果他希望通知他信得过的适当人选，也应尊重他本人的意见，而不是简单地通知其家人甚至配偶，或者不注意替他保密，将此消息随意泄露给他的家人、配偶或者单位，这也是执法中“以人为本”的本来含义和内在要求。

当然，从进一步完善法律制度来说，为防止嫖娼者本人在此情形下因顾及面子而遭受执法部门的不人道或其他非法待遇，可以考虑设置政府的公职律师。一旦执法部门对其采取限制或剥夺人身自由的措施时，当事人就应当无条件地获得律师在场帮助他的权利，否则，执法人员在没有律师在场的情况下所获得的一切言词或实物就不能作为定案的证据来使用。这样能较好地抹平了法律相互冲突的目标，既不妨碍诉讼活动的开展，也不危及执法对象的人权，还较好地保护了其家人。

（原载《法制早报》2006 年 7 月 3 日）

法治进程中的语言建设

时下,“法治”这个题目正被以空前的深度和广度在全社会加以讨论。然而,与这种热闹气氛形成对比的是,很少有人对法治进程中的语言建设给予应有的关注,其原因或许如梁治平先生所言:“在中国的知识界,法律人似乎并不关心一般知识分子所讨论的问题,普通知识分子也不了解法律人所做的工作。”这实在是不应该的,因为“法学其实不过是一门法律语言学”(麦考密克语),对于法律职业者而言,“要想在与法律有关的职业中取得成功,你必须尽力培养自己掌握语言的能力”(丹宁语),而对于国家而言,“法律条文含义不清,罪文不明,足以使一个政府堕落到专制主义中去”(孟德斯鸠语)。

一部好的法律必是用词准确、逻辑严谨、内容与形式俱佳的文献,它不仅给法律的遵守和操作带来极大的方便,而且给读者以美感和享受。法国大作家司汤达在创作长篇小说《巴尔玛修道院》时,每天清晨必读几页《法国民法典》,以从中获取运用艺术语言的灵感和启迪。相反,一部语言粗糙、语法不全的法律,将不仅成为“法学幼稚”的佐证,而且会引起法律解读和法治运作的不必要麻烦,破坏法律的严肃性和统一性。以修订后的刑法为例。一方面,为了“保持法律的连续性和稳定性”,“对刑法的原有规定,包括文字表述和量刑规定,原则上没有问题的,尽量不作修改”(全国人大常委会原副委员长王汉斌关于《中华人民共和国刑法(修订草案)》的说明),致使原有的一些语言硬伤得以延续下来(但是法律的连续性和稳定性又确实是需要加以考虑的。由此看来，一个不经意的语法毛病，还真有可能给后来的法律修订者带来不小的难题，有时可能就不得不让它成为永久的遗憾了)。另一方面，由于《修订草案》出台仓促、修订班子对法律语言的鲜有关注(实际上，包括许多参与起草和论证的刑法专家在内，即使想关注，他们又是否具备这方面的理论素养呢)，造成新刑法漏洞百出，"一些条文内容逻辑不严密，一些文字表述有语法问题"①，"有的条文法律用语模糊导致罪状难以理解，有的条文重复规定或者自相矛盾"②。来自司法实践的信息表明，当前新刑法在实施过程中所遇到的许多困惑，大多与立法用语的模糊不清有关，这又应验了英国法学家、著名法官曼斯斐尔德勋爵的一句话："世界上的大多数纠纷都是由词语所引起的。"

不幸的是，刑法中的此类语言缺陷绝不是个别现象，相反，它是我国当前整体立法水平和法律面貌的一个缩影。从宪法到各部门法，从基本法到特别法，从法律到法规，语法不周、逻辑不严谨，或者语义不清、用词不当、标点符号欠妥，或者句法不凝练、表述冗赘等，不说俯拾皆是，至少也是不乏其中。此种情形对法治的危害，如果说在目前法治的初始阶段还不严重的话，那么，随着法治向更高层次演进，其危害必将日益明显地暴露出来。立法如此，司法又何尝不是如此呢？以法院的判决书为例。在西方法治先进国家，一份判决书往往就是一篇说理透彻、论证严谨、法理气息浓郁的高水平论文。而在我国，判决书制作粗糙、论证空疏、说理乏力早已成不争事实，很多判决书常常对最

---

① 范忠信：《刑法典应力求垂范久远——论修订后的〈刑法〉的局限与缺陷，《法学》1997年第10期。

② 侯国云、白岫云：《新刑法疑难问题解析与适用》，北京：中国检察出版社，1998年。

需要加以详细论证的判决理由一带而过，随即套用“上述事实清楚、证据确凿”“被告人及其辩护人的辩护意见与事实不符，不予采纳”等格式化用语，此种判决书的公信力可想而知。正是基于此，最高人民法院在前不久下达的《人民法院五年改革纲要》中，已明确将强化判决书的“说理”作为司法文书改革的一项重要内容。而要强化判决书的“说理”，法官的语言功底就必须得到提升。

写到这里，不由得想起两件事情。一是1954年宪法制定时，宪法起草委员会曾特聘叶圣陶、吕叔湘两位文字专家为语文顾问，遇到文字上的问题，都请他们推敲；二是《中国社会科学院学术大师治学录》中关于吕叔湘先生的介绍，提到吕老曾被选为第五届全国人大法制委员会委员，在立法中就一些法律草案进行文字上的把关。

由此得出的启发是：在中国的法治进程中，法律语言建设应当靠两方面的力量来完成，一是法律人自身在提高专业素质的同时，也要致力语言修养的提高；二是语言学家们也不能不关心法律人所作的工作，将法律语言排除在他们的视野之外。只有经过法律人和语言学家的共同努力，法律语言才能成为但丁所推崇的那种“理想的语言”“纯净的语言”，为国家法治建设和语言文字建设作出双重的贡献。

（原载《检察日报》2000年11月30日）

“相应的法律责任”是什么责任

前不久，一些媒体在报道北京市人大常委会正在审议的《北京市信访条例（修正草案）》的有关内容时，采用了《信访人以自杀相威胁将负法律责任》的头版标题。作为一个法律人，我当然有兴趣知道这类行为到底要负何种法律责任，于是赶快翻到相应的版面，详细阅读记者的长篇报道。遗憾的是，读完全文，却并没有找到答案，报道只是指出：《草案》规定，信访人不得以自杀、自伤、自残相威胁，否则，将负相应的法律责任。

这促使我进一步想下去：假如真的有信访人为引起有关部门和人士对自己信访问题的重视，而采取了自杀、自伤、自残等过激手段，那么他究竟将负何种法律责任呢？显然，“负相应的法律责任”这样的立法方式并不能给人以明确答案。不幸的是，统观我国各类立法，从中央到地方各个层次，类似这种“依法追究法律责任”或“依法追究刑事责任”的行文方式还比较常见。这样的立法，可能带来如下消极后果：

首先，它违背了法治社会的行为可预期性原则。法治社会要求国家的法律明示公民，何种行为可为、何种行为不可为，以及一旦违反某种不可为的规范将带来何种后果，但像前述立法，连作者这样的专业人士都无从推断出违反“不得”的禁止性规定后将面临何种程度的处罚，又怎能期望一般的公众明了法律的内容呢？

其次，它给恣意执法提供了可乘之机。立法者留下这样的“口袋”，使执法的空间和弹性变得不可捉摸。一旦执法需要，执法者就可以凭此作为法律依据，对有关的法律作出扩大解释，使那些平时无法或者不需要处理的行为受到不公正的追究。

再次，它也不利于达到法律的目的。法律的根本目的在于预防某种需要禁止的行为的发生，但如果没有明确的责任规定，社会则一般理解为这种行为是法律允许的。立法者以为一句“相应的法律责任”就可以唬住所有的人，这是幻想。从大众心理学的角度而言，这样的规定平时流于形式，因此公众往往也置之不理。

最后，还不得不承认，它给法律适用也带来了难题。立法者为什么不明确规定某种行为的法律责任呢？无疑是在这种情况下，设计难度太大。但采取逃避态度，将皮球踢给执法者，则是十分的不明智。我国当前的执法队伍素质普遍还有待提高，如前所述，连笔者这样的专家尚且对这样的法律适用无所适从，将这样高难度的法律交给他们去执行，实在是一件为难的事情。因此，这样的法律缺乏起码的适用平台。

长期以来，我们的立法者在进行某种立法时，总是习惯于用一些兜底条款将那些现有法律条文囊括不了的内容放到这样的“口袋”中去，以做备用。这样的立法思路本质上还是将法律看成一种治理老百姓的工具，而不是一种约束公权力的手段。随着法治社会的推进，我们应当更新观念，对立法本身的合法性、公正性和科学性给予足够的重视。如果连立法者在立法时都还想不出某种违法行为的具体形式，或者某种行为的制裁方式，那就只能先放一马，因为此种情况下你无权要求普通的老百姓比你更高明。

（原载《法制早报》2006 年 6 月 12 日）

治安通报与公众知情权

新年伊始，从公安部传来好消息：全国公安机关将实行定期新闻发布制度，并及时通报治安形势，发布治安警示。（参见《人民日报》2004 年 1 月 2 日讯）此举不禁令笔者想起两件事。一是几年前北京的地下通道发生系列“闷棍杀手”案。案件侦破后，一些媒体在叫好的同时，也提出质疑：要是警方及时给公众提个醒，不就能减少一些被害者吗？另一件就是前不久刚刚审结的河南省平舆县的黄勇连续杀害 17 名青少年的特大恶性案，也有不少媒体和专家学者对公安机关提出类似批评：为什么不早些发布消息，让大家有所防范呢？

长期以来，在公安机关似乎形成了一条不成文的规定：案件未破，不宜将实情公之于众，特别是对于大案要案，在侦破之前，更是讳莫如深。但实践证明，这种做法并不科学，它既不利于提高群众的防范意识，又在客观上为犯罪分子继续作案提供了有利的环境。

据公安部有关负责人答记者问，推出治安通报制度，是推行政务公开的要求，可以确保公众知晓与自身利益相关的信息；可以促进警务公开，有利于公安机关接受社会和群众的监督；可以密切警民关系，保持与群众的血肉联系，使公众进一步了解公安、理解公安、信赖公安、支持公安。这种认识上的突破体现了一种崭新的执政理念，即由秘密到公开，由不透明到透明，由不相信民众到相信民众。

在现代社会，公众知情权已经成为一个民主社会的标志之一。许多国家都制定了《信息公开法》，将传统公权力运作中的“保密为原则、公开为例外”变更为“公开为原则、保密为例外”，除非基于国家安全、商业秘密、个人隐私等公共利益考虑确有必要，否则一律不得免除公开。与此同时，这些国家还赋予公民的信息公开请求权，若其请求得不到满足，还可诉诸法院，寻求司法救济。正是在这样的背景下，越来越多的国家摈弃了“司法神秘主义”，转而最大程度地将有关司法信息披露给公众。我们都知道，在英、美、日等国，不仅每年有政府发布的详细介绍该年度各类犯罪指标的《犯罪白皮书》，而且连法院的判决书都要公开出版、接受各方的查阅和拷问。几年前，笔者在哥伦比亚大学做访问学者，曾前往纽约市警察局拜访其局长，会谈时提及一些“敏感”数字，没想到他却很大方地告诉我，这些都早已在网上公布了。临别，他还在门口随手拿起几本免费发放的小册子送我。其中有的提醒公众，在哥伦比亚大学旁边的一拐弯处，常有人借口问路来抢劫，因此建议行人不要搭理那些形迹可疑的问路人，让他们去问警察。有的则告诉读者，近一段时间盗窃分子盗窃汽车里的物品案件增多，建议大家停车后将车里的东西拿走或锁在后备箱里。还有的则说，如果家里暂时没人，最好将收音机或电视机开着，使入室盗窃分子以为这家有人；如果要外出度假，最好跟邻居、警方打个招呼，请人定期剪剪花园里的草，否则如果草长深了，就容易被人知道这家主人不在。

2003年，笔者在牛津大学访学期间，正值核武器专家凯利自杀一案惹得英国朝野沸沸扬扬。刚开始，各种猜测都有，如有的认为是政府陷害所致，有的认为是外国间谍所为，但英国警方及时地通过新闻发布会，逐步排除了他杀的可能，最后公布了凯利系自杀的结论。随后，案件被移交给司法部门，由法官来调查布莱尔、BBC记者等人要否对凯利自杀一事负责。记得其时我恰好应布莱尔首相夫人谢利大律师之约去其唐宁街10号住所拜会,虽然此时布莱尔首相刚刚被法官传讯过,但他们却仍在按计划收拾行李准备第二天的休假,对于电视上正在播放的首相作证之新闻,他们似乎也见多不怪,至少是没有我想象中的尴尬。

在牛津,我还有一个切身的体会,那就是英国的司法信息公开使我的那些同行们的实证研究成为可能。牛津大学的犯罪学研究中心与英国内务部、法院、检察院之间的关系是相当密切的,他们的许多课题不仅经费直接来自这些部门的资助,而且在调研、统计资料的获取方面可以得到很好的配合。当我看到一包包、一袋袋的资料从警察局或法院邮来,看到他们认真地对那些数据进行分析研究时,我是既羡慕、钦佩又感到惭愧。想起自己就中国死刑问题做报告时,对方问起我中国每年判处多少人的死刑,我却回答说这是国家秘密,无从知晓。显然,这样的回答不单是不能让别人满意,也不能让自己满意:连起码的数据都没有,又怎能证明、怎能说服?

报载,此次公安系统自上而下实行的信息公开制度在中央国家机关尚属第一次;又闻听有关部门正在起草《信息公开条例》。相信经历了SARS之痛后的中国,在满足公众的知情权方面必将迈出更大的步伐。

(原载《学习时报》2004年1月19日)

再谈精神病人的管理

据《北京青年报》2004 年 12 月 12 日报道：通州区一个精神病女患者在一加油站附近“纵火”，后经过 110 和消防中队的共同努力，火势被扑灭。据悉，这已是该名精神病人在此加油站的第三次“纵火”。

无独有偶，手上还有另一个案例：精神病人曹某是当地有名的“武疯子”，多次追打邻居和行人，弄得人心惶惶。某日，该病人又犯病，用匕首将同村的 8 岁女童耿某刺杀 30 余刀致死后抛于路边麦田里，惨不忍睹。当地群众纷纷要求严惩，但由于曹某经鉴定属精神病人，无法追究其刑事责任。鉴于曹某的监护人也是精神病人、无力承担监护责任，公安机关提请当地政府对其实施强制医疗。后因强制医疗经费无法落实，只好放人。

类似的案子在国外是如何处理的呢？我曾在 2003 年的一篇名为《对有危害行为的精神病人岂能一放了之》的专栏文章中介绍了英国的做法，这次在耶鲁访学又使我对美国的类似做法有了一些了解。我的美国朋友艾得（Ed）是一名律师，他告诉我：在美国，精神病人实施了危害社会的行为后，虽然不能像正常人那样被定罪判刑，但也不能一放了之，而是要送往特定的精神病医疗场所实行强制治疗和监护，而且这种监护还是非定期的，也就是说，除非经心理、生理医生鉴定，该人对社会不再具有危害性，然后经法官裁断，才可释放。并举例说，刺杀里根总统的那名精神病人，至今仍被关在这类精神病医疗场所里，他几次提出自己的病已好，要求出来，但法官都根据医生的相关鉴定拒绝了他的要求。据说在康州(康涅狄格州,耶鲁所在州),十几年前一位被放出的精神病人残忍地杀死了一名小孩,引起社会震惊,使得如今对此类精神病人的释放格外小心。当然,正如艾得所介绍,在这类医疗场所的治疗费用是由政府来承担的,而且其管理也相当人道化,譬如,每周可以回家一两天,由家属接送,警察负责跟踪。

在一次聚会上,艾得还邀请了他的一位叫杰芙(Jeff)的朋友,请他为我介绍更多的情况。杰芙是康州斯坦福德(Stamford)市政府"精神病与毒品局"下的"危机干预中心"的精神病学社工。从他的名片上看,他有精神病学和社会学两个学位,名片后面还有他"约会"精神病人的记录表格,包括与谁"约会"、什么时间等,名片上自然还有热线电话之类。他告诉我,他的工作是对那些还没有犯罪但有危险倾向(如自残、手拿凶器扬言要杀人等)的精神病人实行干预,包括将其送至精神病医院、必要时联系警方将病人关进"紧急病房",此时若精神病人的家属不服,可在 3 天内诉至法院,由法官决定。如果家属没有提起,这样的"治疗"最多持续 15 天。15 天后,如果认为还有必要继续"治疗",则得提交法院裁决。

与上述做法相比,我国在精神病人的管理方面显然严重滞后:不但对有危险倾向的精神病人缺乏"危机干预"之类的专门机构和人士,即使对已经实施了危害行为甚至是一而再、再而三地实施危害行为的精神病人,也无配套的机制。1997 年修订后的《刑法》,虽然对造成危害结果的精神病人,增加了"在必要的时候,由政府强制医疗"的规定,但具体如何落实,如强制医疗经费由谁来出,不得而知。结果,精神病人大都无人管束,不但造成公众人心惶惶,给社会治安带来严重威胁,而且也使得有的精神病人个人境遇凄惨(如女精神病人遭人调戏、精神病人在马路上被人吐唾沫、精神病人横穿高速公路等危险场合），还造成有的精神病人家庭经济负担沉重（对精神病人的看管、对精神病人损害或伤害他人的赔偿）。政府有关部门往往在节日、“两会”等重要时期，采取临时性的措施，将有关精神病人送往当地的安康医院之类，但时段一过，又流落社会。

国家经济的发展已经使得政府有能力建设一批英美这样的精神病人医疗场所，免费将这些不幸的人“看管”起来，对他们采取人道的医疗措施，这既是保卫社会安宁的需要，也是对精神病人实行关爱的体现。当然，为避免有些人担心的“保安处分”之滥用，将“看管”的决定权由现在的警方移交给法官，既是必要的，也是可行的。

（原载《检察日报》2004 年 12 月 29 日）

所有被告人都应自由着装出庭

2005年，先是国土资源部原部长田凤山出庭受审，接着又是黑龙江省政协原主席韩桂芝一审被判处死刑，缓期两年执行。法庭上的田凤山、韩桂芝均没有穿人们熟悉的黄色或灰色囚服，而是西装革履。坦率地说，这让我感觉更好些，因为若是让他们穿着囚服出庭，不仅会增加他们本人的羞愧感，也会加重对他们亲人的打击。

现在的问题是，大多数普通刑事犯罪的被告人出庭仍然要穿囚服，难免让人产生法律面前不平等的印象。因此，我主张所有的被告人在法庭上都应自由着装，而反对要求他们必须穿统一的囚服出庭，不管囚服是黄色的，还是灰色的。我希望除了某些身份特殊的刑事被告人，可以自己着装出庭，绝大多数普通的刑事被告人，也可能或者说可以这样做。否则，就涉嫌构成身份歧视。而消除身份歧视这种不平等待人的做法，是建设一个真正的法治社会所必需的。

在法庭上，被告人为什么不宜穿统一的囚服？

这是把被告人当人看的必然要求。联合国《囚犯待遇最低限度标准规则》要求被告人"不受任何形式的侮辱、好奇的注视或宣传""应准穿着自己的服装"。它还提出一个"非绝对必要不得使用"的原则，即除非为了保证刑事诉讼的正常进行，避免对他人造成更大的伤害，才可采取审前羁押、使用戒具等措施，否则，能保释的就得保释，能不用戒具的就不用戒具，总之，是要使被告人的尊严得到最大限度的保护。勒令被告人穿特定的囚服出庭，不符合“绝对必要”的原则，因为，他穿自己的服装出庭，一点都不会妨碍开庭，不会影响审判的质量。

允许被告人穿自己的服装出庭，与“无罪推定”的精神相一致。被告人只是有犯罪的嫌疑，在最终认定前，他还是无罪的。但囚服却具有一定的标签性功能，它会有意无意加深人们对被告人的偏见，这对法官也可能产生不好的影响，不利于其不偏不倚客观断案。同时就被告人本人而言，也不利于他在一种正常的氛围和拥有尊严的心态下，理直气壮地行使自己的一些合法权利，如质证权等。

在法庭上允许被告人穿自己的服装，是当今国际通例。从前南斯拉夫国际刑事法庭审理米洛舍维奇等人，到伊拉克特别法庭审理萨达姆等人，无不见被告人穿着自己的服装。我曾经在美国、英国等地观看过一些法庭开庭，也从未见被告人着特定的囚服，有时甚至连谁是被告、谁是他的律师都不易分清，因为他们都西装革履地并排坐在一起。在一些国家，为了强调被告方（被告人及其律师）和指控方（检察官及其助理）的“平等武装”，检察官出庭也不统一着装。有的案子开庭时，被告人和检察官有可能穿同一颜色的服装，不细听发言，还真难以辨明彼此身份。对此，旅美学者林达也有过类似的看法：在美国，即使是最危险的被告，政府也没有权力强迫他在法庭上穿囚服，更不能戴刑具，以免陪审团在判决之前对被告有“罪犯形象”的先入之见；被告也都会充分运用自己的权利，精心打扮一番，以最“正人君子”、最“体面”的形象出现在陪审团面前，以争取“形象分”。

（原载《新京报》2005 年 12 月 25 日）

去“犯罪化标签” 禁穿囚服还不够

在我国，犯罪嫌疑人、被告人穿黄马甲等囚服、剃光头、站囚笼出庭受审等做法长期以来习以为常，但随着人权保障理念的强化和无罪推定原则的贯彻，这些做法日益受到质疑。2015年，最高人民法院提出禁止被告人出庭时穿囚服，受到国内外的广泛好评。

毫无疑问，这对去除被告人的“犯罪化标签”、落实无罪推定原则具有积极意义。但也应当看到，这还不够，还有一系列的工作要做。

一、去“犯罪化标签”的必要性

首先是贯彻无罪推定原则的需要。无罪推定是刑事诉讼的一项基本原则，《公民权利和政治权利国际公约》明确规定：“凡受刑事控告者，在未依法证实有罪之前，应有权被视为无罪。”我国刑事诉讼法也规定：“未经人民法院依法判决，对任何人都不得确定有罪。”既然是无罪推定，就不宜对犯罪嫌疑人和被告人贴上一些不必要的有罪标签，而穿囚服等做法很容易让人联想到对方是坏人。

其次是保障被告人人权的需要。联合国《囚犯待遇最低限度标准规则》要求犯罪嫌疑人和被告人“不受任何形式的侮辱、好奇的注视或宣传”，并且还从保护被告人的人格尊严出发，提出过一个“非绝对必要不得使用”的原则。“犯罪化标签”的种种做法显然不属于“绝对必要”。我国宪法规定了“国家尊重和保障人权”，自然也包括尊重和保障犯罪嫌疑人和被告人的人权，去“犯罪化标签”可以更好地体现这一精神。

再次，有利于提高被告人参加庭审的积极性。党的十八届四中全会提出要推进以审判为中心的诉讼制度改革，以审判为中心必然要以庭审为中心，证据调查、定罪事实、量刑情节等都必须在庭审中经过控辩双方的相互质证。为了提高庭审质量，防止出现冤假错案，必须把被告人从完全处于受审的客体地位解放出来，使其成为积极参加庭审的诉讼主体，敢于说话，以平等的心态说话。

最后，去“犯罪化标签”有利于树立我国司法文明的形象。随着依法治国进程的加快和司法公开的发展，国内外对我们去掉这些不合时宜的“犯罪化标签”的做法是很关注的，并且可以从中引申出更多的积极信号。这不仅可以使我们在国际上的司法形象更加文明，也对改变社会公众和司法机关有罪推定的传统思维有好处。虽然要真正将我国社会公众和司法机关的理念从有罪推定转变为无罪推定还有很长的路要走，但去除犯罪嫌疑人和被告人的“犯罪化标签”肯定具有相辅相成的作用。

二、去“犯罪化标签”的主要内容

(一)禁穿标识化的服装

过去，我们的绝大部分被告人都是穿黄马甲等囚服出庭受审的，但又确有一些高官和明星在出庭受审时穿自己的衣服，致使大家觉得不平等。应当说，穿囚服出庭对被告人的心理压力还是很大的。例如，南昌大学原校长周文斌在法庭受审时，就要求脱下身上的黄马甲，遭审判长拒绝后，他以“一些省部级官员及明星出庭受审时均未穿黄马甲”据理力争，并自行脱下黄马甲，审判长最后也只好默许这一行为。

2015年2月，最高人民法院《关于全面深化人民法院改革的意见》提出，禁止让刑事在押被告人或上诉人穿着识别服、马甲、囚服等具有监管机构标识的服装出庭受审。随后，又与公安部联合制定并下发了《关于刑事被告人或上诉人出庭受审时着装问题的通知》，明确规定人民法院到看守所提解在押刑事被告人或上诉人的，看守所应当将穿着正装或便装的在押刑事被告人或上诉人移交人民法院。接下来要解决的问题是，必须保证每个在押人员都有正装或便装穿。如果有的在押人员提出要求，希望家属送来相应的正装或便装，看守所应当满足其要求，及时通知到家属；对于家属没有送来的，或者联系不上家属的，或者个别没有家属的，看守所应为其提供正装或便装（此笔经费应由国家财政承担）。

值得注意的是，此次改革仅限于被告人或上诉人在法院的出庭受审阶段，今后应当扩大到侦查和审查起诉阶段，也就是说，无论是公安或检察机关的侦查人员讯问犯罪嫌疑人，还是检察机关在批捕和审查起诉时会见犯罪嫌疑人，都应在讯问和会见前将因监管需要在看守所内穿着的识别服更换为正装或者便装，这样也可以强化公安机关和检察机关相关办案人员的无罪推定意识，有助于从源头上预防冤假错案。

（二）禁剃光头或板寸头

在我们的法庭上，不少被告人是光头或板寸头受审，这与看守所的管理有关。长期以来，我们的看守所对犯罪嫌疑人强制要求剃光头或板寸头，有些管理人员甚至认为允许犯人留头发有损严肃。

将犯罪嫌疑人强制剃成光头或板寸头可能是基于看守所管理方便的考虑，但有不把犯罪嫌疑人当主体性人来看待，而将其当作一种客体性物来管理之虞。它漠视犯人的个体人格和心灵感受，其后果不仅容易引起社会和周围人对犯罪嫌疑人有意无意的歧视，就是连犯罪嫌疑人自己也久而久之会失去自尊和自爱。联合国《囚犯待遇最低限度标准规则》明确要求："为使囚犯可以保持整洁外观，维持自尊，必须提供妥为修饰须发的用具。"从价值衡量和比例性原则来看，剃光头或板寸头不是看守所管理所"绝对必要"，今后应当改革看守所的这种管理方式，不再强制要求犯罪嫌疑人和被告人剃光头或板寸头（可以禁止留长发），这样相应就能实现被告人不再光头或板寸头在法庭受审，从而确保被告人出庭时其人格尊严受到尊重。

（三）禁戴脚镣手铐

之前我们几乎所有出庭受审的被告人都是戴着手铐的，有的甚至还戴着脚镣。早两年因醉驾被判六个月拘役的高晓松也是戴着手铐上法庭的，这让很多人动了恻隐之心，觉得没必要。给出庭被告人使用戒具等措施，可能是基于安全的考虑。但从无罪推定和使被告人的尊严得到最大限度的保护出发，是否这种措施就"绝对必要"呢？想想被告人进入法庭前都是经过了严格的安检，法庭上又有法警，不戴戒具并不会产生安全问题。可以参照的是，我们在电视和报纸上都看到，不管是挪威的极右翼恐怖分子布雷维克出庭，还是南非的"刀锋战士"皮斯托瑞斯出庭，他们都是西装革履、没有戴任何戒具的。如果连恐怖分子和杀人犯都不戴任何戒具出庭受审，那一般的犯罪嫌疑人和被告人就更不用戴脚镣手铐了。因此，不仅要对过失犯罪、非暴力犯罪的被告人尽快废除使用戒具出庭受审的做法，即使对暴力犯罪的被告人，也要从严格贯彻无罪推定原则出发，不能在法庭上为其戴戒具(可以视情况加强法警的配备)。否则,面对一个戴着脚镣手铐的人,很难说我们不是在作有罪推定。

(四)禁站囚笼

我们绝大多数的法庭设计,都是让被告人站(或坐)在囚笼里受审。这种囚笼也会加重被告人的心理负担,应当尽快废止。

与废止被告人站囚笼受审相呼应,我们应借鉴国(境)外的做法,改变我们的法庭布局。现在我们把被告人与其辩护律师分离开来,只有律师能与检察官面对面而坐,被告人却被置于离律师很远的单独受审席。这种法庭布局与国(境)外的做法很不相同。在国(境)外的法庭上,被告人一定是与自己的律师坐在一起,并与检察官相对的。这才是真正的控辩平等。因为辩方不仅包括律师,还包括被告人本人,被告人有自我辩护的权利,更何况在很多案件中被告人连律师都没请,就是自己行使辩护权。而且,这样的法庭布局也不利于被告人与自己的律师在法庭上及时交流看法、商量辩护对策。律师本来是被告人花钱请的,其法庭任务就是为被告人服务,但由于被告人处于下风,法庭上的律师有时为了迎合法官或检察官,竟然有意无意或不得已以高位自居,对被告人说出一些颐指气使的话。这违背了辩护原理,不利于提高庭审质量。

(原载《南方周末》2015 年 3 月 19 日,发表时有删节)

不再强制囚犯剃光头是监狱人性化的体现

若在监狱里看到一个留板寸头的人，你一定不会相信他是犯人；若某个犯人被允许回家探亲，你一定会发现他是个光头。总之，罪犯剃光头，天经地义、毋庸置疑。但这一“常识”现在在海口已经不存在了，据新华社2月23日电，海口监狱从2004年1月开始，不再强行规定罪犯必须理光头。

从强制理光头到自愿选择光头或板寸头，虽然只是一个小小符号的变化，却折射出我国监狱管理的日益人性化。正如服刑人员所说，这是尊重他们人格的具体体现；正如监狱管理专家所言，此举有利于减轻罪犯的身份意识，提高改造效果。

其实，强制犯人剃光头，既无国内法依据，也不符合国际法的精神。我国《监狱法》第7条明文规定：“罪犯的人格不受侮辱。”而联合国《囚犯待遇最低限度标准规则》第16条更是具体要求：“为使囚犯可以保持整洁外观，维持自尊，必须提供妥为修饰须发的用具。”这些规定是改造罪犯的经验总结，反映了现代监狱把犯人当人看，最终促使其回归社会的基本理念。笔者曾参观过一些英美国家的监狱，还真是没有发现他们的犯人清一色剃光头的现象。而我们不知起于何时的强制犯人剃光头，实际上是一个不把犯人当主体性人来看待，而将其当作一种客体性物来管理的不好习惯，它关注的是管理的方便、人民民主专政的威力，漠视的是犯人的个体人格和心灵感受，其后果不仅容易引起社会和周围人对犯人有意无意的歧视，久而久之就是连犯人自己也失去了自尊和自爱。

对一些习以为常的传统做法进行反思，是我们这个人权时代的特征。近年来，我们在监狱、劳教所的管理方面，不断推陈出新，从中央到地方，出台了不少新举措，如落实犯人、劳教人员的劳动报酬权；允许犯人、劳教人员的配偶在符合条件的情况下前来监狱、劳教所“夫妻同居室”；对表现好的犯人和劳教人员，定期给予探亲假；在监狱、劳教所实行狱政公开、所务公开，改变减刑、假释的暗箱操作，使其在听证中接受监督……所有这一切，都不是孤立的，它是我们整个社会前进的缩影和写照，是我们其他各项事业走向人道化、文明化的必然产物。

值得注意的是，在这股朝着文明与人道前进的时代洪流中，也有个别习惯于传统思维和做法的人发出了一些不太协调的声音。如，他们认为允许犯人、劳教人员的配偶到监狱、劳教所来同居，是过了头；允许犯人留头发，有损严肃。这是笔者所不能同意的。我们现在虽然在司法文明、执法人道化方面已经并正在取得举世瞩目的成绩，但与国际公约的一些基本要求相比，我们不是过了头，而是远远不够。如果我们同意下述说法，一个社会对待罪犯的态度是这个社会文明程度的标志之一，那我们就应当承认，司法文明，未有穷期！

（原载《新京报》2004年2月24日）

未决犯会见亲属权探析

儿子因涉嫌犯罪被逮捕，老母亲想去见见儿子，却被看守所拒之门外；丈夫因涉嫌犯罪被羁押，妻子想去见见丈夫，却也没办法——未决犯无权会见亲属，这是我国司法实践中的一贯做法，长期以来其合理性从未被怀疑过。但是，随着我们的社会不断地向权利社会演进，我们的法律越来越多地倡导人文关怀，这一做法的不合理性也日渐凸显出来。

首先，它与我国《监狱法》的精神不协调。我国《监狱法》第48条规定："罪犯在监狱服刑期间，按照规定，可以会见亲属、监护人。"这是文明治监的表现。但接下来的问题就是：既然连已经被定罪的犯人都有此权利，那为什么还没有被定罪的犯罪嫌疑人反倒无此权利呢？从逻辑上说不通。

其次，它违背人道主义原则。按照《刑事诉讼法》，犯罪嫌疑人从被拘留、逮捕到一审审判，其羁押期限可达4个半月之久；如果有法定延长情形的，其羁押期限更是可能长达20多个月；这还不算，还有特别重大复杂案件所适用的合法长期羁押以及办案机关违法办案所造成的超期羁押。总之，被羁押人一般都要在羁押场所度过一段不短且难熬的日子。从羁押之初的突然与亲人离别，到往后的漫漫长夜被羁押人思念父母妻儿、父母妻儿牵挂被羁押人，乃人之常情。从无罪推定和司法人道主义来讲，犯罪嫌疑人被剥夺的只能是为侦破案件所必须剥夺的那部分权利，其他权利则应尽可能地予以保障。以此观之，犯罪嫌疑人与亲属的会见并不属于非剥夺不可的权利，因此，这样的剥夺不符合人道主义原则。

再次,未决犯有权会见亲属,这是国际社会公认的准则。1955年,联合国第一届预防犯罪大会就在其通过的《囚犯待遇最低限度标准规则》中规定:"囚犯应准在必要监视之下,以通信或接见方式,经常同亲属和有信誉的朋友联络。"该规则还在序言中指出:这里的"囚犯",包括未经审讯或已经判罪的各类囚犯。

最后,对于中国籍的犯罪嫌疑人不允许会见亲属,而对外国籍的犯罪嫌疑人则允许,有违法律面前人人平等的原则。1998年《公安机关办理刑事案件程序规定》第334条规定:"在公安机关侦查羁押期间,经公安机关批准,外国籍犯罪嫌疑人可以与其近亲属、监护人会见,与外界通信。"这种内外有别的司法政策,对于广大中国籍的犯罪嫌疑人来说,是一种不平等的司法待遇。

导致上述问题出现的直接原因在于我国《刑事诉讼法》对于未决犯可否会见亲属没有作出明文规定,因而事实上将其取舍权交给了实际部门。而实际部门又往往从有利于自身办案的角度考虑,担心一旦赋予犯罪嫌疑人会见亲属的权利,会导致通风报信等情况,影响案件的侦破工作。实际上,这种担心是多余的,只要采取有效的管理措施和适当的监控办法,会见所带来的不利影响是完全可以避免的。例如,会见时,可安排看守人员在场进行监督,对谈话内容予以适当限制,等等。在这方面,律师的提前介入可以作为一个例证。1996年在修改《刑事诉讼法》准备将律师介入刑事诉讼的时间提前到侦查阶段时,公安机关也曾有过类似的担忧。但实践证明,通过加强管理,不但没有出现当初所担忧的情况,反而在促进司法公正、提高案件质量、赢得国际声誉等方面起到了积极作用。

一个国家对待犯罪嫌疑人和犯罪人的态度和方式,从某种意义上可以折射出这个国家文明的发达程度。综观人类历史，一部刑法史就是对待犯罪嫌疑人和犯罪人不断从野蛮走向文明的历史。中国的刑事法制目前正在由过去的偏重社会保护机能转向社会保护机能与人权保障机能并重，在这样一个背景下，尽快明确赋予未决犯的会见亲属权，给其本人和被其牵连的亲属必要的人道关怀，乃题中应有之意。至于赋予途径，笔者认为，由公安部、最高人民检察院和最高人民法院会同全国人大法工委联合颁布一个解释性文件即可，并不需要对《刑事诉讼法》条文进行改动，因为在法律没有规定的情况下，作“有利被告”的解释，是合理的，也是允许的。

（原载《北京法制报》2002 年 4 月 28 日）

被告人有权与亲属说话吗?

《新京报》2005 年 7 月 23 日在报道贪官毕玉玺妻子王学英出庭受审时,配了一幅法警一手拉着王学英、一手指向旁听席的照片,下面的说明是:“庭审结束,王学英被带出法庭时,其女儿、女婿欲站出来跟她说话被法警制止。”

不知从何时起,我们形成了一个不成文的规定:被告人在法庭上不得与亲属说话和接触。我曾以兼职律师的身份出过几次庭,其中一次当被告人走进法庭看见自己的老母亲,想打个招呼时,法警立即严厉予以制止;另一次,被告人的妻子千里迢迢从外地老家赶到法院旁听,开完庭后想与自己的丈夫说几句话,但法官不允,命令法警将被告带上囚车押走,妻子只好朝着丈夫的背影大喊一声:“家里人都好!”

为什么被告人不能与亲属说话?站在执法为民、以人为本的角度来审视,这种久而久之成习惯的做法却未必能获得正当性的支持。首先,与亲属说话是人性使然。被告人经过一段时间的关押,对家人的思念不可避免,而家人也对被告人在里面的状况充满担心,亲人相见,近在咫尺,却不能接触,连问候一声的机会都没有,更不用说告诉对方一些简单的信息,如家中老人、小孩的情形,被告人在里面的身体状况等,这是何等的无奈和折磨!其次,在开庭前、开庭后或中间休庭的适当时间,允许被告人与亲属说话,对案件审理不会造成干扰。此时案件已经侦查机关侦查终结、公诉机关起诉至法院,有关证人证言和其他证据已经成形,不存在串供、伪造证据等问题。即使出于这方面的担心，也可由法警在旁边予以监督，告知其谈话内容，而大可不必一律禁止。

记得2004年在耶鲁访学时，有一天，我去当地法庭旁听一个案子，开庭后，有一个妇女急急赶来，悄悄地坐到我的旁边。一会，陪审团进去讨论案子，被告告诉法官，那位妇女是他的妻子，他想去与她谈谈。法官慈善地点点头，我也知趣地离开座位。他们谈了什么不得而知，但我看到重新开庭时，被告的心情显然好多了。

其实，在我国的有些地方，个别法官开始允许被告人与其家属简单地打打招呼，甚至当被告人请求法官允许他的家人给他一支烟抽时，也能获准。只不过这更多地像是一种恩惠，而且由于没有形成制度，也就具有较大的随意性和不规范性。建议最高法院统一发文，允许被告人与其家属在法庭上进行适当的接触，使被告人与其亲属的说话成为一种名副其实的权利。

（原载《检察日报》2005年7月27日）

怪哉，律师买手铐

有句话叫现实比想象更丰富，我最近亲历的一件事大概可以为此作一注脚。

那天是以兼职律师的身份去某市办一个案子，和另一位律师同事一起去看守所会见被告（强制要求会见被告必须有两个律师这一强制要求并不合理，因为这会增加被告方聘请律师的成本），当我们在看守所门口办理会见手续时，负责接待的民警问我们："带手铐没有？"我们一愣："什么？""手铐。""手铐？就是铐人的手铐？""是的。"望着对方平静得出奇的样子，我们却目瞪口呆，这些年对司法领域的稀罕事时有所闻，可会见被告要带手铐却还是头一遭听说。我们随即跟他解释，按照《刑事诉讼法》等有关法律的规定，律师会见被告是不要带手铐的，而且律师也不能带手铐，因为手铐属于警械。"那我不管，反正我们这里领导就是这样规定的。"我们又说："我们是从北京来的，因为在北京从来就没有过这种做法，所以我们没法拿到手铐。"听说北京的律师事务所居然没有手铐，那位警官还感到奇怪。看到我们为难的样子，他告诉我们，看守所外面有一家卖手铐的店子，是公安局开的，我们可以凭律师执业证到那里去买。谢天谢地，且不管它有多荒唐，也不管要多少钱，总算能开展工作了，否则，白来一趟，那才冤呢。

买来手铐，进去交给值班民警，由他传唤被告出来，然后给他戴上脚镣和手铐（脚镣倒没有叫我们买，由他们提供），再交给我们，让我们到指定的会见室去会见。在等待我们的当事人从班房里出来的时候,我看到别的律师都是随身带着手铐,而且似乎早已习惯了这种做法。

会见完被告,办好交接手续后,我忍不住问一位值班民警为什么要这样做,对方答曰这也是为了你们律师的安全。原来早几年该看守所曾发生过一起犯罪嫌疑人将律师打伤然后逃跑的事件。

可是,为什么犯罪嫌疑人能将律师打伤?看看该看守所会见室的设计就明白了。律师与犯罪嫌疑人之间毫无遮拦(别的地方都是采取那种将犯罪嫌疑人与律师用铁栏杆隔开的做法)。而犯罪嫌疑人为什么还能够逃跑,这恐怕要问那些值班的民警和看守所的领导了。

本来可以通过改进会见室的设计和加强外部防范等措施来预防犯罪嫌疑人对律师的殴打及逃跑,但该市看守所的领导却反其道而行之,置国家法律于不顾,不惜用脚镣加手铐的办法来保证律师的安全和预防犯罪嫌疑人的逃跑。不过,话又说回来,人家这么做,虽然给律师添了不少麻烦,给犯罪嫌疑人也加了一套枷锁,但从给单位创收的角度来看,却还是有好处的。毕竟,一副手铐能卖150元,而且,再怎么隔离,也不如这脚镣手铐安全,否则值班民警哪还能像现在这样在传达室优哉游哉地聊天呢?

(原载《中国国情国力》2000年第6期)

让被告人与律师坐在一起

新修订的《中华人民共和国人民法院法庭规则》，废除了延续近 30 年的刑事在押被告人或上诉人出庭受审时穿囚服、戴戒具的做法，但是，对于去除“有罪标签”的举措还不够彻底，尚未涉及被告人的坐席问题。

我国刑事法庭上，审判席居中，审判席前方右侧是公诉人席，公诉人席右侧依次是被害人席、附带民事诉讼原告人席、证人、鉴定人席；审判席前方左侧是辩护人席。被告人席单独设置于审判席正面，有的法庭为了安全，仍用低栅栏围住被告人席，两面有法警看守。

被告人坐席的这种设置，明显带有暗示被告人“有罪”的意味，被告人仍然是审问对象，还没有得到当事人的礼遇，审判的实质还是“审讯”或者“审问”。被告席更像一种“惩罚”的工具，让被告人一进入法庭，就能感受到心理上的压力或者羞辱、自卑等不良情绪，即使不穿囚服，不戴手铐，不坐囚笼。而任何一个迈入法庭的人无须介绍，都很清楚谁是被告人。

我国《刑事诉讼法》明确规定：“未经人民法院依法判决，对任何人都不得确定有罪。”既然是无罪推定，在判决作出之前，就不能让被告人看上去“有罪”，要防止给法官造成先入为主的偏见，因为外在的“有罪标签”可能会影响裁判者的最终裁决。

同时，刑事法庭上，被告人不能与辩护律师坐在一起，只有辩护律师才能与检察官面对面而坐，相互进行辩论。而国际上通行的法庭布局是，让被告人与辩护律师坐在一起。因为辩护权是被告人最核心的诉讼权利,被告人本人才是辩护方的主角。辩护律师的辩护权来源于被告人的委托,必须与被告人共同承担辩护职能。我在韩国刑事法庭旁听时,翻译特意用汉语写字告诉我,与检察官相对而坐的两个人是:被告人、辩护人,被告人在前,辩护人在后。当我告诉她,在中国与检察官相对而坐的只能是辩护人,被告人被置于另外一个单独的坐席时,这位没有任何法律知识背景的女孩惊讶地说:"那怎么行呢?他要是想与自己的律师商量事情不是不方便么?"

被告人不能与辩护律师坐在一起,割裂了辩护方的整体性,限制甚至剥夺了被告人在审判中及时获得法律帮助的合法权益。辩护律师在整个庭审过程中不能随时与被告人交流、沟通和协商,只能经审判长许可后向被告人发问。被告人独自承受着来自各方的共同"审问",本该为被告人提供帮助的律师却成了法庭审问的参与者。更严重的是,我国刑事辩护率非常低,很多案件中没有辩护律师,被告人只能自己辩护,在没有专业法律素养的背景下,被告人很难与检察官进行法律上的平等交流。即便有辩护人,实践中还可能出现辩护人当庭拒绝辩护,以及辩护人因严重扰乱法庭秩序被驱逐出庭后庭审继续进行的现象。当庭审没有辩护律师的时候,预设的审判方、控诉方、辩护方、被告人构成的"四方"格局就会坍塌。

事实上,早在 1993 年,我国民事、经济、海事、行政案件的庭审中,就已经遵循控辩平等的理念让被告人和诉讼代理律师坐在了一起。时隔 20 多年后,刑事法庭的被告人却依旧被桎梏在传统的被告人席上,尽管包括笔者在内的一些学者已经多次呼吁对此进行改革,也有地方法院进行了有益的尝试,但此次法庭规则的修改依旧没有作出回应,这不能不说是一个遗憾。

科学合理的法庭布局,不但是诉讼理念的外在体现,而且在一定程度上会促使诉讼价值得到发挥。我们应当尽快转变传统思维，尊重被告人作为当事人的诉讼主体地位，顺应现代司法文明的要求，彻底去除强加在被告人身上的“有罪标签”。

我们主张，在适用普通程序的刑事案件中，被告人应与辩护律师坐在一起，并与公诉人相对，被告人不再被法警看守。被告人席位的变化，去除了被告人的“有罪标签”，体现出法庭对控辩双方平等看待的态度，被告人不再是审讯的对象。被告人坐在辩护人旁边能适时与辩护人沟通，及时寻求法律帮助，共同调整辩护策略，成为共同行使辩护职能的一个整体；同时，也可以缓解心理压力，减轻自卑、羞辱等负面情绪，让被告人有尊严地接受庭审。

不过，为保障庭审人员的人身安全，对于涉嫌严重暴力犯罪的被告人，以及明显有脱逃、行凶、自杀、自残等人身危险性较大或者经常出现情绪失控、过激举动的被告人，可以考虑被告人席周围仍留有法警看守。在依法不负刑事责任的精神病人的强制医疗程序中，如果被告人或被申请人要求出庭且人民法院准许的，在允许其与法定代理人、诉讼代理人坐在一起时，可以对精神病人使用限制自由活动的束缚式座椅。

在适用特别程序的未成年人刑事案件和当事人和解的公诉案件中，建议采用“圆桌审判”的模式。圆桌审判可以增强法官的亲和力，减轻未成年被告人或和解双方当事人的心理压力，营造一种平等参与讨论、合力解决纠纷的氛围，有助于促进被害人、证人等诉讼参与人的合作，提高裁判结果的可接受性。

（原载《南方周末》2016 年 7 月 28 日，与陈妍茹合撰）

律师穿律师袍出庭为何没落实

2002 年，全国律师协会制定了《律师出庭服装使用管理办法》和《律师协会标志使用管理办法》，规定自 2003 年 1 月 1 日起，律师出庭要穿律师袍。2003 年 1 月 3 日，我曾剪下当天报纸的一则新闻，就是前一天在北京市一中院法庭亮相的潘墩律师成为首位穿律师袍出庭的律师。看着潘律师着律师袍、系领巾、戴律师徽章的照片，作为兼职律师，我想自己也该很快会得到一套律师袍吧。

但 8 年过去了，我所在的律师事务所并没发给我律师袍。我曾问过律师事务所，希望自己能得到律师袍，他们说帮我联系一下律协，最后答复是律协告知已无服装库存。

有一次，我与陈有西律师在西南某市的法院出庭，他一到法庭就开始换律师袍，告诉我现在浙江的律师出庭时一般都穿律师袍，但我说我没有律师袍啊。此时，旁边的书记员插话说，穿不穿无所谓，法院不要求。

本来，按照《律师出庭服装使用管理办法》第二条的规定，律师参加法庭审理必须穿着律师出庭服装，但现在看来这一规定无疑没得到落实。个中原因我想主要有以下几点：

一是没有与最高人民法院、最高人民检察院沟通好，以至法院、检察院对出庭律师要否穿律师袍采取“穿不穿无所谓”的态度。

二是许多律师对这款律师袍并不喜欢，甚至对全国律协关于申请律师袍的时间、程序以及律师袍的定价都有异议。

三是各级律协没抓好落实工作，从地方各级律协看，有的地方落实得比较好，但大部分地方不闻不问。而全国律协既没有检讨和改进对律师袍的款式设计和管理，也没有采取措施落实其对律师穿律师袍出庭的强制性规定。

律师袍的推行是我国司法改革在形式上的一个进步。它对增强律师职业共同体的荣誉感和责任感，树立律师的良好社会形象，都有积极意义。现在强调法庭上的控辩平等，既然作为控方的检察官有统一的检察官服，作为辩方的律师也应当有统一的律师袍。

无论怎样，由全国律协主导的律师出庭应着律师袍没得到有效推行，这反映了目前我国律师业发展过程中的不规范现象，也暴露出全国律协和地方各级律协在实施律师行业自治、加强对律师的管理和服务方面存在的问题。

据说，不少在法庭旁听的市民看不懂：怎么有的律师穿律师袍，有的律师却不穿？作为每年上缴注册费的兼职律师，我也搞不懂：为什么我至今没有律师袍？

《原载《新京报》2011 年 1 月 8 日》